W.R.BION – NOVAS LEITURAS

Vol. II

A psicanálise: dos princípios
ético-estéticos à clínica

ARNALDO CHUSTER
Carmen Silvia Muratore, Cristiane Decker, Júlio Cesar Conte, Julio Walz, Jorge Castro, Lorival Rodrigues, Magda Barbieri Walz, Susana Beck

W.R.BION
NOVAS LEITURAS

A psicanálise: dos princípios ético-estéticos à clínica

VOL. II
PARTE PRÁTICA

2003

Companhia
de Freud
editora

Copyright by Editora Campo Matêmico
Proibida a reprodução total ou parcial

Editoração Eletrônica
FA- Editoração Eletrônica

Revisão
Julio César Conte
Julio Walz

FICHA CATALOGRÁFICA

W 111

W. R. Bion, novas leituras : a psicanálise : dos princípios ético-estéticos à clínica, vol.II : parte prática / Arnaldo Chuster... [et al.]. – Rio de janeiro : Companhia de Freud, 2003.
229 p. ; 23 cm.

Inclui bibliografia

ISBN 85-85717-69-6

1. Bion, Wilfred R. (Wilfred Ruprecht), 1897-1979. 2. Psicanálise. I. Chuster, Arnaldo.
CDD-150.195

ENDEREÇO PARA CORRESPONDÊNCIA
Rua da Candelária, 86 - 6º andar
Tel.: (21) 2263-3960 • (21) 2263-3891
Centro - Rio de Janeiro
e-mail: ciadefreud@ism.com.br

Sumário

Prefácio 9
Introdução 13
Uma lógica Interna progressiva 21
Uma lógica Interna geradora de princípios ético-estéticos 33
Os princípios ético-estéticos de observação 43
Estruturas versus espectros: formas distintas de conceber a
transferência 73
Uma Grade edípica 87
Uma Grade negativa 111
Sobre Memória e Desejo 127
Transferência ou cesura 137
W.R.Bion- uma biografia quase ficcional entre vários vértices 151
Obras consultadas 209
Índice de títulos da obra de Bion 215

"Muitas vezes esbarramos, tropeçamos no óbvio. Pedimos desculpas e passamos adiante, sem desconfiar de que o óbvio é óbvio. Só o profeta, com sua espantosa vidência, olha o óbvio e diz: -" Ali está o óbvio ".

Nelson Rodrigues

Prefácio

Prefaciar um livro escrito por Arnaldo Chuster e colaboradores (fundadores do Instituto W. Bion, de Porto Alegre) é, ao mesmo tempo, uma grande honra, uma terrível responsabilidade e um imenso prazer. Acompanhando há vários anos o fértil intercâmbio entre o autor e seu grupo de colaboradores, sou testemunha (e beneficiário) da vitalidade de sua produção. Sua capacidade de transmitir generosamente o pensamento de Bion, aliada ao seu amplo e profundo conhecimento de diferentes campos do saber, fizeram e fazem de Arnaldo um pólo aglutinador para todos aqueles genuinamente interessados em vivenciar o turbulento processo de aprender da experiência de estudar a obra de Bion. Por isso mesmo e muito mais, a chegada do volume II de "W. R. Bion - Novas Leituras" deve ser saudada com entusiasmo.

Já no seu início diz a que veio: *"Este volume não pretende esclarecer o pensamento clínico de W. R. Bion"*. Logo depois complementa: *"Além disso, um projeto de elucidação do pensamento clínico de Bion não me parece particularmente coerente com suas idéias. Bion é ... um autor que necessariamente não busca ser entendido"*. Essa declaração de princípios certamente deixará frustrados aqueles que esperam de Arnaldo a palavra esclarecedora, explicativa, didática do mestre. Porém, aqueles que pensam que a experiência emocional de não entender e não ser entendido não é somente a experiência fundamental do analista na sessão, mas também de todos que procuram estabelecer um contato verdadeiro com o novo, com o desconhecido, encontrarão nesse texto agradáveis surpresas. Os que tolerarem *"as dúvidas, as incertezas, as meias-verdades e os mistérios"* se sentirão gratificados, mesmo após essa extenuante jornada de criação compartilhada, onde os autores nos convidam permanentemente a uma ativa participação. Tal como um guia explorador de densas florestas tropicais, Arnaldo abre e às vezes até sugere alguns caminhos, deixando ao leitor a decisão de segui-los ou não. Coerentemente com Bion, encontramo-nos com uma ausência de preocupações "discipularizantes", de arregimentação de fiéis repetidores de sua letra. *"Meu objetivo não é, em momento algum, domesticar o 'pensamento selvagem de Bion'* ", reafirma o autor.

Como em Bion, são feitas diferentes consultas a física, filosofia, sociologia, arte, mitologia, etc., de uma forma lúcida e criativa, respeitando os campos específicos e aproveitando criticamente os desenvolvimentos de cada uma delas. Graças a essa postura, o autor pode, junto com seus colaboradores, descrever os princípios ético-estéticos de observação, instrumento sofisticado que permite observar a obra de Bion e pensar a psicanálise clínica "com outros olhos". Princípios abertos a novos princípios, esses sete iniciais (incerteza, infinitude, incompletude, complexidade, negatividade, indecidibilidade da origem e singularidade) que continuam e ampliam notavelmente os dois princípios de Freud e os três princípios de vida descritos por Bion, nos acompanharão, como ferramenta conceitual indispensável, em toda a leitura do livro.

Retomando criativamente o mito edípico e trabalhando-o a partir dos princípios ético-estéticos, Arnaldo irá postular a presença de duas éticas: a ética trágica ou estética e a ética do poder ou dramática. Diz ele: *"Afinal, aprender a manter juntos o casal vida-morte não é o que chamamos de ética e a forma de mantê-los aquilo que determina a forma da ética?"* Na ética trágica existe tolerância a uma verdade que não pode ser alcançada. Na ética dramática a arrogância pressupõe a possibilidade do saber total da investigação completa, do esgotamento da verdade. O princípio da complexidade (um meta-princípio?) que *"abrange todos os demais princípios"* se opõe ao encontro da verdade absoluta *"ancorada no determinismo e na obediência a uma lei única"*.

No capítulo sobre a "Grade edípica", idéia apresentada na Conferência Internacional sobre a obra de Bion em Los Angeles (2002), com excelente repercussão, o eixo horizontal da Grade é, em lugar da seqüência conhecida, apresentada como Oráculo, Tirésias, Função narrativa do mito,

Esfinge, Édipo e Conseqüências... n. Assim, utilizando os sete princípios referidos, logra integrar as duas éticas antes descritas na própria estrutura do mito, de acordo com a possibilidade de manter-se naquilo que Keats e Bion descreveram como a "capacidade negativa".

Já no capítulo denominado "Uma grade negativa", Arnaldo e Júlio Conte ousam corajosamente construir aquilo que muitos outros autores citaram, a partir de Bion, mas que não chegaram a realizar. Como premissa é utilizado o desenvolvimento psíquico baseado na clínica da mentira. Considerado mais adequado que Édipo para esse fim, o personagem Hamlet de Shakespeare é o escolhido para ilustrar suas conseqüências.

Em "Sobre memória e desejo" Arnaldo faz trabalhar essa intuição transcendental de Bion. Como resultante, a questão da interpretação e da cura em psicanálise vai adquirindo sentidos nunca d'antes navegados. Não é a racionalidade que nos faz humanos, *"mas o surgimento contínuo, incontrolado e incontrolável da imaginação produtora no trânsito de sentimentos, pensamentos e idéias. E uma das finalidades da análise é liberar este trânsito, ao qual é submetido por um Eu que geralmente é só uma construção rígida e essencialmente social"*. Tal proposta coloca a própria identidade do analista na sessão como um processo em trânsito, onde o ser psicanalista se transforma num estou-sendo. Um psicanalista, portanto, que se re-descobre psicanalista num espectro de possibilidades, um vir-a-ser transitório. Como uma teoria e uma prática do pensamento, a psicanálise *"tem de ser reinventada cada vez que se propõe como questão"*.

Em "Transferência ou cesura?", fruto de outro trabalho apresentado em Los Angeles, em 2002, destaca a importância da noção de cesura para entendermos o conceito de transferência em Bion. Por outro lado, utilizando a idéia freudiana do estranho e do duplo, coloca a surpresa como elemento fundamental em Freud e Bion para a compreensão do fenômeno transferencial: *"Em Bion, veremos que o conceito de transferência resgata essencialmente a reencarnação do 'estranho' (portanto, a surpresa) que, antes de ser um 'personagem' interceptado pela linguagem do vínculo, é algo incognoscível, inefável, e que denomina de 'O' (1965). São os efeitos deste movimento incognoscível, a evolução de 'O', que caracterizam a transferência, descrita então pelas diversas teorias psicanalíticas"*. O termo "caesura", usado por Bion, implica essa qualidade de fenômeno surpreendente e transiente no trabalho analítico. O movimento transferencial, portanto, não ocorre sem mudança de um estado mental para outro. Para captar esse caráter surpreendente é necessário, então, despojar-se da memória, desejo e necessidade de compreensão: "*A análise só é operante se o analista consegue desfazer-se de si*".

No último e surpreendente capítulo, Arnaldo se aventura pelos bosques da ficção, produzindo uma instigante biografia ficcional de Bion. Não posso deixar de lembrar aqui de Gore Vidal quando diferencia a biografia (não comprometida, narrativa de fatos que podem ser pesquisados, etc.) das memórias (dificilmente comprováveis, carregadas de subjetividades, radicalmente comprometidas em sua qualidade oníricas). É através dessa história viva que Arnaldo se – e nos – permite atravessar diferentes cesuras na busca apaixonada da trajetória do pensamento do homem/psicanalista Bion. Utilizando uma poderosa *Language of Achievement*, nos ajuda a cruzar as turbulentas águas que separam os fatos materiais das lembranças que nos buscam como sonhos.

Para terminar este já longo prefácio e deixando aos leitores o prazer e a dor das próprias descobertas, retomo as palavras de Arnaldo ao referir o que foi para Bion a experiência na Califórnia: "*forneceu o ambiente, tanto emocional quanto físico, no qual Bion podia sentir-se livre, desenvolver sua individualidade como analista, pensar os 'pensamentos selvagens', dar asas a suas conjecturas imaginativas, muitas das quais continuam se realizando através daqueles que não desistiram de entender o legado de suas idéias*". Que cada leitor encontre nesse livro a Califórnia que lhes permita, como o próprio Arnaldo e seus competentes colaboradores, não desistir desse fascinante legado.

Renato Trachtenberg[*]

---

[*] Membro Titular e Didata da Sociedade Brasileira de Psicanálise de Porto Alegre (SBPdePA)
Membro Pleno do Centro de Estudos Psicanalíticos de Porto Alegre (CEPdePA)
Membro Titular da Associação Psicanalítica de Buenos Aires (ApdeBA)

Introdução

Arnaldo Chuster

Este volume não pretende esclarecer o pensamento clínico de W.R.Bion, embora seu título de algum modo possa sugerir tal intenção. Tampouco considero que tenha autoridade ou qualquer qualificação especial para construir um projeto de elucidação, e menos ainda uma necessidade de fazê-lo. Dedico-me, é verdade, a estudar de forma regular os textos de Bion desde 1974, ano que - coincidindo com a sua segunda vinda ao Brasil - entrei para a formação analítica na Sociedade Psicanalítica do Rio de Janeiro (SPRJ). A partir de 1983, venho coordenando, no Rio de Janeiro, grupos de estudos sobre sua obra, começando na SPAG-RJ[1], passando brevemente pela SPRJ[2], e em seguida estabelecendo-me no grupo multisocietário (APERJ[3], SPRJ, SBPRJ[4], SPID[5], Rio-3[6], EPB[7]) que se reúne, quinzenalmente, desde 1993, na casa da Dra. Léa Maria de Oliveira Castro Lemgruber. Em 1995, iniciei em Porto Alegre, no Instituto W.Bion, este mesmo tipo de trabalho. São estes grupos que, associados à clínica, me conferem ou retiram qualquer autoridade, colocam-na em questionamento, permitindo a evolução de meu pensamento. Sou imensamente grato a eles.

---

[1] Sociedade de Psicoterapia Analítica de Grupo do Rio de Janeiro.
[2] Sociedade Psicanalítica do Rio de Janeiro
[3] Associação Psicanalítica do Estado do Rio de Janeiro
[4] Sociedade Brasileira de Psicanálise do Rio de janeiro
[5] Sociedade Psicanalítica Iracy Doyle
[6] Sociedade Psicanalítica Rio-3
[7] Espaço Psicanalítico Brasileiro

Além disso, um projeto de elucidação do pensamento clínico de Bion não me parece particularmente coerente com suas idéias. Bion, como muitas vezes sugerem seus textos, é um autor que necessariamente não busca ser entendido. Pelo contrário, ocupa-se significativamente em ressaltar a difícil e angustiante experiência de não ser entendido e, de sua contrapartida, a de não entender - ambas sempre presentes no processo analítico. Sua relação com a psicanálise é da ordem de algo que, como a arte, não pode ser ensinada, mas pode ser aprendida. Expressivamente estético, Bion é sinônimo de **aprender da experiência**. Nada a ver com método didático. Trata-se da **experiência emocional** inerente a investigação da mente inconsciente: uma experiência totalmente voltada para a **prática psicanalítica**

Por outro lado, penso que a leitura de Bion deve ser mais estimulada do que tem sido, por uma razão que a mim parece fundamental: em sua leitura estão implícitas muitas questões instigantes e fundamentais da psicanálise. Por exemplo, seria possível no atual estágio de desenvolvimento teórico-clínico, construirmos um novo modelo psicanalítico de funcionamento mental, distinto dos conhecidos, e que resgate o vigor da criação original de Freud? Tal questão foi destacada no último capítulo do primeiro volume[8]. Ali salientei que a psicanálise não vive uma crise como tantos querem nos fazer pensar, mas sofre um progressivo desgaste provocado por um êxito prematuro dos modelos de funcionamento mental. Usados na compreensão e tratamento de problemas mentais, sabemos que Freud não os construiu com a intenção generalista, capaz de enfrentar qualquer prática clínica. Pelo contrário, Freud foi bem claro em dizer que apoiava e estimulava sua retificação. Todavia, os analistas, declarando-se sempre plenamente dispostos a acatar tal posição, agem como se assim não fosse. Tanto é verdade que apenas um reduzido número de analistas pós-Freud, ousou construir um modelo próprio do Inconsciente. Dentre eles, destacam-se, obviamente, Melanie Klein, Lacan e Bion. Porém, tal fato, parece servir mais como intimidação do que como estímulo aos demais. Constata-se, facilmente, que a grande maioria apenas se limitou a confirmar os modelos

---

[8] Chuster, A. e col., W.R.Bion - Novas leituras, a psicanálise: dos modelos científicos aos princípios ético-estéticos, Co. de Freud, Rio de janeiro, 1999.

existentes (as considerações sobre a problemática do espírito crítico dos analistas, também estão colocadas no ultimo capítulo do primeiro volume, com suas justificativas e ponderações atenuantes).

Em virtude disto, apoio plenamente as iniciativas dos Congressos dedicados a obra de Bion. Acredito que deva haver uma maior produção e uma melhor transmissão, em especial nas formações analíticas, onde Bion é geralmente apresentado de uma forma muito rápida, restrita, e informativa. No entanto, não ignoro que tal movimento criativo dificilmente pode ser amparado pelas instituições psicanalíticas. Para contornar essa limitação, a idéia de Donald Meltzer sobre o atelier de psicanálise[9] tem sido útil e aplicável nos grupos de estudos que coordeno. De forma artesanal, aberto a qualquer tipo de discussão, não existe a preocupação de agir conforme o *Establishment* psicanalítico. Permitimo-nos ler Bion com atenção, com espírito crítico, não para exaltá-lo ou para retificá-lo, muito menos para corrigir o que outros dele disseram, mas para deixar claro que **existe pensamento vivo e criativo em Bion**. Isto é, existe algo cuja existência se impõe àqueles, que até então, não haviam pensado. Nesse sentido, tomo o pensamento de Bion como um *"pensamento selvagem"*, termo que ele mesmo emprega num dos textos extraídos da fita preparatória para os *Seminarii Italiani* (1977), e publicado no livro *Taming Wild Thoughts* (1997). Meu objetivo não é, em momento algum, domesticar o *"pensamento selvagem"* de Bion. Não tento fazer isto. Apenas procuro agir como as entidades dedicadas à preservação da vida selvagem: apreendo-o por algum tempo, não muito, observo-o com os grupos, tiro algumas conclusões temporárias e solto-o novamente para os campos do pensamento sem pensador onde habita a psicanálise original de Freud. Algumas vezes fazemos uma marca, um texto, para que algum outro observador possa dizer, de diferente lugar, que aquele pensamento passou por ali. Se tiver a sorte de saber como passou, melhor ainda.

O setor da produção psicanalítica que se interessa pela exatidão, que insiste em discutir se elemento beta transforma-se em elemento alfa, como

---

[9] Meltzer, D., *Towards an atelier system* (1971) em: *Sincerity and other works, Collected Papers of Donald Meltzer*, Karnac Books, London, 1999

se tratássemos de realidade concreta, não segue o meu método e não o aprovam. Eles tomam a obra de Bion como terminada (a palavra obra já pode ter em si esse significado, dependendo como é usada). Estão corretos. Não me oponho a eles e nem há porque fazer isto. Outros, além da exatidão, supõem que o melhor método é esclarecer Bion através de Freud e Melanie Klein, checando com os textos dos fundadores se Bion é psicanalítico ou não, se fala ou não de pulsão, da sexualidade, etc. Sejam quais forem estes autores, as mais irrepreensíveis elucidações obedecem a esse princípio. Estão igualmente corretos e prestam um inestimável serviço à compreensão. Nada tenho a acrescentar sobre eles. Tenho apenas uma visão diversa, conseqüentemente, penso que quando se trabalha com o **pensamento de Bion** é preciso proceder de outra forma.

O presente ensaio é uma tentativa de ilustrar esse procedimento ao dar continuidade à idéia, expressa no primeiro volume, de que existe um Bion que não pode ser elucidado nem através de Freud e nem de Melanie Klein, embora, às vezes, esses interlocutores principais sejam sempre suscitados quando se atinge os aspectos mais polêmicos, ou quando surgem as configurações teóricas semelhantes. É inevitável que seja assim. Lidamos com um processo evolutivo e não com um rompimento. Mas, como regra geral, enxergo um **pensador** Bion isolado, buscando criar, como se estivesse num laboratório ou num atelier de conjecturas imaginativas, procurando **redescobrir** a psicanálise. Entendo-o como o Bion investigador da dimensão **poiética** do ser humano, parecendo ser irredutível, inexplicável, indedutível, e deixando de lado toda dimensão lógica. Mas, uma leitura crítica mostra que não é nem um pouco assim; há uma lógica consistente que podemos destacar, com a marca do patrocinador dos eventos: o "O" e sua soberana ordem sobre os fenômenos, de que a psicanálise é uma das expressões e testemunha privilegiada.

Em meu primeiro livro sobre a obra de Bion, publicado em 1989, *Um Resgate da Originalidade - as questões essenciais da psicanálise em W.R.Bion* (Degrau cultural, Rio de Janeiro), defendi, de forma embrionária, essa tese. Na ocasião, salientei que as expressões de linguagem empregadas por Bion na construção de seu corpo teórico, tais como, o sistema proto-mental, a pré-concepção, a concepção, os elementos da psicanálise, a mente embrionária, a cesura, emergem de um **sentido fundador** que percorre sua obra: o nascimento renovado da psicanálise através da experiência clínica. Este segundo volume procura ampliar a investigação desse sentido, discutindo o trajeto da obra de Bion com o auxílio do instrumento que definimos como **princípios ético-estéticos de observação**.

Antes de prosseguir, julgo pertinente alertar que tal definição coloca em evidência a discussão de problemas inerentes a evolução da psicanálise. Isto é, uma reflexão sobre a aplicação de princípios à psicanálise, sempre levanta sérios problemas para os mesmos, à começar do imperativo para evitar qualquer pretensão à universalidade.

Na Física, ideal de ciência para Freud para descrever os primeiros princípios psicanalíticos, sempre houve uma desmedida ambição à universalidade dos princípios. No entanto, o século XX derrubou sucessivamente esta ambição: relatividade restrita, teoria relativista da gravitação, mecânica quântica – a cada vez, a nova teoria engolia a antiga para se nutrir de sua substância e, restituí-la, sob uma forma não muito diferente: os princípios da mecânica de Newton se tornaram leis particulares da mecânica quântica; ou seja, uma conseqüência de princípios mais gerais. Ao contrário dos princípios, aos quais sua suposta universalidade não impõe limites, a maioria das leis têm, com efeito, um domínio de aplicação bem determinado: aquele traçado pelas hipóteses que permitem deduzi-las dos princípios. Assim, tornando-se leis, os princípios "superados" da mecânica clássica encontraram também o domínio restrito em que se exercem, o dos fenômenos em que as velocidades são pequenas em comparação à velocidade da luz e em que a constante de Planck se mostra inadequada demais para exercer algum papel. Assim, curiosamente, o processo de evolução histórica da ciência parece confirmar a existência de princípios universais, ou, pelo menos, fortalece nossa crença na sua existência. Também nos convida à prudência, deixando-nos supor que os princípios atuais talvez sejam apenas o reflexo- uma memória do futuro- de outros ainda desconhecidos e que estão por vir. Foi o que ocorreu com nossa pesquisa, tentando entender a transição entre os dois princípios de Freud, surgiram os princípios ético-estéticos de observação relacionando os dois conjuntos. E cabe naturalmente supor – se mantivermos vivo o pensamento - que eles podem se abrir para novos princípios.

De qualquer forma, seria completamente errôneo contentar-se com uma visão simplista que reduzisse a psicanálise à escala transitória de nossos valores humanos, uma escala social-histórica, algo cuja natureza simplesmente muda com o tempo, inexoravelmente destinando as verdades de outrora a se transformarem em nada mais do que crenças e mitologias do presente.

A formulação dos princípios ético-estéticos provocou, em algumas ocasiões de apresentação para psicanalistas, críticas de que eu estaria afirmando que as "regras" da psicanálise são meramente sistemas vulneráveis, mutáveis de acordo com quaisquer descobertas clínicas, e até com a ocasião histórica, adaptando-se continuamente. Insinuou-se que eu estaria introduzindo uma mudança que pretendia ignorar os dois princípios de funcionamento mental de Freud, pilar "inalterável" da compreensão psicanalítica.

É preciso esclarecer esse ponto. Alguns críticos se apegam mais às palavras que exprimem as idéias do que à sua estrutura formal. Esquecem que palavras, por mais precisas que sejam, sempre implicam em preconceito. A pouca atenção concedida nas críticas ao formal é a origem de graves mal-entendidos.

Embora Bion tenha sugerido uma substituição dos dois princípios de funcionamento mental pelos três princípios de vida – e, por nossa vez, sugerimos que na transição (inclusive a produzindo) entre os dois princípios de Freud e os três princípios de Bion, existem sete princípios ético-estéticos de observação- nunca seria demais assinalar que a substituição não é sinônima de exclusão pura e simples dos anteriores. A vantagem dos princípios é que não possuem a tendência para se transformar em leis, e isso decorre da forte probabilidade de que outros princípios, mais abrangentes que os anteriores, sejam descobertos no futuro.

O pensar sobre princípios ético-estéticos pretende ressaltar e desenvolver algo sobre o significado de sua existência na psicanálise. Partindo dos textos de Freud até chegar a Bion, trata-se de simplesmente dar conceitos vazios a intuições cegas (em termos de Kant), que estão presentes desde os primórdios da psicanálise. Não vejo como isto possa conter uma crítica às bases da psicanálise. E mesmo que houvesse, acredito que toda vez que a psicanálise foi aparentemente criticada em suas bases, ao invés de sucumbir como os críticos esperavam, mais se firmou como atividade, atingindo um grau mais apurado de universalidade.

Em outro momento, alguém questionou que ao relacionar a teoria das transformações na psicanálise com os princípios ético-estéticos, dever-se-ia levar em conta o paralelo com as transformações da ciência, vide Thomas Kuhn e seu livro "*A estrutura das revoluções científicas*" (1962). Haveria "revoluções" na psicanálise, tal como as teses de Kuhn propõem para a ciência?

Na ocasião, o mesmo crítico sustentou que não as observava mais no presente, embora considerasse que Melanie Klein tinha sido uma aparente "revolução", e que Lacan foi a única revolução da psicanálise freudiana. Não julgava que Bion tivesse sido revolucionário. Obviamente o autor das críticas, tomou de forma exagerada, senão equivocada, o termo. O conceito de transformações com que trabalhamos, inclui criação e destruição de formas, e não implica necessariamente numa afirmação de que o trabalho de Bion seja "revolucionário". Além disso, as "transformações psicanalíticas", teoria da observação criada por Bion (1965), são transformações das idéias de Freud. Em nada afetam a originalidade do criador da psicanálise. Em Bion, ela foi apenas resgatada de forma original, e esse movimento não nega o aprofundamento e a originalidade que os demais autores tiveram.

Outra das teses mencionadas de Kuhn foi a preferência pelos paradigmas sobre os princípios. Nesse caso, afirmava outro crítico, que a psicanálise apesar de formulada com princípios, adotou extensivamente os paradigmas, o que fazia da minha leitura utilizando a ótica dos princípios, um retrocesso, devolvendo-a a época do *Projeto* de Freud. Revendo Kuhn, para refletir sobre esta crítica, entendo que ele diz que uma grande descoberta influi no curso da ciência mais pelo exemplo que ela oferece do que pelos princípios em que pode ser resumida. Assim, a ciência constitui um modelo que é imitado, uma referência que serve de apoio, ou seja, um paradigma. Penso que tal termo proveniente da gramática, designando um exemplo de construção sobre o qual outras podem ser modeladas, só vai fazer sentido se mantiver o próprio modelo de lingüística, isto é, se utilizar também o sintagma - a forma de articulação. Caso contrário, o paradigma transforma-se apenas numa expressão do imaginário de quem o utiliza, e então temos não uma crítica, mas uma necessidade narcísica de fazer valer um ponto de vista.

Na Grade, por exemplo, onde Bion sistematiza sua forma de pensar o campo analítico, para habilitar hipóteses *a posteriori* das sessões, ambos os eixos lingüísticos são utilizados. O sintagma, que constitui o **uso** das formulações situa-se no eixo horizontal, e o paradigma, situado no eixo vertical, representa o **desenvolvimento** das formulações. Além disso, o destino *a posteriori*, pressupõe a aplicação natural e inevitável de pelo menos quatro dos princípios ético-estéticos; Incerteza, Negatividade, Incompletude, Singularidade. Daí que a questão dos paradigmas versus princípios não me parece muito preocupante na teoria de Bion. Se aplicarmos um princípio de observação, a questão situa-se sempre na articulação do uso com o desenvolvimento que produz. No geral, o importante é a crítica que os princípios permitem: uma descoberta clínica confirma ou infirma os princípios já estabelecidos?

Em suma, a tese de Kuhn, com todo seu valor, não registrou a irrupção do formal e o avanço da coerência. Transformações na psicanálise, e na ciência, são bem mais **evoluções** do que "revoluções" súbitas e paroxísticas, e podem ser mais bem compreendidas por meio de uma reflexão sobre princípios de observação do que pela dialética dos paradigmas.

Além do mais, é importante assinalar que Bion fez com que as atividades particulares do crer, do pensar, do aprender, do imaginar e, do criar, se tornassem os objetos de preocupação central de sua teoria, conseqüentemente, de sua **prática**. Trata-se dos **objetos psicanalíticos**, as atividades mentais que constituem os próprios pressupostos da existência da psicanálise. Não é preciso ir muito longe para perceber que tais objetos (atividades) sempre escapam aos paradigmas. Sua elucidação, esboçada em Freud, encontra-se em Bion articulada sob a forma de um espectro e aberta ao desenvolvimento.

Capítulo I

Uma lógica interna progressiva

Uma visão geral da obra de Bion, em busca de uma avaliação das aberturas trazidas por seu pensamento à psicanálise, surgiu mais claramente após a leitura do artigo *Making the best of a bad job* (1979), o último publicado por ele em vida. Foi nesse ponto que vislumbramos duas perspectivas de pensamento. A primeira, no sentido de uma **lógica interna** do pensamento teórico, que vai se desdobrando através dos textos, como um fio condutor; e a segunda perspectiva, decorrente das implicações práticas inerentes aos **princípios ético-estéticos de observação**. Escolhemos nomeá-los desta forma, por entendermos que refletem o fato de que a conduta **ética** na clínica analítica é indissociável da linguagem interpretativa (**estética**) que utiliza. Ambas[10] são produzidas, no nosso entender, pela união da teoria do inconsciente do analista com sua capacidade de observação. Foi, inclusive, a descrição desses princípios que nos conduziu a dividir em dois volumes a presente visão sobre o pensamento de Bion. Faz-se então necessário descrever aqui os desenvolvimentos que estabeleceram tal sistematização.

Apesar de ter produzido textos que seguem um discurso novo na psicanálise, alguns muito concisos, atendendo a uma estratégia epistemológica de não saturação de significados; e outros que sobejamente superestimam os conhecimentos do leitor, o que foi adjetivado como enigmático, Bion é um autor absolutamente prático e coerente no percurso de sua obra.

---

[10] Decorrentes da análise pessoal do analista.

Basta, como ele mesmo sugere, lê-lo sem necessidade de lembrá-lo; sua utilidade emergirá sem esforço durante o trabalho clínico. Por experiência própria, acrescentaríamos à sua sugestão, a suspensão temporária da necessidade de dar-lhe um uso imediato, e a exclusão da busca ansiosa para tentar entendê-lo pelos referenciais de outros autores.

A coerência intertextual de Bion, aqui denominada de lógica interna progressiva, é perceptível desde seus primeiros trabalhos na década de 40. Sua posição de não intervenção nos grupos, sua capacidade de não buscar ansiosamente uma compreensão dos fatos para com isto observar o que está ocorrendo no presente, os usos do modelo bifocais ou binoculares de interpretação, vão desdobrando-se em novas facetas facilmente reconhecíveis nos casos clínicos e em textos posteriores, até alcançar a forma da sua famosa recomendação prática de trabalhar sem memória, sem desejo e sem necessidade de compreensão.

O modelo "bi-focal" espectral **narcisismo⇔social-ismo**, que indica um trânsito em duas vertentes simultâneas de interpretação, elaborado a partir do trabalho com grupos, permite não perder de vista o diálogo infindável com o vértice social presente nos fenômenos psíquicos[11]. Reaparecendo no texto *Transformações* (1965), essa visão espectral, sem dúvida, marcou uma diferença em autonomia, permitindo a Bion ousar em determinadas escolhas, exatamente ali onde a maioria dos contemporâneos, notadamente da chamada escola kleiniana, à qual pertencia, não conseguiram ir adiante. Aí se erguia a barreira do apego às teorias consagradas.

A autonomia permite que Bion surpreenda-se com o novo e o desconhecido na clínica com os pacientes considerados difíceis e, por alguns até mesmo impossíveis de serem tratados pela psicanálise. Sua observação destaca diversos fenômenos até então não descritos e não contidos pela teoria clássica. Diante deles, Bion só tem uma alternativa, ampliar sua autonomia, buscando novos instrumentos.

---

[11] Existe um espectro, um continuum, mas os termos psiquismo e sociedade são irredutíveis um ao outro. Não se pode criar a sociedade a partir simplesmente do psiquismo inconsciente. O inconsciente gera fantasmas, não instituições. Mas também não se pode produzir a psiquê a partir simplesmente do social, ou reabsorver totalmente o psíquico ao social, nem mesmo nas sociedades mais arcaicas.

Em 1953, quando apresenta no 18º Congresso da *International Psychoanalytical Association* o trabalho *Notas sobre uma teoria da Esquizofrenia*, Bion escolhe o vértice **linguagem**. Entretanto, não dispõe, como mostramos no primeiro volume, dos instrumentos necessários para desenvolver uma teoria da linguagem que sustente sua proposta, a saber: uma teoria da esquizofrenia. Bion não dispõe como Lacan da lingüística e da antropologia estrutural, nem como o mestre francês das leituras de Koyré e Kojéve. Ademais, o ideal de ciência na Inglaterra estava influenciado pela sociologia, pela interpretação histórica inaugurada por Toynbee, e pela vertente matemática e filosófica produzida por Russel e Whitehead. De qualquer forma, ao escolher o vértice linguagem, e por mais kleinianamente discursivo que o trabalho possa parecer, fica necessariamente implícito que Bion se respalda em um fundo de indagação filosófica. Como é que o esquizofrênico usa a linguagem? O caráter da resposta só pode ser buscado na análise do discurso, pois sem discurso não há problema. Isto é, qual é a natureza do problema do esquizofrênico que o discurso revela?

As descrições clínicas deste trabalho revelam que Bion intuía o que em 1962 conceituará como **tela-beta**. O funcionamento psicótico é peculiarmente sentido pelo analista à medida que causa problemas para sua mente, e a viabilidade do processo analítico repousa na capacidade de lidar com estas perturbações, que a rigor não são adequadamente classificáveis como contratransferência, mas, da forma conceituada por Grinberg[12], como **contraidentificação projetiva**. Posteriormente, Bion (1970), de forma sintética, descreve o estado mental desses pacientes, chamando a atenção para um detalhe bastante peculiar, o do sentir dor mas não poder sofrê-la, o que implica também em não "sofrer" prazer. Há nessa descrição uma ênfase nas condições de **sensibilidade** de ambas as partes da relação analítica e, sobretudo, uma proposta de investigar como essa sensibilidade se organiza de acordo com os movimentos psíquicos da imaginação e da fantasia inconsciente. Mas, antes disso, sua prática com pacientes que apresentam este tipo de funcionamento, con-

---

[12] Grinberg, L., *Teoria de la Identificación*, Paidós, Buenos Aires, 1976, pgs. 85-94.

duz a uma reflexão que torna inevitável concluir sobre a necessidade de formular uma teoria do **vínculo**, pois coloca em evidência que o analista recebe por identificação projetiva a comunicação daquilo que o paciente não consegue "sofrer", tendo de colocar sua **imaginação produtora** a serviço de como seria tal sentimento. O problema está sempre localizado no vínculo; não cabendo mais a clássica compreensão, que atribui totalmente ao paciente a fragilidade mental, ou que procura submergi-lo na tradicional interpretação da defesa pelo ataque, ou pela projeção de partes más para se livrar da perseguição. Para Bion, o analista com suas teorias clássicas pode estar muito mais próximo da fragilidade chamada psicótica do que gostaria de imaginar[13]. O material clínico pode aparecer como uma evacuação de frases e imagens desordenadas, dando a impressão que o paciente está relatando uma história cheia de detalhes e sem nexo, ou pode parecer que está sonhando ou simulando um sonho pelo uso exacerbado de metáforas e metonímias, que substituem todo tipo de expressão direta da experiência emocional. Esta indefinição temática, e o simulacro onírico, indicam a presença extensiva de um apego à crença inconsciente no que Bion denomina de "*superego assassino*". Sua existência gera a necessidade de livrar-se dos pensamentos, sentimentos, ou idéias dolorosas a ele relacionadas, pois o paciente fica aterrorizado pela possibilidade de que a posição depressiva desencadeie um superego assassino. Isto é, um superego que vai despejar dentro do indivíduo um montante infinito de capacidade aniquiladora, embora, paradoxalmente, essa seja uma for-

---

[13] "*A incapacidade dos seres humanos, mesmo dos mais avançados, para fazer uso dos pensamentos, pois a nossa capacidade para pensar é embrionária, significa que o campo da investigação, considerando-se que toda investigação é, em ultima instância científica, ela se limita pela deficiência humana aos fenômenos que apresentam as características do inanimado. Supomos que a limitação psicótica se deve à doença, não ao cientista. A investigação da conjectura esclarece, de um lado a doença e, de outro o método científico. Parece que nosso equipamento rudimentar para pensar os pensamentos é adequado, quando os problemas se relacionam com o inanimado, mas não quando o objeto da investigação é o fenômeno da vida em si. Diante das complexidades da mente humana, o analista deve ser prudente ao empregar mesmo um método científico aceito. Sua fragilidade pode estar mais próxima da debilidade do pensar psicótico do que um exame superficial chegaria a admitir.*" (Elementos da Psicanálise, 1963, pg.30).

ça de vida[14]. Portanto, o paciente fica aterrorizado com a percepção de uma espécie de "força" cruel, implacável, sem moralidade ou respeito pelas instituições humanas (an *urge to exist*, Bion,1965,1990), que o levará inapelavelmente a viver com o analista a experiência emocional onde o "assassinato" da posição depressiva possa, de fato, ocorrer. Diante disto, o analista ao receber as identificações projetivas, sente algo que pode fazê-lo ficar igualmente aterrorizado e recorrer, tal como o paciente, a teorias pessoais conhecidas para reprimir ou fugir da situação. De uma forma geral, Bion enfatiza muitas vezes que a situação clínica fundamental sempre se depara com o ponto em que se deve decidir entre fugir da realidade ou modificá-la, decisão que envolve ações totalmente distintas de acordo com o decidido.

As condições para a modificação da realidade repousam na capacidade que o analista possui de estar ciente dos aspectos **desconhecidos** do material, tanto para si mesmo como para o analisando. Bion recomenda que o analista deve resistir a qualquer tentativa de apegar-se ao que sabe, para alcançar um estado mental análogo ao que Melanie Klein descreveu como posição esquizoparanóide. Para esse estado mental, Bion criou o termo "*paciência*" (1970), procurando estabelecer a diferença máxima possível e necessária, para lidar com o estado patológico no qual o sofrimento e intolerância à frustração[15] se destacam. O estado mental de paciência deve

---

[14] "*A imagem especular, no tempo e no espaço, que aparece em "Alice through the Looking-Glass", é uma versão de um estado psicótico que guarda, para com esse mesmo estado, exatamente a mesma relação que eventos no sonho mostram com as ansiedades que o sonho expressa. Quer dizer, é uma versão que torna o intolerável tolerável. O paciente viu o sangue empapar a manga de sua camisa e experimentou assassinato, ou melhor, estar sendo assassinado ao contrário. Quando o seu sangue for totalmente restituído a seu sistema circulatório, ele experimentará estar sendo assassinado. E, então, tudo estará bem*". (Cogitações, 2000, pg.116)

[15] Se a capacidade de tolerar a frustração for suficiente, o não-seio se transforma em pensamento, e desenvolve-se um aparelho para "pensá-lo". Isto dá início ao estado descrito por Freud em "*Os Dois Princípios do Funcionamento Mental*", em que a predominância do princípio de realidade é sincrônica com o desenvolvimento da capacidade para pensar e, desse modo, transpor o fosso de frustração que surge entre o momento em que se experimenta uma necessidade e o momento em que a ação adequada para satisfazer uma necessidade culmina na satisfação da mesma. A capacidade de tolerar frustração, portanto, possibilita que o psiquismo desenvolva o pensamento como um meio através do qual a frustração que for tolerada se tornará mais tolerável.

permitir que um modelo interpretativo evolua no sentido do inconsciente para o consciente. Isto é, a paciência traduz o limite da capacidade do inconsciente do analista, possibilitando descrever a situação para o paciente, e devolvendo o que foi projetado no vínculo de uma forma tolerável. O trabalho é semelhante ao do sonho no sentido de tornar tolerável o intolerável, produzindo o estado mental que Melanie Klein nomeou de posição depressiva. Aqui, para o analista, Bion sugere usar o termo "*segurança*", pela associação com a sensação de conforto e diminuição da ansiedade[16].

Uma teoria do **vínculo** permitiu contornar os impasses inerentes à falta de uma teoria da linguagem. Em seu lugar surge uma **teoria da comunicação**. Ela substitui, de certa forma, e transitoriamente, o conceito freudiano de representação pelo conceito de vínculo. A teoria permitiu o desenvolvimento de uma aguda observação clínica cuja conseqüência foi descrever como funciona a preferência do paciente psicótico pelo vínculo de ação, isto é, pela comunicação física. Também mostrou a coerência desta forma de transmitir dados, e ressaltou o motivo pelo qual preferem a ação onde outros pacientes usariam não necessariamente a linguagem, mas o pensamento.

Nos trabalhos subseqüentes, a teoria do vínculo permite a Bion prosseguir com mais facilidade: surge a descrição do que chamou de **personalidade psicótica**. As características clínicas que ressalta são: o predomínio dos impulsos destrutivos sobre os amorosos, transformando-os em sadismo; o ódio à realidade interna e externa e ao aparelho capaz de contactá-las (o aparelho como metáfora da capacidade para pensar pensamentos); terror constante de aniquilamento iminente; relações objetais prematuras e afoitas, que produzem uma forma de vínculo de frágil manutenção, contrastando com o excessivo apego do paciente. Nessa descrição, poderíamos esperar que Bion se colocasse "kleinianamente" diante da difícil tarefa de fornecer sentido a esses fenômenos, que se diferenciam do mundo comum do sentido. Também que se colocasse diante da tarefa "freudiana" de pro-

---

[16] "*Acredito que nenhum analista está autorizado a acreditar que fez o trabalho necessário para se chegar a uma interpretação, sem ter passado pelas duas fases de" paciência"e "segurança"... Considero a experiência de oscilação entre "paciência"e "segurança" a indicação de que um trabalho valioso está sendo realizado*" (Atenção e Interpretação, 1970)

duzir causalidade psíquica dos fenômenos. Mas ambas tarefas não serão cumpridas nem mesmo parcialmente; não apenas porque a parte psicótica não pertence ao mundo do sentido, mas porque, em ambas as perspectivas quer seja da "função" ou da "causação" dos fenômenos, colocam-no diante de criações psíquicas muito mais complexas que o sonho ou dos sintomas relativos ao mundo comum. Bion também afirma que esta tarefa é essencial para o progresso da psicanálise, pois trata-se de compreender algo essencial no funcionamento da mente.

Não é preciso ir muito longe para perceber que estas descrições, calcadas sempre na idéia de vínculo, pressupõem a investigação de uma falha. Quais são, portanto, as origens desta falha e suas conseqüências posteriores? A resposta virá com a formulação do mecanismo de **reverie**, e depois com sua ampliação através do conceito de **função-alfa**; conceito que emprega o modelo da espectralidade e aponta para o indeterminismo.

As características da parte psicótica da personalidade dizem respeito aos distúrbios do pensamento. No trabalho sobre os ataques ao vínculo, tomando a teoria kleiniana como referência, considera-se que os ataques sádicos ao seio, realizados na fantasia do bebê diante da dor da frustração, ou por inveja da bondade contida no seio, são o protótipo de todos ataques ao vínculo. Bion estabelece com precisão que esses ataques são efetuados sobre as emoções, **elemento psíquico que tem a função de ligar os objetos**. Tal conceituação reafirma que na teoria do vínculo a **função é mais importante** que os objetos em si. Desta forma, se prenuncia uma evolução do pensamento kleiniano e, um maior afastamento da escrita kleiniana.

O uso do **conceito de função**, extensão do conceito de vínculo, é fundamental para a clínica em Bion. Quando ele o formula, havia realizado uma longa reflexão sobre a prática, na qual incluiu diversos questionamentos e estratégias epistemológicas. O termo **função alfa**, usado para investigar o funcionamento de qualquer vínculo, é intencionalmente destituído de sentido. O sentido é adquirido na medida que a experiência se realiza. Em termos matemáticos, na escrita clássica f(x), o elemento x só adquire valor quando ocorre determinação, isto é, quando é colocado em **uso**. Mas deve ficar claro que Bion não tem a intenção de ser matemático, muito menos preciso. Talvez esclareça ao leitor dizer que os termos matemáticos são empregados como ficção, ou melhor, como uma espécie de laboratório de conjecturas imaginativas. Uma construção ficcional da função é usada para investigar a ficção teórica que é o conceito de aparelho psíquico.

A **função-alfa** se destina, como qualquer função, a expressar os significados que em matemática se define como uma **relação unívoca**, isto é, uma relação que se propõe a unir uma série de elementos observáveis num campo específico. No caso do campo analítico pode ser a correspondência entre o pensamento e as emoções brutas, ou entre o pensamento e as impressões sensoriais. De qualquer forma, o conceito de função em si é bastante complexo para quem não tem costume com a linguagem matemática. Em geral, trata-se de uma correspondência entre elementos de dois conjuntos. Cada elemento destes conjuntos é uma variável, e a representação mais direta e simples de uma função é através de um sistema cartesiano. Penso que esta é uma das razões que inspiraram Bion na construção da Grade.

A ação bem sucedida da função-alfa sobre o conjunto de emoções e sensações brutas, produz os **elementos alfa**. Esses são suscetíveis de armazenamento para corresponder aos requisitos dos pensamentos oníricos, pensamentos inconscientes de vigília, memórias, e o estabelecimento de uma **barreira de contato** (que permite distinguir consciente de inconsciente, capacitando o indivíduo para relacionar-se com objetos vivos).

A barreira de contato seria o oposto da **tela-beta,** que caracteriza, como dissemos, a ação da parte psicótica da personalidade. Ou seja, a tela-beta é o resultado da falha da função-alfa, gerando o que Bion denominou de **elementos beta**. Esses têm apenas dois destinos: ou são evacuados em ações por identificação projetiva, ou são armazenados como "fatos não digeridos".

Os desenvolvimentos descritos até esse ponto fazem parte da **Teoria do Pensar** de Bion, cuja conseqüência, tal como explicitamos no primeiro volume, foi a criação de uma teoria própria do Inconsciente. Sua diferença com o modelo freudiano localiza-se principalmente na lógica de descrição do funcionamento psíquico. Em Freud, temos um modelo cuja lógica segue quatro tempos, considerados pelo vértice da circulação de energia: existe algo que avança (a pulsão), o que detém este algo que avança (o recalque), aquilo que reflui e realimenta o que avança (retorno do recalcado) e, aquilo que passa (as formações do inconsciente). Em Bion, o modelo de funcionamento mental, aparentemente é mais simples, pois pressupõe apenas três tempos, considerados pelo vértice da criação de pensamentos: a **pré-concepção** busca uma **realização** que a transforma em **concepção** (pensamentos). Mas a complexidade logo aparece quando se define que enquanto na realização incluímos qualquer produção, na pré-concepção há o estabelecimento de um nível de **inacessibilidade**. Note-se que com o uso de tais nomenclaturas, o conceito freudiano de pulsão parece ficar de fora, servindo de base para críticas que chegam a ponto de dizer que o sistema de Bion não é psicanálise, pois não lida com pulsão. Esquecem estes críticos que pulsão é, em primeiro lugar, um mito. Definida por Freud como um conceito limite entre o somático e o psíquico, a pulsão é um mito que expressa um **conceito vazio**. E como todo mito, podemos considerá-lo na definição de Bion como sendo, ao mesmo tempo, uma *pré-concepção* e uma *public*-ação. Assim, a pulsão pode estar no modelo de Bion em qualquer lugar, como **realização**. Basta lê-lo com atenção, admitindo o caráter espectral do modelo utilizado. Note-se também que Bion fala de barreira de contato e não de recalque. A noção de barreira implica na idéia de um espectro, algo mais extenso e, ao mesmo tempo, mais instável, sempre alterado com a experiência.

Os desenvolvimentos da *Teoria do Pensar* (1960) de Bion, e que levaram-no a expor uma teoria do Inconsciente em *Aprender da Experiência* (1962), naturalmente pressionaram-no a definir o que seria o "sujeito" deste inconsciente, ou pelo menos desta teoria. Surgem *Os Elementos da Psicanálise* (1963), que como ele diz, constituem um campo (sujeito) regido por fatores e funções, delimitado por dois eixos, **desenvolvimento** e **uso** (que sistematiza, posteriormente, na Grade).

Por sua vez, a formulação do sujeito da teoria, leva Bion a descrever os movimentos desse sujeito. Surge o texto *Transformações* (1965), onde encontramos a marca nítida de uma mudança no seu pensamento. Sua posição, em relação ao fenômeno central do processo analítico, torna-se mais radical: ele estabelece o conceito de "O", também traduzido na ocasião pela poesia de John Milton: o vazio infinito sem forma (*the void and formless infinite*). São diversos tipos de "*transformações de O*" que estão à disposição do observador, numa nítida opção, mais uma vez, pelo modelo espectral de funcionamento mental. Além disso, cabe diferenciá-las da *"transformação **em** O"*, quando a verdade do sujeito realiza-se como Ser, e não como Saber, constituindo em ultima instância o objetivo da análise.

Nesse texto, Bion fala pela primeira vez das condições necessárias para o analista situar-se diante de "O" – as evoluções de "O" são perceptíveis quando o analista pode *"despojar-se de pré-concepções aproximando-se do estado de ingenuidade, que se traduz grosseiramente nas palavras: não saber para criar espaço para uma pré-concepção que iluminará um problema que excita minha curiosidade"*. Mas como alcançar o despojamento? A resposta surge no texto *Notas sobre memória e desejo* (1967) estabelecendo, na conhecida expressão, o sentido de despojar-se de memória e desejo, condição *sine qua non* do trabalho do analista.

Cinco anos transcorrem entre *Transformações* e o texto *Atenção e Interpretação* (1970). Nesse período, Bion muda-se de Londres para a Califórnia, sua produção ganha novo sentido, e podemos observar como o texto *Atenção e Interpretação* (1970) é um espelho analítico de *Transformações* (1965), onde questões obscuras tornam-se mais claras e refletidas. Bion, leitor de Nietzsche, trabalha novamente com a expressão social da psicanálise através da questão do *Establishment* em seu papel dúbio de preservar um saber legado por um gênio. Dúbio, porque passa da preservação estimulante ao excesso protecionista capaz de promover a falsificação progressiva da "verdade revelada". Citando o filósofo, Bion lembra a idéia de que a função de uma nação é produzir o gênio, e transpõe o aforisma para sua teoria do Pensar, criando o polêmico conceito de *pensamento sem pensador* (1970). Através dele, critica mais ainda a posição *"penso logo existo"* de Descartes. Símbolo de **criação histórica**, o *pensamento sem pensador* mostra uma humanidade dependente de indivíduos excepcionais, capazes de pensar o que os demais não poderiam tolerar. Por outro lado, o gênio não existiria e nada faria sem a incontável multidão de anônimos que trabalharam para produzi-lo, movidos na escuridão dos tempos por essa estranha necessidade de conhecer a verdade,. Aqui fica claro, mais uma vez, o papel determinante da sociedade. Como ele ocorre e como a partir dele se estabelece o vínculo de criação? É muito provável que neste ponto, estamos nos defrontando com as teorias do Caos e da Complexidade, recursos que na época Bion não possuía para consultar.

Atenção e Interpretação (1970), também produz a necessidade de rever a sistematização do campo psicanalítico feito na Grade, e as posições adotadas em relação ao processo analítico. Desta revisão surgem os textos que compõem o livro *The Grid and Cesura* (1975).

A última Grade mostra um Bion crítico a ponto de abandoná-la, após reconhecer seu valor no processo de reflexão. Surge uma opção pelo universo estético, que paralelamente já vinha desenvolvendo com o *Memoir of the Future* (1975). Bion, ao expressar seu referencial teórico, considera mais eficaz (ou mais ético) trabalhar com poucas teorias. Após anos de prática e complexos volteios intelectuais, ele propõe para si próprio, ainda que necessariamente não cumpra, apenas cinco teorias: 1) o *mito de Édipo*, com ênfase na arrogância dos personagens; 2) o *mito de Babel*, para representar o problema do ataque à linguagem por ciúmes e inveja de um Deus onipotente; 3) o *mito de Éden*, significando a problemática do ataque ao conhecimento estimulado por um Deus arrogante; 4) a descrição contida na Eneida sobre *a morte de Palinurus*, que define a relação analista-analisando diante do narcisismo e da falta de flexibilidade obtida por mudanças de vértice; 5) o relato da descoberta arqueológica da *tumba do rei de Ur*, que expande as questões sobre a investigação psicanalítica em seu movimento alternado entre a arqueologia e a mitologia, reconstrução e interpretação, ideal de Eu e Eu Ideal, objetos idealizados e objetos rejeitados, transferência de vida e transferência de morte, futuro de uma ilusão e ilusão do futuro.

No texto *Cesura* (1975), Bion descreve seu modelo definitivo sobre os processos transferenciais. Os quatro textos seguintes são complementares as idéias aí desenvolvidas. *Evidência* (1976), *Turbulência Emocional* (1977), *Sobre uma Citação de Freud* (1977) e, *Como tornar proveitoso um mau negócio* (1979*)*, apresentam cada qual, com seus detalhes próprios, a questão da expressiva **transitoriedade** do trabalho analítico e o desafio da **turbulência emocional**.

Finalmente, cabe assinalar, que sobretudo nesses últimos textos, embora Bion não diga claramente, indica (indo além de um interesse puramente teórico, por razões eminentemente relacionadas com sua prática) que o inconsciente humano vai muito além do inconsciente freudiano[17]. Todas as metáforas que utiliza, propondo conjecturar imaginativamente sobre o que ocorre psiquicamente no líquido amniótico com o feto, podem ser entendidas como uma indicação do indeterminismo e da indecidibilidade decorrente da hipótese do inconsciente mais amplo. Ainda no sentido metafórico, é como se Bion tivesse mergulhado no "umbigo" do sonho onde Freud parou. Ao avançar, no desconhecido, passou a falar sobre sua experiência emocional e onírica com a "mente embrionária[18]" (a trilogia *Uma Memória do Futuro* é a testemunha desta experiência).

É essencial assinalar que Bion continua confirmando Freud, já que sobretudo constata que o inconsciente não se esgota com nenhum Saber, estando essa observação submetida ao princípio ético-estético da Infinitude. Também podemos inferi-lo pela questão da inacessibilidade da pré-concepção, que ressalta a existência de um inconsciente que nunca se tornou consciente, ou que sequer se pode chamar de inconsciente. Com tal assertiva, Bion respeita o termo inconsciente usado por Freud como definitivo. Note-se ainda que a pré-concepção, apesar de ser originariamente inata, não deve ser confundida com filogenética, o que lhe daria um caráter determinista e a faria um sinônimo do conceito de protofantasias de Freud. Foi para afastar-se cada vez mais dessa possibilidade que provavelmente passou a falar de uma mente embrionária, cujo início é temporalmente indecidível e cuja expressão é imprevisível, infinita, incerta. Além disso, como indica Bion (1962), qualquer concepção pode manter a função potencial de uma pré-concepção, gerando novas concepções, o que equivale a lidar não com o explicativo, não com causa e efeito, mas com fatos selecionados que geram interpretações descritivas e indeterministas.

---

[17] "*Eu estou sugerindo que além dos estados mentais, consciente e inconsciente, pode existir um outro. O mais próximo que consigo chegar de um título transitório é o estado mental inacessível*" (*Taming Wild Thoughts*, 1997)

[18] Em Cesura (1975), as referências são as citações de Martin Buber em *Eu e Tu*: "*no ventre da mãe o homem conhece o universo e esquece-o ao nascer*"; "*A vida pré-natal da criança é pura associação natural, um fluir de um para outro, uma reciprocidade corporal; e o horizonte da vida do ser em desenvolvimento aparece singularmente inscrito, e no entanto também não inscrito, no ser que o carrega, pois o ventre no qual habita não é unicamente aquele da mãe humana*"; "*Cada criança em desenvolvimento descansa, como todos os seres em desenvolvimento, no seio da grande mãe – o mundo primitivo ainda não formado e indiferenciado...*".

Capítulo II

Uma lógica interna geradora de princípios ético-estéticos de observação.

O estudo crítico da obra de Bion sempre nos apontou para um vértice fundamental de sua abordagem clínica: a **turbulência emocional**. Presente desde a época do trabalho com grupos, o vértice adquiriu contornos bem precisos e significativos em seus últimos textos. Trata-se de um elemento que, por diversas razões, influencia sensivelmente as condições de observação do analista diante da situação geral, sintetizada pelo momento clínico em que os pacientes devem decidir, de acordo com o conhecimento que obtém de si mesmos, entre fugir da realidade ou modificá-la. Assim posto, nos parecia, uma aplicação clínica do modelo freudiano dos dois princípios de funcionamento mental (1911). Entretanto, no artigo *Making the best of a bad job* (1979), surge uma instigante e, de certa forma, enigmática, proposição: ao invés de trabalhar com os dois princípios freudianos de funcionamento mental Bion sugere **três princípios de vida**. São eles:

a) *sentimento*
b) *pensamentos antecipatórios*
c) *sentimento + pensamento + Pensamento (prudência ou previsão→ação)*.

Quando nos debruçamos mais detidamente sobre a proposição, surgiu a seguinte pergunta: Estaria Bion propondo uma "revolucionária" mudança no consagrado modelo psicanalítico dos dois princípios de funcionamento mental? Por que estaria fazendo isso naquela altura? Será que antes desse texto ele já não a teria feito? O caminho para responder essas questões mostrou-se complexo e nos remeteu às origens e aos significados do uso dos princípios na psicanálise.

Tal tarefa nos situou no período correspondente ao final do século XIX, início do século XX, quando Sigmund Freud, em Viena, retira o inconsciente da antiguidade e o insere na modernidade. Aquilo que estivera desde o início dos tempos confinado aos bastidores da religião, do misticismo, da mitologia, do curandeirismo, foi transformado em objeto de uma nova atividade, inédita na história da humanidade: **a psicanálise**. Freud realiza isto de uma forma tal, que desde então não podemos mais refletir sobre a mente, senão neste campo onde ele a levou. Qualquer visão distinta passa a ser não apenas ingênua, conveniente, mas, sobretudo, distante de uma efetiva novidade.

Como entender esta inovação? Como definir este novo campo? Qual sua relação com a ciência moderna?

Apesar do pretenso corte epistemológico que se poderia atribuir ao impacto do ineditismo de Freud, não foi exatamente por esse dispositivo que a psicanálise se inseriu na modernidade. Por outro lado, Freud, necessariamente, haveria que passar pelo discurso da ciência, uma vez que sem ela não obteria o passaporte para a psicanálise, no qual o **ideal de ciência** (a Física) da época precisou colocar seu visto de entrada. No início, Freud imagina um leitor crítico com o qual dialoga, esperando que o mesmo tenha condições de reconhecer a psicanálise como ciência, ao reconhecer o ideal de ciência na psicanálise. Mais ainda, Freud desenvolve um texto sempre cuidadoso, no qual podemos reconhecer a transposição do ideal de ciência para uma linguagem influenciada pela ciência ideal (a Biologia).

Todavia, Freud acreditava na ciência tanto quanto lhe era possível. Ou seja, não inteiramente. Para passar de pesquisador a clínico seu sofrimento tinha sido grande (como aparece no sonho da monografia botânica). A elaboração do conflito gerou-lhe uma prudência saudável, garantindo a si próprio a preservação da capacidade crítica. Por isto foi bem sucedido nas formulações a este respeito, bastante simplistas à primeira vista e de causar espanto aos defensores mais ingênuos do cientificismo contemporâneo. Assim, apesar de muitas vezes ter manifestado sua esperança de que um dia as ciências da área médica pudessem dar uma explicação do psiquismo, e fornecer a terapia de suas perturbações, Freud prosseguiu seu caminho numa outra ordem, única na história da humanidade, e em 1939 declarou sobre a relação direta entre a vida psíquica e o sistema nervoso: "*se existisse, só forneceria quando muito uma localização precisa dos processos da consciência e não contribuiria em nada para sua exclusão*".

Então como entender a "ambígua" necessidade de Freud para buscar a ciência, quando no fundo não se situa em sua ordem comum?

Parte dessa questão procuramos responder no primeiro volume, através do instrumento filosófico criado por Michel Serres, a *"passagem do noroeste"*. A metáfora compara o pensar humano com a busca de uma passagem no labirinto de gelo entre o Atlântico e o Pacífico. De tempos em tempos, surgem pensadores que buscam uma *"passagem"* entre as chamadas ciências exatas e as ciências humanas. Não se concebe um mundo sem os dois oceanos, mas por vezes esta passagem é muito difícil de ser alcançada pelos navegadores. Para Serres, nunca houve um desenvolvimento do pensar humano sem um trajeto deste tipo: acidentado e cheio de becos sem saída. Desde os pré-socráticos e Platão, sempre se procurou reunir, através de um trajeto qualquer, nossas idéias mais rigorosas e aquilo que sabemos sobre o ser humano. Mas isto não ocorre sem retrocessos, avanços e recuos, dúvidas e incertezas, impasses diversos. A filosofia, por exemplo, deve instruir-se sobre as ciências exatas antes de falar das organizações humanas que representam um estágio de complexidade maior. Se este percurso for cortado ou negligenciado, teremos uma estagnação de pensamento. De um lado, estarão as pessoas que falarão do mundo com exatidão, mas que terão esquecido a história e a cultura, e do outro, pessoas que farão ciências humanas, imperturbavelmente, em completa ignorância do mundo e de suas mudanças. Desse vértice, é possível afirmar que Freud vai buscando a *"passagem"* por toda sua obra, o que como conseqüência produziu um texto até hoje pleno de recursos inexplorados.

A busca e a utilização de Freud dos princípios de funcionamento mental fazem parte deste movimento de *"passagem"* pela interlocução entre a Física (ideal de ciência) e a Biologia (ciência ideal da medicina). As primeiras formulações encontram-se no *princípio de constância*, como parte do aparelho teórico elaborado em conjunto com Breuer entre 1892-1895, na tentativa de explicar fenômenos da histeria. Designa-se, assim, a tendência do aparelho psíquico a manter uma quantidade de excitação num nível tão baixo, ou, pelo menos, tão constante quanto possível. Esse princípio, tomado de Fechner (1873) por Freud, aparece desde o início da psicanálise e nunca foi abandonado. Considera ao mesmo tempo os processos de descarga que são seguidos de satisfação e os processos de defesa contra um excesso de excitação.

Em 1895 no *Projeto*[19], Freud propõe não um *princípio de constância*, como mantenedor de um certo nível energético, mas um *princípio de inércia neurônica*, segundo o qual os neurônios tendem a esvaziar-se da quantidade de excitação ao evacuá-la completamente.

Posteriormente, Freud supõe a existência de uma tendência para a constância, mas a entende como uma *"função secundária imposta pela urgência da vida"*, uma modificação do princípio de inércia. Conceitualmente, podemos dizer que a tendência para zerar a excitação corresponde ao princípio do prazer e a manutenção da constância ao princípio da realidade, que são descritos em *Os Dois Princípios do Funcionamento Mental* (1911). Aqui o tema central é a distinção dos princípios reguladores do prazer e da realidade, que dominam, respectivamente, os processos primário e secundário.

Em *Além do princípio do Prazer* (1920), Freud reassinala que na teoria psicanalítica os eventos mentais são regulados automaticamente pelo princípio do prazer. O curso desses eventos é invariavelmente desencadeado por uma tensão desagradável. O resultado final coincide com uma diminuição da tensão. O aparelho mental esforça-se por manter a quantidade de excitação presente num nível tão baixo quanto possível. Sob a influência dos impulsos de autopreservação do ego, o princípio do prazer é substituído pelo princípio da realidade.

---

[19] É importante destacar que a formulação de Freud no *Projeto* é uma espécie de rascunho (ou um protótipo) de seu modelo psicanalítico que vai tomando corpo à medida que sua experiência vai aumentando e os textos vão surgindo. Sua intuição sobre o funcionamento mental vai buscando conceitos que a iluminem através da consulta à física (ideal de ciência) e sua expressão como linguagem biológica (ciência ideal). O conceito de inércia é consultado por Freud, embora a relação entre o uso que ele faz e o emprego que tem na física se mantenha bastante frouxa. Em Freud ela não é uma propriedade do que é móvel, isto é, a excitação, mas uma tendência ativa do sistema em que as quantidades se deslocam. A intuição de Freud está ligada à própria inserção do inconsciente na modernidade, pois o que ele traduz em termos de livre circulação de energia nos neurônios não é mais do que a transposição da sua experiência clínica: a livre circulação no sentido que caracteriza o processo primário.

Ainda nesse artigo, Freud firma importantes posicionamentos ao declarar que o estudo dos sonhos é o método mais seguro de investigação dos processos mentais. A psicanálise, acima de tudo, é uma arte de interpretação; e se existe algo mais além do princípio do prazer, então existiu algo anterior ao objetivo dos sonhos como realização alucinatória dos desejos reprimidos. O princípio do prazer é uma tendência que opera a serviço de uma função para libertar o aparelho mental de excitação ou manter a quantidade de excitação tão baixa quanto possível (*princípio de constância*). No início da vida mental a luta pelo prazer é bem mais intensa do que posteriormente, mas não tão irrestrita. Neste artigo, uma derradeira consulta é feita à filosofia, com a introdução do *princípio de Nirvana*. O termo difundido no Ocidente por Schopenhauer, é tirado da religião budista, na qual designa a extinção do desejo humano, o aniquilamento da individualidade, que se funde na alma coletiva, um estado de quietude e felicidade perfeita. A posição de Freud parece estar neste ponto em uma ordem distinta da consulta à Física. Todavia, o princípio de Nirvana é uma tradução do *princípio de inércia*.

Em *O Mal Estar na Cultura* (1930), Freud afirma que a civilização impõe grandes sacrifícios à sexualidade e à agressividade do ser humano. Como ordem imposta a uma humanidade naturalmente desordenada, a civilização é um compromisso, uma troca continuamente reclamada e para sempre instigada a negociar. O princípio do prazer está aí reduzido à medida do princípio de realidade, e as normas que compreendem a realidade são a medida do senso comum. Neste sentido, podemos destacar como o uso de princípios no pensamento psicanalítico conduz necessariamente à **questão ética**.

A idéia central é indagar se uma prática psicanalítica primordialmente baseada em princípios garante o uso mais adequado das teorias e, conseqüentemente, uma melhor seleção das mesmas através de um referencial crítico. Ou melhor, será que este referencial ao expressar-se de forma estética adequada e sustentada por uma ética da observação, permite o uso de uma teoria mais sintonizada com a forma de ser do analista, tornando-o mais real dentro do *setting* analítico e também fora dele? Se o referencial consegue isso, uma ampliação do número de princípios de observação só pode ser benéfica para o pensamento psicanalítico, pois como ideal visa sempre uma integração, facilitando a criação de uma linguagem específica da psicanálise que Bion define como *Language of Achievement* (1970).

É possível detectar como essa ampliação de princípios ocorreu em Bion?

Embora o ponto de partida esteja nos fenômenos da parte psicótica da personalidade, é no artigo *Uma Teoria do Pensar* (1960), que Bion assinala os motivos para retomar o texto de Freud de 1911 e começa a desenvolver sua crítica: "*Se a capacidade para tolerar frustração for suficiente, o não-seio se transforma num pensamento, e desenvolve-se um aparelho para pensá-lo*. Isto dá início ao estado descrito por Freud em Os Dois Princípios do Funcionamento mental, *em que a predominância do princípio de realidade é sincrônica com o desenvolvimento da capacidade para pensar e, desse modo, transpor o fosso da frustração que surge entre o momento em que se experimenta uma necessidade e o momento em que a ação adequada para satisfazer esta necessidade culmina na satisfação da mesma. A capacidade para tolerar frustração, portanto, possibilita que o psiquismo desenvolva o pensamento como um meio através do qual a frustração que for tolerada se torna mais tolerável...*

E mais: "*A incapacidade para tolerar frustração faz com que a balança se incline no sentido da fuga à frustração. O resultado é um afastamento significativo dos fatos que Freud descreve como típicos do pensamento na fase de predominância do princípio de realidade. O que deveria ser um pensamento – um produto da união de uma pré-concepção e a realização negativa – torna-se um objeto mau, indistinguível de uma coisa em si, e que se presta apenas à evacuação. Conseqüentemente, o desenvolvimento de um aparelho para pensar fica perturbado, e em vez disso, dá-se o desenvolvimento hipertrofiado do aparelho de identificação projetiva*".

Em *Aprender da Experiência* (1962), Bion avança na teoria em razão dos impasses que estava encontrando na correlação teórico-clínica com pacientes em que a parte psicótica da personalidade é mais ativa: "*Os fenômenos presentes na análise não se identificam com a descrição de Freud da personalidade que atua, durante a fase de predomínio do princípio do prazer para livrar se livrar do acréscimo de estímulos. Aquela personalidade é, dentro de certo limite normal, a que descrevo é bastante anormal. A atividade que se manifesta sob a dominância do princípio do prazer, para desembaraçar a personalidade dos acréscimos de estímulos, se substitui, na fase de predominância do princípio de realidade, pela dejeção dos elementos beta indesejáveis. Um sorriso ou uma afirmação verbal se interpreta como um movimento de evacuação e não como uma comunicação de sentimento"*.

O desenvolvimento de Bion, até esse ponto, não significa uma disjunção, mas talvez a retomada por outros vértices, de questões levantadas e/ou apenas esboçadas por Freud. O que devemos ter em mente, é que foi ampliando a importância da **observação** para a psicanálise do funcionamento da parte psicótica da personalidade que pode ter começado a gerar a necessidade de ampliar os princípios. Novos princípios que dessem conta dessa nova área, e podemos perceber isso quando ele fala de sua reflexão que o conduziu aos três princípios de vida.

Trata-se da situação de decidibilidade do analista perante a realidade que é a existência simultânea de distintos estados mentais: sono, vigília, se forem igualmente respeitados, se o árbitro for imparcial, qual deles escolher para dar uma interpretação (ação verbal)? E diz: *"Quando estamos engajados na psicanálise, na qual a observação deve desempenhar uma parte extremamente importante (sempre reconhecida de extrema importância em toda investigação científica), não devemos restringir nossa observação a uma esfera demasiado estreita. Então, o que estamos observando? A melhor resposta que conheço é fornecida pela formulação de Milton na introdução do Canto III de Paradise Lost"*.

A formulação de Milton, de valor profundamente estético, é uma das referências do artigo:

"*Mas tu, eterna luz, porção divina
Com tanto mais razão me acode e vale:
Brilha em minha alma, e nela os olhos acende
As faculdades todas lhe iluminam,
E de nuvens quaisquer a desassombra
A fim de que eu livremente veja e narre
Cenas que à vista dos mortais se escondem*[20]".

A citação permite destacar, considerando as questões que a antecedem, alguns dos elementos que buscam integração através da sintética formulação dos três princípios de vida. Em primeiro lugar, nos faz deparar

---

[20] Tradução de Antonio Jose Lima Leitão, Paraíso Perdido, Vila Rica editores, Belo Horizonte, 1999.

com o trânsito de mão dupla entre a utilização do pensamento científico (determinante do modelo de observação) - que deve ser norteado por uma ética – e, o elemento estético que se expressa na linguagem da poesia de Milton, que podemos tomar como exemplar do que Bion considera como *Language of Achievement* (1970). Em outras palavras, a psicanálise se ocupa, através da arte da interpretação, da realidade psíquica. Mas não se trata de qualquer interpretação, pois se postula nesta ocupação uma pura efetividade: meios e finalidade da análise, e conseqüentemente, os princípios.

Em segundo lugar, permite destacar que os três princípios de vida de Bion, necessariamente devem referir-se ao mesmo campo dos outros princípios que foram aplicados. Na analogia com o modelo ótico abaixo, o campo que é a experiência emocional, é representado pelo prisma no qual a incidência da luz branca dos três princípios de vida se decompõe nas cores dos sete princípios ético-estéticos de observação, e vice-versa. Em outras palavras, os três princípios são uma condensação dos sete princípios ético-estéticos utilizados gradualmente por Bion na ampliação de seu modelo psicanalítico.

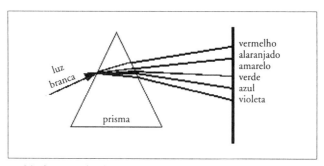

Modelo ilustrativo da relação entre experiência emocional e os princípios

Tal modelo implica sempre na interação do analista com a **experiência emocional**, suas condições de observação da **turbulência emocional**, fundamento dessa experiência, e essência do fenômeno transferencial, o que não significa ignorar outras manifestações.

Desse modo, consideramos que os três princípios de vida referem-se a uma prática que ressalta: 1) a **sensibilidade** do analista (*sentimentos*) perante o fenômeno transferencial; 2) a sua capacidade de usar a **intuição** na **transitoriedade** das situações transferenciais (os *pensamentos antecipatórios*);

3) a sua **sabedoria** adquirida ou sua **capacidade de usufruir** o **aprender da experiência** para poder **criar** algo novo (*pensamento+sentimento+Pensamento= previsão→ação*).

O intuito geral dos três princípios parece ser uma tentativa para deixar claro que o analista não pode tratar as dores fundamentais do viver, aproximando-o da vida real, interna e externa, do analisando, e assim não a confundindo com os processos psíquicos que podem ser transformados pela análise. Alguns dos princípios Bion explicita, como o **Princípio de Incerteza**, o **Princípio de Negatividade** e o **Princípio de Infinitude**. Os demais, os quais supomos que ele poderia estar intuitivamente trabalhando numa ampliação do modelo psicanalítico e prático, procuramos descrever no próximo capítulo, o que caracteriza uma interpretação particular de sua obra.

Capítulo III

Os princípios ético-estéticos de observação

O Princípio da Incerteza*

> *"A prática psicanalítica mostra que os motivos para qualquer atividade humana são numerosos e complexos. Quando um é demonstrado, obviamente outros ficam desconhecidos"* (Atenção e Interpretação, 1970)
>
> *"Teoricamente, deixa-se que os pacientes tenham um espaço suficiente para dizer qualquer coisa que queiram. Entretanto, sua mera presença distorce todo o quadro".* (Conversando com Bion, 1990)
>
> *"A 'dúvida' é sempre encarada como uma complicação desnecessária. Isso fica claro quando um indivíduo afirma ter 'certeza'".* (Uma Memória do Futuro, O Sonho, pg.181)
>
> *"Mesmo na ciência, a descrição do Princípio de Incerteza de Heisenberg mostra que surgiu uma crise – uma "Crise de foi".* (Cogitações, 2000)

---

* escrito em colaboração com Julio Walz.

Na investigação dos princípios ético-estéticos auxiliou-nos a releitura do artigo de Freud, *Verganglichkeit* (1916)[21], onde ele indaga as dificuldades para usufruir a experiência estética, em virtude das dificuldades causadas pela **temporalidade** em sua inexorável alteração dos fenômenos da natureza. Em síntese, a elaboração dos sentimentos de perda inerentes à relação da experiência humana com a temporalidade, é decisiva na resolução de conflitos, na criação de pensamentos novos, na capacidade de observação, e na fruição da vida.

Toda psicanálise é essencialmente transitória, portanto, intrinsecamente envolvida com a questão da temporalidade nos conflitos humanos. Como psicanalistas, observamos os seres humanos e a condição humana profundamente marcada pelos eventos temporais, isto é, históricos. Deste modo, não podemos conhecer o ser humano e a condição humana se não o compreendermos e o interpretarmos a partir das determinações que são adquiridas e criadas no curso da história. Mas, por outro lado, a história analítica se constrói por indeterminações representadas pelos instrumentos gerados pela própria relação e que devem ser utilizados para se expandir. Toda expansão é sinônima de **turbulência** que, por sua vez, é sinônimo de **complexidade**. Ambos os termos constituem um campo aberto para a investigação analítica.

Apesar de Heisenberg referir-se obviamente à turbulência na Física, os pontos em comum com a psíquica (afinal, tanto na física como na psicanálise estamos lidando com a produção de *sistemas instáveis*, o que significa

---

[21] Em português *Sobre a transitoriedade* e, em inglês *On transience*.

também *transitórios*) são por demais extensos e abrangentes para que limitemos a questão a apenas uma atividade humana.

Pois, se a relação de Heisenberg diz que, na Física, não se pode descrever simultaneamente a posição e a velocidade de uma partícula, sendo que a incerteza reside no fato de que não há, em nenhum código e em nenhuma fórmula, transcrição ou equivalente possível do estado global de uma partícula; a mesma peculiaridade pode ser aplicada à observação analítica.

A realidade do inconsciente é incognoscível e não tem equivalente global em nenhuma linguagem conhecida. Assim, não há equivalência no mundo de algo como a totalidade do inconsciente. Trata-se inclusive de sua definição: o inconsciente, em sua essência, é aquilo de que não há equivalente em lugar algum, em coisa alguma, ou em alguém. Logo não há referência possível dentro de qualquer certeza. Aí está a raiz profunda da incerteza, a forma insuperável de ilusão: o que quer que possa existir e verificar-se localmente, a incerteza é inapelável em nossas observações.

> *"A exposição que Heisenberg fez sobre filosofia da mecânica quântica demonstra que fatos observados pelo físico dependem da relação com os fatos que são desconhecidos, e que jamais poderão ser conhecidos; isso aboliu as paredes limitadoras de seu laboratório e, portanto, o próprio laboratório; assim, o físico tem em seu laboratório dificuldades análogas à que o analista tem com seu consultório e com a situação analítica. Mas, a menos que esse conhecimento possa trazer um grande avanço no front psicanalítico, ele não ajuda os psicanalistas a se ajudarem, ou os físicos a saberem disso. Daí a necessidade, por um ponto de vista científico, de investigar a natureza de nossas próprias abstrações"* (*Cogitações*, 2000).

Talvez seja importante assinalar, mais uma vez, que não se trata de incluir a física ou a matemática na psicanálise, mas tomar o que nessas disciplinas se constitui como **pensamento** e suas possibilidades de uso nas observações. De qualquer forma, o uso de um princípio de observação, sempre envolve algum grau de saturação do campo a ser observado. É como pegar uma tela em branco e dar-lhe um fundo colorido, que pode ser até o próprio branco, antes de pintar a paisagem. A personalidade do analista, por mais isenta de memória, desejo e necessidade de compreensão, sempre introduz um distúrbio na observação. Não há como escapar disto.

O princípio de Incerteza sempre questiona o pensamento e a teoria. Entre a Incerteza e o mundo, há o outro em si mesmo, suspense definitivo, e a irreversibilidade definitiva do mundo e do pensamento. Suas conseqüências são, provisoriamente, as seguintes:

1) O domínio do inconsciente nos é dado como enigmático e ininteligível; a tarefa de pensá-lo implica em um pensamento radical que só torna o pensamento ainda mais radical e ininteligível.

2) Em virtude de nenhuma teoria ser capaz de dar conta da totalidade do inconsciente, é que se coloca o princípio de Incerteza antes da teoria. Apesar disto, é fundamental destacar a teoria edípica, para com ela ressaltar que um pólo de "O" na sessão é a capacidade intuitiva treinada (análise pessoal do analista). Trata-se da capacidade para sintonizar-se com o que está acontecendo na análise. O outro pólo de "O" está localizado nos fatos da experiência analítica, que deve ser transformada, para mostrar qual é a aproximação que a realização tem com as pré-concepções do analista. A pré-concepção deve ser idêntica à $Ta\beta$ como produto final de $Ta\alpha$ operando nas teorias analíticas do analista. Esta é a base da seleção natural das teorias, sua intenção é encontrar e utilizar apenas aquelas que tenham raízes na experiência emocional do analista [22].

---

[22] A seleção de Bion em *Transformations* (1965) é: 1) identificação projetiva, comunicando o tipo de funcionamento da função-alfa 2) intolerância à frustração 3) inveja desqualificando os objetos por despojamento de qualidades ou por exaustão 4) a situação edípica representada por objetos parciais 5) a teoria kleiniana clássica da inveja e voracidade 6) O pensamento como produto de um objeto ausente 7) a teoria da violência nas relações primitivas. Posteriormente, em *The Grid* (1975), a seleção adquire nova configuração com fortes componentes ético-estéticos: 1) O mito de Édipo com ênfase na arrogância dos personagens 2) O mito de Éden com ênfase no ataque ao desejo de saber (vínculo K) 3) O mito de Babel com ênfase no ataque onipotente, invejoso e ciumento, à linguagem 4) O relato da circularidade arqueológico-mitológica na descoberta da tumba do Rei de Ur (dissolução do Complexo de Édipo e as conseqüências determinantes da escolha de vértice de observação e reconstrução) 5) O relato da Eneida sobre a morte de Palinurus (função analítica no espectro narcisismo⇔social-ismo).

3) O teórico não deve pretender ou se julgar maior que a teoria, nem a teoria pode jamais pretender ser maior que o inconsciente. Toda teoria é ficção, produto da imaginação produtora.

4) Se o mundo evolui sempre em direção a um estado de coisas ilusório ou delirante, quais vértices devem ser adotados na observação? A resposta pode ser fornecida utilizando-se o vértice das transformações, sempre influenciadas pela experiência emocional. O ideal é que o analista exclua L e H de Taα e Taβ. A transformação do analisando deve ser sempre considerada uma evolução de "O", quando o analista trabalha para chegar a uma interpretação.

Princípio de Incompletude*

> "*Todo progresso analítico denota a necessidade de mais investigação. Há uma coisa em si que nunca é sabida.*" (*Atenção e Interpretação*, 1970)
>
> "*...é perigoso ficar satisfeito com a psicanálise: um psicanalista deve ser in-satisfeito com a psicanálise.*" (*Conversando com Bion*, 1990)
>
> "*Recentemente até mesmo os matemáticos adotaram teorias como o princípio de Incerteza de Heisenberg, a teoria da Incompletude; elas indicam como a consciência da Incompletude e da Incerteza penetrou em coisas que pareciam muito bem estabelecidas e funcionais, tal como a matemática e a lógica*". (*Taming Wild Thoughts*, 1997)

A Psicanálise incessantemente nos revela a incompletude humana. Freud deixa isso bem claro desde o início de sua obra: nenhum sonho é completamente interpretável. Não se trata de resistências do analisando, mas da própria natureza do mundo psíquico, que se opõe a uma interpretação "completa" do sonho[23]. A mesma coisa vale para todos os outros fenô-

---

* em colaboração com Magda Barbieri Walz.
[23] "*Nos sonhos mais bem interpretados, freqüentemente somos obrigados a deixar na obscuridade um lugar...é esse o umbigo do sonho, o lugar onde ele repousa sobre o desconhecido.*" (Freud, S., *A Interpretação dos Sonhos*,1900,SE vol I)

menos do psiquismo inconsciente. Mas, se esta característica se traduz como um princípio de observação, podemos dizer que é conseqüência da prévia aplicação do princípio de Incerteza. Pois, se há incerteza nenhuma observação pode ser completa, nenhuma investigação, dada como terminada. Conseqüentemente, é fundamental observar que cada sessão analítica é inteiramente nova, não tem passado e nem futuro: é sempre o início de uma investigação. Essa característica é fundamento do processo analítico, diferenciando-o dos demais métodos psicoterápicos.

O Princípio da Incompletude está também ilustrado pela questão simbólica na psicanálise. Onde há símbolo existe a falta de um objeto. Em Bion, a progressão do símbolo é traduzida pela relação entre depressão e espaço. Definida como aquilo que surge no lugar onde o seio estava, a depressão, cede lugar ao espaço. Assim, espaço é o que surge onde uma depressão ou outro sentimento estava (*Atenção e Interpretação*, 1970). A progressão permite considerar, por exemplo, que uma personalidade deprimida é uma personalidade ávida por criatividade, entendendo essa como sinônima de espaço psíquico (*Cogitações*, 2000). Assim, quando um paciente deprimido diz que sente um vazio na sessão, o mais provável é que não esteja deprimido. Poder-se-ia, então, falar aqui de um mais além da posição depressiva, em virtude do grau de incompletude existente em tudo que é criado, permitindo novas criações. Por outro lado, a importância do uso e do desenvolvimento da função simbólica está em poder criar graus de distanciamento da sensorialidade pura e simples. Tal processo é a essência da capacidade interpretativa.

O Princípio da Incompletude aplica-se amplamente ao instrumento da transferência, à começar da impossibilidade de observá-la como um todo. Nesse sentido, a transferência não se resume a um conteúdo/enigma a ser decifrado (transferido) mas em algo a ser construído, uma constante pergunta a ser formulada, um estado mental a ser descrito para colocar o essencial em jogo. Aplicando-se aqui a frase de Maurice Blanchot, tantas vezes citada por Bion, "*A resposta é a desgraça da pergunta*", fica claro o que se pode chamar de princípio ético-estético da Incompletude.

Em outras palavras, a possibilidade de estar sempre mantendo a indagação, desconfiando de qualquer resposta, nos remete ao status de incognoscibilidade da verdade e cujo axioma é a impossibilidade de um

Saber que a contenha. Todavia, Bion refere-se a um ponto de aparente certeza emocional quando utiliza a frase "*a razão é escrava da emoção*" (*Atenção e Interpretação*, 1970). Estaria a frase significando algo como: "*sinto, logo penso que tem valor de verdade*" e, deste modo, podemos indagar a ausência de Incompletude? Haveria aqui uma confluência de Bion com o pensamento cartesiano no que concerne a produção de uma certeza ligada ao reconhecimento do afeto? Tal convergência é aparentemente desconcertante, pois para Bion o inconsciente é criativo e demanda uma teoria que é centrada em algo que se opõe ao cartesianismo. Ou melhor, se não há verdade, se o único pensamento verdadeiro é um pensamento sem pensador, então como entender a confluência? Para tal é necessário retomar o percurso de Bion até os *Elementos da Psicanálise* (1963), texto onde ele formula o sujeito de sua teoria, e indagar se coincide com a análise cartesiana realizável em três tempos: a) ato de pensar, b) a certeza desse ato com qualquer conteúdo e c) a determinação desse ser com o pensar: sou uma coisa que pensa, uma *res cogitans*.

Verificamos que a análise cartesiana foi questionada por Bion, a partir de *Uma Teoria do Pensar* (1960), quando diz que os pensamentos são anteriores ao ato de pensar. A experiência prática da psicanálise confirma isto:

> "*Sou, portanto penso: penso, portanto sou. Se a função alfa é destruída, o pensamento torna-se impossível e a personalidade cessa de existir. O temor que o esquizofrênico tem da aniquilação pode estar associado com a experiência de sua não-existência como uma personalidade. Isso levanta a questão: o que é personalidade? Qual o campo limitante para o conceito de personalidade? Não pode haver personalidade se não há pensamento nem autoconsciência? Sem uma função de autoconsciência, as pessoas podem existir, mas não há personalidade. Dizer que alguém tem uma personalidade significa que este alguém está cônscio de si mesmo, não de modo esporádico, mas de modo permanente, como um fenômeno contínuo*" (Cogitações, 2000).

No trecho acima, Bion, mais uma vez, expõe sua teoria de que um fracasso em usar a experiência emocional, produz algo comparável a um desastre no desenvolvimento da personalidade, incluindo graus de deterioração psicótica que poderiam ser descritos como morte da personalidade. Todavia, isto não significa que os pensamentos cessaram, o desastre ocorre com o aparelho para pensar pensamentos, o que remete sempre a sua essência de Incompletude.

A correção de Descartes tornou-se necessária para Bion em função da epistemologia implícita em sua Teoria do Pensar, que contradiz o lugar ocupado no pensamento do filósofo pela concepção de Deus como causa e garantia de verdade, isto é, como completude. Essa concepção é substituída na Teoria do Pensar pelo **pensamento sem pensador**, lugar análogo ao de causa do inconsciente. Isto é, para a psicanálise não pode haver totalidade fechada da qual o próprio Deus faz parte. Se a psicanálise fosse uma totalidade fechada, desrespeitando o princípio de incompletude, seria possível dizer que existe no indivíduo um pensamento verdadeiro.

O Princípio da Incompletude permite ao analista ficar atento à questão da verdade como causa (o nível das crenças constitutivas do ser humano) tomando-a desta forma apenas para poder singularizá-la por um sujeito, sob forma de um sintoma, não se tratando aí da imanência da verdade relativa a cada um, mas de seu contrário, que é a tomada radical do pensamento como aquilo que o indivíduo, por sua falsidade ou por sua mentira, tem de mais verdadeiro no lugar da verdade inalcançável: sua Incompletude humana.

Princípio de Indecidibilidade da origem*

Kurt Gödel

---

* escrito em colaboração com Cristiane Decker.

"...o ponto de interseção entre as posições esquizo-paranóide e depressiva.
Eu uso essa frase deliberadamente, para enfatizar que estou usando dois conceitos kleinianos de um modo singular. Estou considerando aqui que eles compreendem classes de eventos, e sugiro que nenhuma interpretação tem valor a não ser que ilumine, quando dada, a desordem de elementos esparsos, familiares e aparentemente sem relação, e a ordem, coesão e relacionamento desses mesmos elementos; essa mesma iluminação se dá, em parte, pelo elemento de contraste que é inseparável da justaposição. Além do mais, essa interpretação não será psicanaliticamente efetiva a menos que quando dada, seja de senso comum, isto é, envolva acordo entre dois ou mais sentidos do analista e do analisando, e envolva acordo entre o analista e o analisando, nos quais esses sensos estejam de acordo. Podemos ver, através desse critério, que a interpretação 2+2, fracassa; pois é muito pouco provável que ela sirva à função de interseção entre as duas classes representadas pelas posições esquizo-paranóide e depressiva".(Cogitações, 2000, pgs.178-179)

Em 1931, o jovem matemático de 25 anos, Kurt Gödel, da Universidade de Viena, escreveu um artigo que se tornou um marco na história da matemática e da lógica: *Sobre as Proposições Indecidíveis dos Principia Matemática e Sistemas correlatos*. Depois disto, o mundo não seria mais o mesmo. Seu trabalho causou um desmoronamento de antigas certezas. Gödel mostrou que o sonho logicista e formalista, ideal de ciência da matemática, já não se sustentava mais: uma nova forma de pensar, abriu caminho para uma matemática de cunho não-linear, totalmente diferente da tradicional. Pouco depois, o teorema de Gödel foi utilizado pela Física Quântica, também produzindo o abandono de antigas crenças e certezas anteriormente inquestionáveis.

O método científico, até então, apoiava-se na idéia de que somente uma resposta certa era possível. Se essa resposta não fosse alcançada, o problema situava-se na limitação da sensopercepção e da compreensão intelectual humana. Depois de Gödel o método científico foi levado a se deparar com inúmeras probabilidades.

O Princípio de Indecidibilidade foi tema de inúmeras discussões entre os cientistas. Mas o próprio Einstein, que acreditava que "Deus não jogava dados" morreu sem aceitar a alteração.

A Física Quântica, ao contrário, demonstrou que, em certos casos, "Deus joga dados", ou seja, que seu objeto de estudo é instável. Do ponto de vista ontológico, o objeto é independente do observador. O universo é o das incertezas, do indeterminismo e da indecidibilidade de origem.

O estudo das relações lógicas obviamente atraiu Bion. Apesar de Gödel ser apenas mencionado rapidamente em *Taming Wild Thougths* (1997)[24], um paralelo pode ser traçado à partir do conceito de aparelho para pensar (1960), que engloba funções que não seguem um sistema linear. Além disso, o aparato mental coloca-se em constante expansão se for capaz de processar o erro, a dúvida, a incerteza. Note-se que para Bion o uso da expressão aparelho para pensar não pretende significar que o Inconsciente é uma máquina. É importante assinalar que na teoria do Pensar o Inconsciente é determinado como Inconsciente pela sua indeterminação. Há um modo de ser que lhe é próprio, e que não é de um teorema topológico. Ele é determinado em seu modo de ser e na natureza e suas manifestações, mas não é determinado no conteúdo que daí deriva. O conteúdo é referido a um fenômeno, algo que emerge, aparece para a observação. Para tentar compreender esse aparecimento, e o vínculo que guarda com uma origem, somos mal ou bem obrigados a associar essas manifestações a outra coisa: a história do indivíduo, onde sempre surgirá o momento onde encontramos o equivalente ao famoso "umbigo do sonho", à saber, a indecidibilidade. Assim temos diante de nós apenas processos de pensamento.

---

[24] *"Até mesmo uma construção lógica é criticada por parâmetros lógicos, isto significa que ainda existe algum tipo de lógica indicando que nossa compreensão da lógica necessita expandir-se – e não que a lógica é inadequada. Isto é o que está acontecendo com os intuicionistas – Browner, Heyting, etc: eles estão investigando ou propondo uma matemática que desperta um considerável grau de hostilidade por parte dos matemáticos conservadores. Na investigação metapsicológica de Gödel, sua teoria sobre a lei da indecidibilidade, também desperta curiosidade"*. (Taming Wild Thoughts, pg.49)

Gödel, usou o Mapeamento ou Espelhamento Algébrico, mostrando que era mais fácil espelhar as complexas relações lógicas do que lidar com as próprias. Usou também o raciocínio apoiado nas Antinomias ou Paradoxos de Richard. Assim, conseguiu desenvolver um enunciado metamatemático que mostrava que nem a fórmula aritmética, nem a sua negação, eram demonstráveis dentro do cálculo. Como uma destas fórmulas deveria codificar uma verdade aritmética (embora nenhuma fosse derivável do axioma), conseguiu provar que os axiomas eram incompletos. Mas não se trata somente disto. Provou que, se uma fórmula é demonstrável, automaticamente, seu contraditório formal também o será, o que torna o cálculo aritmético inconsistente e, portanto, não derivável dos axiomas da mesma. Com isso, se a Aritmética fosse consistente, a fórmula, bem como seu contraditório formal, seria **indecidível**, ou seja, não demonstráveis formalmente.

Gödel chamou a atenção para os limites naturais do método axiomático. A aritmética é é **incompleta e indecidível**, pois advém de axiomas desta mesma natureza. A consistência do objeto da Psicanálise é totalmente condizente com esta forma de pensar, pois nada no processo analítico tem a ver com certezas inabaláveis ou respostas fechadas e estruturadas.

Gödel, deu-se conta que não há nenhum limite para a criatividade dos matemáticos, pois como em qualquer atividade, o intelecto humano está sempre construindo e imaginando uma infinitude de regras, operações, raciocínios, formas lógicas novas, muitas vezes válidas, embora nem sempre demonstráveis. Em certo sentido, Gödel fica muito próximo do realismo filosófico de Platão: as formas matemáticas não são os objetos próprios da matemática. São objetos que estão em nossas mentes, e existem independente de nossas definições e construções.

A indecidibilidade de origem é um princípio implícito na questão da transferência, e podemos inferi-lo em diversos trechos de Bion, por exemplo ao enfatizar que no processo analítico o que devemos investigar é a (contra/trans)-ferência (*Cesura*, 1975). Também no campo psicanalítico, como na matemática, não se pode demonstrar certas proposições (interpretações), o que não as torna falsas, apenas indecidíveis no presente.

De um modo geral, o princípio de indecidibilidade pretende ressaltar que no vínculo analítico há sempre um momento em que não é possível decidir aquilo que vem do analisando do que vem do analista, em função da manifestação de algo inteiramente não demonstrável e totalmente indecidível: o "O".

Essa forma de pensar o inconsciente propõe a constante mudança de vértice como inerente ao ato de observá-lo e interpretá-lo. Apenas um vértice de observação torna duvidosa a validade de uma interpretação. É preciso considerar um somatório de vários vértices. Um sistema de decidibilidade, com alguma coerência transitória, necessita oscilar por vértices distintos. A rigor, diz Bion, podemos oscilar por três vértices no campo psicanalítico: científico, religioso, estético. A nomenclatura não deixa de indicar que a lógica ultima é a da sociedade e suas instituições. Implica também que, em todo vínculo, em toda decisão interpretativa, existe uma dependência da evolução de O⇒K(sede de saber). Esta evolução é função da **intuição** do observador. Em qualquer circunstância o K da indecidibilidade deverá conduzir inevitavelmente aos dois princípios anteriores, Incerteza e Incompletude. Caso contrário, uma falsificação do processo estará ocorrendo. Num outro sentido, qualquer decisão interpretativa uma vez formulada, deve ser considerada como necessariamente falsa ou irrelevante. O que está sendo observado no presente da sessão analítica é função do indecidível num campo oposto ao saber, o campo do inefável, inacessível: "O". A única alternativa, já que não podemos acessá-lo, é imaginar. Em última instância, coloca-se a questão o problema de criação da interpretação analítica a partir da busca de coisas com consistência regular e apreciável. Bion as denomina de **invariantes** (*Transformações*, 1965). Às vezes elas atingem uma confluência, produzem um sentido novo (apenas psicologicamente necessário). Entretanto, isto só ocorre se suspendermos a lógica determinística e adotarmos uma visão não-linear da realidade psíquica. A diferença está na forma de lidar com a existência da turbulência emocional. Trata-se de enfocá-la como um continente que James Joyce chama de *Les idées mères* e é mencionado por Bion em *A Memoir of the Future* (vol.I, pgs.222,223): "*Na análise certas idéias, sejam elas do analista ou do analisando, são logo percebidas como provocadoras de reações de crescimento; seja resposta ou pergunta, ela "alimentam" um amplo espectro de novos problemas e idéias. É contra essa possibilidade que ambos os componentes do par analítico podem se defender através de um fechamento. Esta é freqüentemente a função de* *estar acordado, com insônia, etc., como defesa contra estados mentais, paisagens e lugares que são vistos quando estamos dormindo. De forma semelhante, o par analítico pode fugir de ficar amplamente acordado e cientificamente capaz através do sono, da surdez, do mutismo, da cegueira para com o universo a nosso redor".*

Princípio de Infinitude*

"...o problema parece se originar de um sentido de espaço, tempo e número," infinito "que é então tornado finito. A personalidade de qualquer idade, ao ser confrontada com o desconhecido," o infinito vazio e sem forma ", preenche o vazio (satura o elemento), proporciona uma forma (nomeia e amarar uma conjunção constante) e fornece limites para o infinito (número e posição). A frase de Pascal " Le silence de ces spaces infinis méffraie" pode servir como uma expressão de intolerância e medo do incognoscível"e daí do inconsciente no sentido do não-descoberto ou do não-evoluido." (Transformations, 1965)

"Diz-se que uma disciplina não pode ser apropriadamente encarada como científica até que tenha sido matematizada, e posso ter dado a impressão, esboçando uma matemática de Lewis Carroll para a análise, que apoio esse ponto de vista, arriscando-me a propor uma matematização prematura de um assunto que não está maduro para tal procedimento. Portanto, devo destacar algumas características do desenvolvimento matemático que até agora não foram psicanaliticamente consideradas. Como ilustração usarei a descrição da tradução da divindade escura e sem forma de Meister Eckhardt para a trindade" cognoscível" . Minha sugestão é de que uma característica intrínseca de transição da "incognoscibilidade"da divindade Infinita para a trindade "cognoscível"é a introdução do número três. A divindade foi matematizada. A configuração que pode ser reconhecida como comum para todos os processos de desen-

---

* escrito em colaboração com Lorival Rodrigues.

volvimento quer sejam religiosos, estéticos, científicos, ou psicanalíticos, é uma progressão do "infinito vazio sem forma" para uma forma saturada finita tridimensional: triângulo, ponto, linha, círculo".
(*Transformations*, 1965)

George Cantor

Por que pensar em Infinito no campo da psicanálise? Não se trata, obviamente, de mera retórica. A psicanálise fazendo parte da vanguarda do pensamento humano, ativa participante da criação dos fundamentos da modernidade, admite a hipótese, absorve a linguagem, procurando nela a expressão do objeto da psicanálise.

Historicamente, dentro do caldeirão de idéias do século XIX de onde emergiu a psicanálise, é preciso mencionar George Cantor (1845-1918). Ele descreveu a teoria moderna sobre os jogos infinitos, que revolucionaram quase todos os campos da matemática. Suas idéias trouxeram-lhe muitas divergências e fizeram-no um dos matemáticos mais perseguidos da história. Muito interessado pela Análise Matemática, e em especial pela idéia de Infinito, trabalhou com as propriedades dos Conjuntos Infinitos. Seus estudos na área levaram ao surgimento de uma disciplina totalmente estruturada e com método próprio dentro da matemática – a Teoria dos Conjuntos. Como a idéia era muito abstrata e difícil de ser representada, o lógico inglês John Venn idealizou uma forma simplificada através de diagramas. A todo o momento lidamos com a formação de conjuntos, dos aspectos mais cotidianos, aos aspectos culturais ou científicos. Conjunto é a reunião de elementos que formam um todo. Um conjunto pode ser finito (quando podemos enumerar todos os elementos) ou infinito (ex: conjunto infinito dos números naturais não nulos).

Antes de Cantor, o tema do Infinito esteve presente, como enigma, no célebre teorema de Fermat, matemático francês, que em 1637 fez a seguinte anotação: "eu descobri uma demonstração maravilhosa, mas a margem deste papel é muito estreita para contê-la". Estava lançado um problema que confundiu as maiores mentes do mundo durante 358 anos. O teorema ficou conhecido como o Santo Graal da matemática. Vidas inteiras foram devotadas e até mesmo sacrificadas, em busca de uma demonstração aparentemente simples. Após séculos de incontáveis tentativas fracassadas, somadas à história de obsessões, enlouquecimento e, até suicídios, surgiu um professor de Princeton, Andrew Wiles, que sonhava desde criança com a demonstração desse teorema. Wiles, em 1995, assombrou o mundo ao anunciar sua demonstração.

O grande desafio de Fermat era uma variante da criação de Pitágoras ($X^2+Y^2=Z^2$) passando para ($X^n+Y^n=Z^n$). Com esta pequena alteração, Fermat transformava a equação de Pitágoras com um número infinito de soluções, para uma equação que em parte alguma do universo dos números existiria o "trio fermatiano".

A demonstração só foi possível graças à necessidade de provar na matemática a incógnita n, explicada pelo infinito.

Matte-Blanco[25], em seu livro "*The Unconscious as Infinite Sets*"[26], apresenta sua contribuição sobre a idéia de Infinito para a psicanálise. Traba-

---

[25] Psiquiatra e psicanalista chileno, fez sua formação na Inglaterra, onde se analisou com Bion. Clinicou na Itália, onde escreveu o livro que o tornou conhecido.

[26] "*As teorias matemáticas foram recentemente trabalhadas de uma maneira disciplinada e muito esclarecedora por Ignácio Matte-Blanco. Essa abordagem sofisticada surge iluminando muitos dos eventos e episódios com os quais estou familiarizado ao usar a psicanálise para investigar a personalidade. É particularmente iluminadora com relação a pensamentos e idéias que nunca foram conscientes, isto é, vestígios do que parece ser um "pensamento" primordial anterior ao nascimento. Se esta conjectura está correta ela pode abrir uma revisão*

lha com alguns tópicos das lógicas assimétrica e simétrica, e dos conjuntos infinitos, e repensa a característica do Inconsciente, descrita por Freud, a partir de "*A Interpretação dos Sonhos*". Daí afirma que o Inconsciente deve obedecer a regras de alguma lógica, senão o material do Inconsciente nunca poderia ser compreendido. Sua conclusão conta com o desenvolvimento de uma lógica matemática que não estava disponível no período de Freud.

Pelo vértice de Matte-Blanco, é necessário retomar o conceito de Conjunto e daí entender que a todo o momento (vigília ou sonho) a mente registra dados sensoriais, da memória e da imaginação, e uma das funções do pensar consiste em processar e organizar estes dados em conjuntos.

Trabalhando os conceitos de lógica, Matte-Blanco apresenta duas hipóteses: 1) O pensamento lógico comum, que é principalmente uma lógica científica a respeito do mundo físico, toma em consideração proposições a respeito de relações assimétricas. 2) O Inconsciente, contudo, trata o reverso de qualquer relação como idêntico a ela. Trata relações assimétricas como simétricas.

Tais afirmativas expressam a genialidade do trabalho de Matte-Blanco, principalmente quando comenta que o inconsciente é contraditório, e na sua lógica não existe ordenação de tempo ou espaço, o que não exclui a existência e influência recíproca de ambos. Um fato pode ocorrer antes do outro e no sonho pode estar invertido, a lógica simétrica pode não ser predominante, mas ela é essencial; e a experiência mental que está sujeita à lógica simétrica pode ser consciente.

Partindo do conceito de lógica simétrica, em que a parte de um objeto é idêntico ao todo, Matte-Blanco encontra na matemática que um subconjunto é igual ao conjunto todo, somente quando o conjunto for infinito. Os subconjuntos ou pares de um conjunto infinito são idênticos ao conjunto todo, portanto explicados pela lógica simétrica.

---

do relacionamento entre "estados mentais" quando em vigília, consciente e racional, e "estados mentais" quando dormindo, em particular, relatos feitos por um ser plenamente consciente e alerta sobre o que ele diz que é um sonho, e ao invés, o relacionamento entre o 'dormindo"ou a personalidade não-nascida e fatos (assim chamados pelos cientistas) que se fazem sentir pelo feto e possivelmente pelo embrião humano no útero." (A key to A Memoir of the Future, pg.77, 1980)

Matte-Blanco introduz o conceito de Infinito, ou experiências infinitas, no pensamento psicanalítico, citando que nossa mente pode conceber uma variedade infinita de conjuntos infinitos, tomando como referência os elementos da onipotência, da onisciência, da impotência, e da idealização.

Finalmente, Matte-Blanco trabalha a relação entre sensação, sentimento, emoção e pensamento; citando que em estados normais as duas lógicas se harmonizam, enquanto na patologia a lógica simétrica predomina no pensamento.

Em suma, O Inconsciente é, em sua essência, infinito e incognoscível. A afirmação pressupõe a observação de que os fenômenos envolvidos em sua observação são da ordem do inefável. Deste modo, uma alteração substancial no uso do sistema determinista precisa ser realizado, pois não é possível falar de começo, meio e fim em seu campo. Ou seja, é possível falar apropriadamente de indeterminismo e infinitude por trás da dimensão finita das palavras e ações às quais temos acesso.

A relação finitude/infinitude está presente em todas as transformações analíticas e estabelece os parâmetros na questão da temporalidade observável no processo analítico. Para entender esse desenvolvimento é necessário nos remetermos à história do pensamento filosófico, onde duas abordagens sobre o tempo são descritas: uma objetiva (cosmológica) e uma subjetiva (fenomenológica), sendo que ambas estabelecem padrões referenciais entre um antes e um depois. Como resultado, todo avanço na compreensão de um dos tempos somente multiplicou as dificuldades na compreensão do outro, impedindo os esforços para se construir uma ponte por cima do fosso que os separa.

A primeira abordagem pode ser representada pelo pensamento de Aristóteles. A outra pelo pensamento de Agostinho que diz: o tempo não pode ser movimento, pois vemos o mesmo movimento acontecer com durações diferentes. Aristóteles define o tempo como uma das determinações essenciais do movimento, isto é, ele é sua medida.

Para Kant o tempo, enquanto forma *a priori* de intuição, força, por assim dizer, tudo que aparece, objetos internos e externos, a entrar numa dimensão única de sucessão. A imposição dessa forma a tudo que aparece (os fenômenos) requer a mediação de um esquema transcendental. Este esquema é utilizado por Bion no texto *Transformações* (1965) quando descreve os elementos de "linha", "reta" e "ponto" como sistema de decidibilidade e verificação para as teorias psicanalíticas do seio e a concepção de seus movimentos pela mente do bebê. Existe visivelmente aí um deslocamento da problemática do tempo para a problemática do espaço. Porém um deslocamento deste tipo não basta. O problema de decidibilidade e validade da teoria continua sendo o mesmo. Uma propriedade fundamental do tempo (de toda espécie de tempo que podemos inferir nos tipos de transformações) é a irreversibilidade, e não há nada irreversível numa "linha". Além disso, o tempo deve ser medido de algum modo, nem que seja primitivamente pela sensação de demora do seio para atender a uma subjetiva voracidade (por exemplo). No caso do parâmetro espaço, pode aceitar uma medida sem suporte externo (como se faz na matemática): a intuição pura compara segmentos, descobre sua igualdade ou desigualdade e assim por diante. Mas os segmentos da "linha do tempo", por sua própria natureza, não são comparáveis de maneira válida. Então como o tempo pode ser medido num processo psicanalítico? Não é difícil perceber que é preciso incluir alguma coisa inerente aos fenômenos como tais, e que o modelo teórico do sujeito transcendental não pode fornecer. Isto é, sem a exigência da repetição efetiva de pares equivalentes de ocorrências fenomênicas, e sem que possamos formular racionalmente que eles não são separados por intervalos equivalentes, não pode haver medida de tempo – nem da experiência física no sentido de Kant.

Por estas razões, é necessário um princípio de observação que integre a temporalidade como conceito que contenha espaço e tempo simultaneamente, e que considere a dissociação filosófica dos tempos como inerente ao psiquismo humano desde seus primeiros contatos com a realidade bruta. Sua aplicação à prática e à teoria analítica produz uma decisiva opção pelo modelo espectral de funcionamento mental inconsciente. O princípio de infinitude colabora nesta possibilidade de observação, pois o modelo espectral se define como uma extensão indefinida e indeterminada de fenômenos de onde se pode extrair (ou construir) conceitos em número indefinido, mas que não pode jamais ser reconstituído por meio de uma composição destes conceitos. Por uma razão fundamental: o espectro se expande constantemente, e o tempo é irreversível na relação analítica. Uma sessão ocorrida é apenas memória, torna-se irrelevante ou falsa para o que está ocorrendo no presente de uma nova sessão.

A formulação psicanalítica do modelo espectral apresenta impasses inerentes ao uso de um modelo que funde um conceito psicanalítico conhecido com um conceito sociológico, como no caso do espectro narcisismo ⇔ social-ismo, cuja linguagem não é formal, mas comum. O mesmo ocorre com o conceito de função-alfa, que funde um conceito matemático, cuja linguagem é formal, com um conceito psicanalítico, para falar da experiência cotidiana do processo analítico que são os vínculos humanos. Todavia, o recurso é válido se descreve fenômenos que só existem em determinado momento de uma experiência - a experiência emocional da sessão – e não se repetem para a observação, sem que pelo menos uma pequena mudança ocorra e possa ser novamente observada dentro do âmbito do novo e do desconhecido. Um equívoco freqüente é considerar que a repetição é a repetição de algo idêntico, sem alteração alguma.

Por outro lado, a tentativa de abordar o espectro de forma rigorosa impõe recursos a termos e noções que pertencem a outras áreas do conhecimento. Nisto reside a coragem científica de Bion, ao aplicar a matemática das funções, noções de física quântica, lógica matemática, num campo tradicionalmente avesso a tais conceitos.

A questão torna-se mais complexa, e não se pode deixar de pensar que a intenção seja esta mesma, na medida em que se trata de um empreendimento que se poderia qualificar facilmente de antinômico e inconsistente. Pois Bion utiliza uma linguagem específica para definir, esclarecer, ou descrever, algo que ultrapassa a lógica desses recursos e, sobretudo, a transgride o tempo todo: o inconsciente infinito.

Princípio de Singularidade*

> "*Suponho que o efeito permanentemente terapêutico de uma psicanálise, caso exista algum, depende da extensão em que o*

---

* escrito em colaboração com Susana Beck.

> *analisando tenha sido capaz de usar a experiência para ver um aspecto da vida, a saber, ver como ele mesmo é. A função do psicanalista é usar a experiência dos recursos para contato com o que o paciente consegue lhe estender, para elucidar a verdade a respeito da personalidade e das características mentais do paciente, exibindo-as a ele, paciente, de modo que este possa ter uma razoável convicção de que as asserções (proposições) que o analista faz a seu respeito".*
>
> *Segue-se que uma psicanálise é uma atividade conjunta, do analista e do analisando, para determinar a verdade; que sendo assim, os dois estão engajados – não importa quão imperfeitamente – em algo que pretende ser uma atividade científica."* (*Cogitações*, 2000, pg.126)
>
> *"Em qualquer sessão ocorre evolução. Algo evolve a partir da escuridão e da ausência de forma. Essa evolução pode ter uma semelhança superficial com memória, mas assim que tenha sido experimentada, jamais poderá ser confundida com memória. Compartilha com os sonhos a qualidade de estar totalmente presente e subitamente ausente. É essa evolução que o psicanalista precisa estar pronto para interpretar."* (*Cogitações*, 2000, pg.393)

Como o ser humano pode sair de uma posição narcisista, centrada em si mesmo, monoafetiva, para uma posição social-ista, pluriafetiva e ainda conseguir uma singularidade como indivíduo? Considerando que os elementos linguagem e pensamento fazem parte desta passagem, somos levados a concluir que ambos são, desde os primórdios da espécie humana, uma criação da sociedade. Ou seja, a linguagem como tal, e as linguagens singulares, são, a cada vez, uma criação da coletividade correspondente que garantiu, desde o início, a sobrevivência da espécie. Seguem uma certa lógica, mesmo que fantástica, sempre no sentido de inserir o indivíduo na sociedade.

Bion preocupa-se com a singularidade da linguagem utilizada pelo psicanalista, reflexo de sua forma de pensar. Tomar como referencial a *Language of Achievement (1970)*, exemplificada pela obra de Freud que constitui, simultaneamente, ação e prelúdio para a ação, em oposição a *Linguagem de Substituição* (que substitui a ação e não lhe é prelúdio).

Em outras palavras, no centro da experiência analítica existe uma singularidade traduzida pela *Language of Achievement*, expressão de "O", incognoscível, que poderá "vir a ser" ao evoluir através de algum conhecimento adquirido pela experiência emocional. Por exemplo, a singularidade do paciente que não via as meias em seus pés, mas apenas buracos reunidos. Se ele chega a ver uma meia, não significa que tenha obtido uma cura em seu aparelho visual, mas porque de algum modo pode sofrer uma experiência emocional, até então intolerável para sua realidade psíquica, provavelmente relacionada a sofrer a perda de um objeto, aceitando o vazio deixado por ele. Assim, como nos sonhos, mitos e pensamentos oníricos, a experiência emocional permite conjecturar através dos aspectos fenomenológicos da experiência sensorial.

A experiência emocional é singular e matéria constante em psicanálise. Ela torna necessário que o analista saiba diferenciar entre a realidade psíquica e a realidade sensorial. A forma mais simples de diferenciação afirma que a palavra que expressa pensamento representa uma não-coisa. Para certos pacientes é fato intolerável, pois não suportam o espaço deixado pelo objeto, e tentam lidar com a incompletude através de um sistema de alucinose. Para esses pacientes, a palavra é colocada no lugar da coisa, perdendo seu caráter de representação.

Pode-se tomar como exemplo, a frase: "*eu sei o que digo*" formulada por um paciente que se comunica em sistema de alucinose em relação a qualquer interpretação que lhe é dada. O paciente repete por sessões e sessões a frase: "*eu sei o que digo*" para negar qualquer interpretação, até que o analista passa a escutar a frase: "*é o seio que digo*". O que é dito pela "boca do inconsciente" do paciente, ressoa no "aparelho auditivo do inconsciente" do analista. Uma criação a dois faz surgir a verdadeira subjetividade colocada pela palavra.

O exemplo coloca a questão das diferenças entre o modelo médico e a psicanálise, alvo de interesse de Bion no texto *Atenção e Interpretação* (1970). O médico, diz Bion, depende da realização da experiência sensorial, em contraste com o psicanalista que depende da experiência não-sensorial. Para formar um diagnóstico e executar procedimentos de cura, o médico pode tocar, ver, cheirar e ouvir. Já a dor mental não tem forma, cor, cheiro, nem som. O correspondente para o analista aos recursos utilizados pelo médico é a **intuição**. É através dela que o analista pode "cheirar", "ver", "escutar" e "apalpar" a dor mental em sua singularidade.

A linguagem serve tanto para comunicar a verdade como a mentira, fato que o analista deve ter bem presente em seu trabalho, pois não há resultado genuíno baseado na falsidade. Bion (1970), a este propósito, cita a carta do Doutor Johnson a Bennet Langton : "*Não sei se ver a vida tal como ela é nos dá muita consolação; mas a consolação que advém da verdade, se é que existe alguma, é sólida e durável; e aquilo que pode derivar do erro é falaz e fugidio, assim como sua origem.*"

Assim, quanto mais um analista depende de fatos atuais, mais terá que utilizar um pensamento ligado a um fundo de impressões sensoriais. Inversamente, quanto mais real e genuíno for um analista, mais se aproximará da realidade do paciente. O analista deve encontrar seu estilo e inventá-lo. A técnica analítica é inimitável.

A função psicanalítica da personalidade é singular e permite o contato com a realidade da análise. Existe, singularmente dentro de cada indivíduo em forma de pré-concepção. Com cada paciente, há um mito (também uma forma de pré-concepção) a ser construído (public-ado). O instrumento que realiza esta passagem é sempre a singularidade da linguagem, envolvendo extremos como a comunicação de uma experiência privada no domínio da sensibilidade humana para o campo da comunicação pública, em geral pautado por regras e códigos, cujas origens remontam a momentos muitas vezes primitivos ou ancestrais da civilização. Expressões poéticas e religiosas possibilitam um grau variável do que Bion chamou de *publicação* (1970), pois contém formulações estéticas cuja consistência adquire durabilidade emocional e extensão temporal. A questão aqui é como ampliar o poder de sustentação no tempo e no espaço de uma interpretação, considerando a possibilidade de expressá-la numa linguagem trans-temporal? A finalidade da questão pode ser sintetizada pela seguinte frase de *Cogitações* (2000): "*Suponho que o efeito permanentemente terapêutico de uma psicanálise, caso exista algum, depende da extensão em que o analisando tenha sido capaz de usar a experiência analítica para ver um aspecto de sua vida, a saber: ver como ele mesmo é...*".

O ser da experiência analítica revela-se por um sentido que não pode ser definido de antemão e nem se atribuir uma forma universal. Se a psicanálise fizesse isto, como propuseram outras tendências do pensamento psicológico, ela já teria desaparecido há muito tempo. Sua sobrevivência dependerá de não cedermos às pressões equalizadoras e globalizantes da cultura atual. A psicanálise é uma atividade de ordem **singular** na história da humanidade. Não há como observá-la fora desse fato social-histórico, assim como não há nenhuma ciência que possa, na atualidade, englobá-la em seus parâmetros. A singularidade é inerente a sua prática, e cabe ao analista ater-se ao princípio de que cada indivíduo é único, sem o que seu papel social e, de suas observações, perderia a força que adquire do domínio do vínculo, onde só os dois participantes podem de fato opinar.

Princípio de Negatividade*

John Keats

"*A capacidade da mente depende da capacidade do inconsciente – capacidade negativa*".
(*Cogitações*, 2000)

---

* escrito em colaboração com Julio Conte

Um dos princípios mais bem definidos por Bion. Trata-se da capacidade para alcançar um estado mental "*sem memória, sem desejo e sem necessidade de compreensão*" (1970). A expressão também foi transcrita também pela conjunção estética "*capacidade negativa*", retirada de uma carta do poeta John Keats a seu irmão, quando ao referir-se à capacidade criativa de Shakespeare diz: "*a capacidade de tolerar as incertezas, os mistérios, as meias-verdades, sem a tentativa ansiosa para alcançar a compreensão do fato*[27] ".

Bion também localiza a existência dessa configuração poética no próprio Freud: "*Numa carta a Lou Andréas-Salomé, Freud sugeriu seu método para alcançar um estado mental que oferecia vantagens capazes de compensar a obscuridade, quando o objeto investigado fosse peculiarmente obscuro. Ele fala de cegar-se artificialmente*".

O princípio de Negatividade remete sempre a um estado mental sem memória, sem desejo, sem necessidade de compreensão e sem interferências sensoriais. O analista deve buscar permanecer neste estado um tempo suficiente para atingir uma interpretação, que tanto mais verdadeira será quanto mais produzir o sentimento de que não veio do analista e nem do analisando, mas do indecidível, do "O", deste outro lugar que na estética do poeta John Milton, como cita Bion, é "*o vazio infinito sem forma*" (1965).

Se considerarmos a *transformação em O* Bion, (1965) como objetivo principal do trabalho analítico, ou seja, a transformação que faz o indivíduo passar do "conhecer sobre si mesmo" para "tornar-se o si mesmo", devemos incluir no princípio de negatividade os ciclos de atividade mental em que tal processo ocorre. Ou seja, a *transformação em O* é uma conseqüência final dos ciclos de negatividade que fazem do significado encontrado pelo vínculo, não um saber a mais, mas o emergir de uma verdade característica do indivíduo, desta forma estabelecendo seu limite como Ser. É específico do significado que nada estabeleça seu valor senão pelo vértice da

---

[27] Esta é uma tradução pessoal do que pensamos ser a intenção de Keats, e difere da tradução original do texto em português que diz: "*sem uma tentativa apressada para alcançar o fato e a razão*".

diferença pura que aparece no confronto entre Eu e Não-Eu, e que define a relação transferencial. Temos aqui um **limite** como princípio constitutivo dos elementos da psicanálise (Bion, 1963).

A visão psicanalítica aí desenvolvida sugere que os mais heterogêneos componentes podem concorrer para a evolução positiva ou negativa da relação analítica. A subjetividade não é criada apenas na psicogênese, mas também no **uso**, isto é na dimensão social-histórica e lingüística: hipótese definitória, defesa contra o desconhecido, plano essencial das opções pulsionais, afetivas, cognitivas (notação, atenção, indagação) e a variabilidade infinita das ações realizáveis pelo ser humano.

Em suma, o Princípio de Negatividade em Bion tem como objetivo fundamental o aprofundamento da sugestão de Freud para que o analista trabalhe em um estado mental de atenção livremente flutuante. Em nosso entender, há em Bion uma nova maneira de ver a análise, paradoxalmente ressaltando suas bases "técnicas" mais clássicas, não obstante fundamentais e sem as quais a análise não pode ocorrer. Atenção livremente flutuante, associações livres, adquirem uma dimensão nova, cuja síntese podemos expressar pela palavra autonomia como finalidade da análise. É provável que as outras visões de análise também a possuem, mas certamente Bion não a possui com intenções curativas.

Por outro lado, mesmo que as definições sobre a autonomia fiquem bem claras, suas implicações são muito mais difíceis de traduzir na prática, no sentido estrito do "modo de agir" do analista. Pois sabemos perfeitamente que as chamadas regras da análise podem ser transgredidas pelo analista em função de seu poder na situação analítica, o que afeta o trabalho de interpretação de um modo distinto do que é afetado quando se respeita tal "agir". O Princípio de Negatividade propõe que a interpretação deve facilitar para o analisando sua trajetória, não deve fechar as coisas, não deve bloqueá-las, ou dar falsas respostas definitivas, deve manter o progresso aberto e, ao mesmo tempo, ampliar as capacidades do analisando de prossegui-lo e aprofundá-lo.

Princípio de Complexidade*

"O que é isso papai? A resposta: Uma vaca. E por que isto é uma vaca, papai? Resposta: porque a mãe e o pai dela eram vacas. E por que elas eram vacas, papai? Estas três questõezinhas simples, perguntadas em seqüência levam a pessoa diretamente ao âmago da complexidade que inclui problemas ainda não resolvidos, isto é verdadeiro não apenas em relação às questões, mas também em relação às respostas: como todas boas respostas elas estimulam mais questões. Qualquer boa resolução de um problema faz com que o assunto iluminado revele questões e problemas subseqüentes." (Turbulência Emocional, Rev. Bras.Psicanal., 21,121,1987)

"Suponha que a realidade seja um caos desprovido de significado. A aparência de ordem e coerência podem ser peculiares ao sistema dedutivo humano e relatadas como se fossem uma característica de "uma conjunção constante"observada de fora. Além disso, o que é "dentro" e o que é "fora"? (Um Memória do Futuro, O Sonho, pg.95)

Abrange os demais princípios e ressalta que os fundamentos da análise seguem a vida em geral: desse modo, é preciso considerar que tudo é muito mais complexo e caótico do que conseguimos alcançar com nosso entendimento. Qualquer um que leve em consideração este fato deve admitir que não existem formas e nem palavras suficientes para expressar tudo que ocorre com o ser humano. Há uma indeterminação fundamental. O campo da complexidade nos apresenta um novo entendimento acerca do mundo natural, de nós mesmos e de nosso lugar. Em conseqüência , como nos diz Bion (1970) : "Quanto mais se conhece sobre psicanálise, mais os modelos se tornam inadequados para defini-la, relatá-la, ou aplicá-la". Em outras palavras, quanto mais se conhece sobre psicanálise mais complexidade temos que admitir em seu campo.

---

* escrito em colaboração com Carmen Muratore.

> *"A própria a idéia da complexidade comporta nela a impossibilidade de unificar, a impossibilidade de acabamento, uma parte de incerteza, uma parte de indecidibilidade e o reconhecimento do frente-a-frente final com o indizível."* (Morin,1990)

Se de fato devemos seguir a vida em geral, é preciso observar as mudanças que vem ocorrendo com a humanidade. As ciências vêm sofrendo uma série de alterações na tentativa de buscar novos modelos que possibilitem compreende-las. Movimentos surgiram em decorrência da possibilidade de se penetrar em dimensões antes invisíveis, como a do mundo microscópico e do universo astronômico. Surgem novos paradigmas. A concepção mecanicista vigente pressupunha que as partes eram iguais ao todo, portanto uma visão reducionista.

As novas dimensões – microscópica e cosmológica – vieram mostrar que o universo possuía uma hierarquia de modos de organização e que cada nível é diferente do outro, já que cada qual é dotado de suas propriedades. Isto pressupõe que um nível não é determinado pelo anterior, que sempre há uma criação já que os elementos de determinado nível se conectam e se sintetizam, formando uma nova estrutura com novas propriedades, irredutíveis aos níveis das propriedades dos níveis anteriores. Isto produz um universo variado, criativo, portanto uma visão não reducionista, nem simplista da equivalência das partes pelo todo. O campo da complexidade caracteriza-se pelo não-reducionismo, não determinismo, não- linearidade.

Outro fator importante a ser considerado é o da instabilidade dos sistemas complexos, caracterizados por um estado de não-equilíbrio, por um contínuo estado de evolução, um processo de desconstrução/evolução. É isto que vai possibilitar que o sistema alcance uma ordem mais elevada de complexidade. A chave para o crescimento está na fragilidade do sistema. Isto põe em contato o que estava separado. Daí emerge uma nova concepção sobre o caos e o cosmos, agora mediados pela idéia de auto-organização. O caos tem a potência de ordenar-se, a potência da criatividade. Por conseguinte, a perda da estrutura não é mais algo que impede, mas sim o que vai permitir a formação de novas estruturas. O caos diz respeito às condições de possibilidade, de criação. O caos não cessa de reconstruir-se: isto é a complexidade. No caos estão presentes todas as possibilidades, preexistem as condições, que estão ali não ordenadas: é isto que virá se distinguir no cosmos, e que tem a potencialidade de vir-a-ser. A ênfase direciona-se aos processos. Interessa aquilo que se transforma, que evolui da crise.

A concepção de indivíduo muda substancialmente: já não é mais pensado como indivíduo acabado, mas com um contínuo processo de individuação. Ele não mais alcançará uma identidade fixa, mas em contínuo processo de construção e transformação, podendo mudar de forma catastrófica.

O tempo no campo da complexidade caracteriza-se por um tempo dinâmico onde o futuro difere radicalmente do passado porque é irreversível e indeterminado. Há sempre uma evolução. Como já pensava Heráclito, tudo se acha em perpétua mudança. A realidade é um vir-a-ser contínuo. Ele dizia que é impossível se entrar duas vezes no mesmo rio: não apenas o rio mudou, nem tampouco aquele que entrou. A experiência já o modificou. Assim outro tempo nos é apresentado: há uma distinção entre um antes – com um certo teor de organização – de um depois – com um *outro* teor de organização. O entre é justamente onde a transformação é possível. O novo surge no entre: a transformação acontece *durante* esse antes e esse depois. A flecha do tempo não volta atrás.

A complexidade, como a vida, não opera com problemas mas sim com problematizações, que não pressupõe uma solução prévia. Problema implica e requer solução. A noção de problematização vem da Biologia: seria como um quebra-cabeça de peças díspares que não provêm de uma unidade primária. Esta unidade vai ser constituída, criada. Uma situação bem ilustrativa desta situação se dá no campo da comunicação. Dentro do modelo da solução, se acontecesse um ruído na transmissão de um sinal entre um emissor e um receptor, este ruído deveria ser eliminado porque seria interpretado como interferência. A ciência atual traz outra concepção de comunicação: seria um sistema de regiões que não estando em contato, o contato é criado. O ruído, ao invés de ser algo que atrapalha, passa a ser substrato indispensável para a comunicação. É o que se dá entre, que vai constituir os comunicadores.

Em Bion, percebemos que na psicanálise há o objetivo de poder dar significado às experiências emocionais que se sucedem no processo analítico. O significado produzido a partir de uma interação com a experiência é complexo, pois se constrói entre as associações do paciente, e uma interpretação no analista, que ao comunicá-la produz outra associação e assim sucessivamente. Uma durabilidade própria e transitória pode ser produzida. Trata-se de uma construção que se encontra em processo de significação e que está continuamente se construindo, por isto mesmo tem o caráter de transitoriedade, de movimento. Ao se chegar a uma interpretação, por exemplo, é chegar também a uma situação imediatamente geradora de uma situação passível de nova interpretação. Daí o processo analítico é visto como uma construção, produção da dupla analista/analisando, onde se enfoca o que vem do vínculo e não das pessoas separadamente.

O trabalho da análise ganha vida com o desafio próprio das conjecturas imaginativas. Ao criá-las, o analista produz uma nova formulação onde se trabalha com as incertezas, com os traços inquietantes da confusão, do inextricável, com a ambigüidade. Aqui está a face da complexidade, onde não se encontra a verdade absoluta ancorada no determinismo e na obediência a uma lei única.

O encontro analítico pelo vértice da Complexidade é um gerador de possibilidades, ao invés de buscar apenas decifrar enigmas. Trata-se de criar basicamente problematizações, que vão possibilitando a construção de um novo indivíduo. É através da análise e da interpretação do que ocorre entre os participantes do processo, nesta espécie de membrana que os une e separa, que a investigação analítica deve existir.

Mas o que é então complexidade? É a compreensão da realidade quando não é possível excluir os traços inquietantes da confusão, do inextricável, da desordem, da ambigüidade, da incerteza.

Um exemplo de complexidade pode ser encontrado na citação de Freud em Inibição, Sintoma e Angústia (1923): "*Existe muito mais continuidade entre a vida intrauterina e a primeira infância do que a impressionante cesura do nascimento nos permite acreditar*". Bion retoma a citação e faz dela a base de se artigo *Cesura* (1975), quando estabelece suas posições finais sobre o processo transferencial e afirma que a mente humana é cesura, estabelecendo de um lado os pensamentos sem pensador e de outro os pensamentos num pensador.

Se o psicanalista concorda que trabalha numa interface tal como a cesura, se torna inadmissível desconsiderar a complexidade. No ciclo de transformações inerentes à prática psicanalítica, a questão que Bion levanta é: "*Pode uma teoria ser aplicada para transpor o hiato entre as pré-concepções analíticas e os fatos como eles emergem da sessão?*".

O princípio de complexidade mostra que os fatos absolutos da sessão nunca podem ser conhecidos – estes fatos são denotados pelo sinal "O" – e evoluem como processo transiente de conhecimento. Se considerarmos o ciclo de transformações como uma atualização da história da função-alfa, onde o analista é colocado como um dos fatores desta função, então ele só pode ser um elemento contingencial, cuja função é descrever a situação com a qual interage. Tal função indica sempre uma falta, uma incompletude que nos remete à interface real/imaginário. Em *The Grid* (1975) Bion diz: *"Real e imaginário apenas se complementam quando não se encontram, quando é sabido que duas linhas paralelas se encontram no domínio sensorial, mas no domínio da personalidade tornam-se simétricas. O amadurecimento das idéias de Freud sobre o uso do termo interpretação mostra que o termo construção parece ser mais aplicável, o que é certamente compatível com minha idéia (embora dificilmente a confirme) de que, para alguns propósitos, as interpretações devem ser substituídas por construções, pois estas são instrumentos essenciais para demonstração da simetria"*.

Através desta interface real/imaginário nos colocamos em contato com a interface verdade/mentira. Em qualquer momento, o que prevalece é a capacidade imaginativa para chegar às construções. A relação com "O" é algo criado a partir da **imaginação produtora**, elemento fundamental das transformações psíquicas. É através dela que se torna possível trabalhar com um número ilimitado de invariantes, desta forma estabelecendo a capacidade do analista. Porém em qualquer ponto é preciso considerar que *"o relacionamento entre a mentira, o pensamento, o pensador e o grupo é complexo"*. Entenda-se "grupo" como o núcleo em torno do qual organiza-se o inconsciente, e que tem na trilogia *Memoir of the Future* uma descrição da complexidade da vida que lhe é inerente. Quanto mais viva for uma análise, mais complexa e mais genuína. Deste modo, como diz Bion, é absolutamente desnecessário que a sessão seja algo mais do que a própria sessão, com direito próprio: *"Então "progresso" poderia significar que, ao invés de apresentar um fato em seis meses, o paciente venha a apresentar seis fatos em uma sessão. Resumindo, ele se torna uma personalidade multidimensional – um unidade física tridimensional e uma identidade psíquica multidimensional"*.(Cogitações, 2000,pg.321)

Capítulo IV

Estruturas versus espectros: modelos distintos de conceber a transferência?

O presente capítulo procura investigar um possível diferencial entre as concepções de transferência em Bion e seus principais interlocutores, Freud e Melanie Klein. Nesse pensar, veremos que o diferencial revela-se bem mais uma evolução, ou uma expansão, do que uma disjunção, embora essa última possa ser fortemente sugerida pela linguagem nova e singular que é usada por Bion

O início da indagação tomou o conceito de "estruturas" psíquicas, pelo fato de tradicionalmente acompanhar a teoria psicanalítica sempre que, a **prática,** é evidenciada pela forma convencional de "**tratamento**" (o tratamento analítico ocorre na transferência). Confrontando-se, desde seus primórdios, com teorias da prática médica, a psicanálise lida com as "patologias" psíquicas que se orientam pelos vértices da anamnese e do diagnóstico. Foi a partir do estudo dos sintomas neuróticos, particularmente do diagnóstico de histeria, que Freud introduziu a hipótese do inconsciente. Portanto, o ponto de partida da psicanálise está numa teoria das neuroses, e o tratamento reside na sensibilidade das neuroses à relação transferencial. Assim conduziu-se Freud, cujos estudos logo supõem uma outra possibilidade de ser não manifesta, e que o tratamento analítico teria como finalidade trazer à existência.

Freud também assinala que existem "patologias" psíquicas que escapam aos poderes da transferência[28]. E amplia a problemática ao distinguir as

---

[28] Isto não o impede a estimular outros a investigar melhor a hipótese. Como ocorreu com John Rickman, seu analisando e também primeiro analista de Bion.

neuroses (chamadas "transferenciais"), das psicoses: excluídas, no seu entender, do efeito da transferência. Posteriormente, as idéias de Melanie Klein, introduziram conceitos sobre um outro tipo de transferência nos psicóticos.

Quanto à perversão, Freud levanta um problema, pois, ao mesmo tempo, ele vê nela a presença afirmada de elementos característicos de toda sexualidade humana e, apesar disso, não pode impedir-se de ligá-la à neurose como fenômeno "patológico". De fato, é por razões teóricas fundamentais que a perversão cria assim um problema para a primeira teoria psicanalítica de Freud. Poucas possibilidades[29] de ser ordenam-se então em torno do tratamento analítico:

a) a perversão, que lhe é estranha.
b) a psicose, sobre a qual deveria agir, mas não pode.
c) a neurose, sobre a qual pode agir.

Esta sistematização expressa resumidamente a maneira como as "estruturas" psíquicas foram caracterizadas a partir do conceito de **tratamento** e da **transferência**, estabelecendo um modelo para a psicanálise. Freud nunca deixou de tentar situar as determinações estruturais precisas, consistindo a emergência da Segunda Tópica numa retomada das contribuições das análises anteriores, que tornam possíveis novas considerações sobre a estrutura psíquica. Quanto à expressão geral desta, a única posição que Freud procurou especificar foi a existente entre neurose e psicose. Sobre a perversão, nada além de dizer que a neurose é seu "negativo".

Em relação ao complexo de Édipo, a própria definição freudiana de elemento nuclear da neurose, faz situar a psicose e a perversão no plano pré-edípico. As neuroses estariam, obviamente, no plano edípico.

Na obra de Bion, duas importantes distinções incidem sobre o desenvolvimento do tema. Em primeiro lugar, Bion re-especifica a distinção freudiana entre neurose e psicose para uma distinção entre parte **psicótica** e parte **não-psicótica** da personalidade (1957). A personalidade psicótica apresenta basicamente quatro características transferenciais, obviamente distintas das descritas na parte não-psicótica: predomínio de impulsos destrutivos, ódio à realidade interna e externa, terror constante de aniqui-

---

[29] Juranville, A., *As Estruturas Existenciais*, JZE, Rio de Janeiro, 1987.

lamento iminente e, formação precipitada e prematura de relações objetais frágeis. O conceito kleiniano de objeto interno, e que é distinto do conceito freudiano de objeto, prevalece nessa observação.

Bion mostrou que em todos os indivíduos existe uma personalidade psicótica (que deve ser diferenciada de uma parte primitiva e de psicose) e uma personalidade não-psicótica. Na psicose, a parte psicótica domina a personalidade, destruindo e imobilizando as partes não-psicóticas. No indivíduo não-psicótico também ocorrem momentos psicóticos de duração variada que podem passar despercebidos ou não. Existe ainda uma situação descrita como intermediária em que essas forças estão mais equiparadas, o que resulta nos estados fronteiriços (borderline) descritos na literatura de diversas formas[30]. Neste caso, a parte psicótica não pode ignorar completamente a parte não-psicótica, sendo inevitável estabelecer algum tipo de "compromisso" que muitas vezes fornece à transferência uma qualidade perversa, descrita na literatura neo-kleiniana de diversas formas[31]. Até este ponto podemos inferir que o primeiro diferencial refere-se à transferência sempre presente, independentemente de estruturas.

O trabalho de Bion inaugurou uma reinterpretação do conflito entre as pulsões de vida e as pulsões de morte. A identificação projetiva tem a função de promover a recusa da realidade da cisão que tende ao que Green chamou de desobjetalização, isto apesar da aparente objetalização promovida pela projeção e pela identificação com as partes projetadas. Tão destrutivo quanto seja sua ação, como mostrou Green (1993), são, sobretudo, os ataques aos vínculos, que manifestam uma meta profundamente desobjetalizante.

Em síntese, o indivíduo psicótico ataca os órgãos sensoriais e a consciência que eles produzem, não conseguindo instituir satisfatoriamente o princípio da realidade, uma vez que não conseguiu alcançar a posição depressiva. Bion salienta que todo ataque ao ego implica em ataque às capacidades de notação, julgamento, atenção e, sobretudo, à restrição da ação pelo pensamento. Todo ataque ao pensamento verbal implica num ataque

---

[30] Kernberg (1967,1977),Rey (1979),Steiner (1979),Meltzer (1966,1985,1992).
[31] Meltzer (1966) como "*pseudomaturidade*", Joseph (1975) como "*paciente de difícil acesso*", Grotstein (1979,1997) como "*amalgama corrupto*".

às cinco funções do ego. O paciente psicótico ataca essas funções através do sadismo oral e anal (ataque ao ego, ao corpo da mãe, a cena primária).

Uma outra forma de compreender a parte psicótica da personalidade, e sua diferença básica com a parte não-psicótica, é pelo desdobramento sádico da identificação projetiva contra o ego e contra a consciência da realidade. O sadismo fragmenta o aparelho da consciência, expelindo-o sensorialmente: a partir daí, a falta de um aparelho de percepção da realidade impede que o sujeito escape de um estado mental em que não está vivo e nem morto. Ele sente-se aprisionado a estes estados em que os fragmentos são sentidos como independentes, misturados num formato metafórico de partículas da personalidade com objetos reais externos – são os **objetos bizarros**.

Em 1965, Bion tenta introduzir um novo discurso que mostrará sensivelmente sua re-especificação da posição freudiana perante a transferência e, por conseqüência, à noção de tratamento. No texto *Transformações*, qualquer vestígio de dicotomia e estruturação cede lugar a uma forma inédita de observar/conceber a transferência através dos conceitos de *transformações em K, transformações em moção rígida, transformações projetivas, transformações em alucinose* e, finalmente, as *transformações em O*. Elas são referidas às transformações que ocorrem com e entre analista e analisando, caracterizadas pelos sinais $T\alpha$, $T\alpha\beta$, $T\rho\alpha$, e $T\rho\beta$[32].

Nesse texto, Bion se dispõe a desenvolver um **método crítico** da abordagem psicanalítica, advertindo que não há intenção de criar com isto novas teorias. Entretanto, esta é uma proposição ambígua, pois no desenvolvimento do método crítico podemos reconhecer a formulação de uma visão teórica particular da principal teoria psicanalítica: a **transferência**. Mais ainda, Bion propõe extensivamente o **modelo espectral**, e com isto sugere uma nova forma de trabalhar a psicanálise. É claro que isso significa mostrar o que para ele sustenta a relação com o inconsciente, isto é, a transferência, e qual é a extensão das possibilidades de analisar seus analisandos. As transformações mostram que a teoria não está onde se quer colocá-la.

---

[32] $T\alpha$- transformações do analista que produzem uma interpretação; $T\alpha\beta$- a interpretação; $T\rho\alpha$- no ciclo de transformações do paciente aquilo que pode ser processo onírico; $T\rho\beta$- um sonho ou o discurso do paciente na sessão.

Os procedimentos da análise não são aplicações deduzidas, ainda que tenham sua parte de verdade e, portanto, sua parte na teoria. Não se pode dizer que a técnica analítica é teoria em ato, pois isso seria colocar a teoria no lugar do inconsciente. Por outro lado, temos que considerar que a inacessibilidade do inconsciente leva a dizer que a teoria do inconsciente coincide com o inconsciente. De fato, a inacessibilidade de "O" deixa implícito que o inconsciente é a teoria do inconsciente. E como a técnica é o trabalho mental do analista perante todas essas dificuldades, ela não é a atuação de uma teoria, é a atuação do inconsciente que forma teorias, mas cuja realidade ultima não se identifica com teoria alguma. É a presença real do inconsciente no tratamento que confere sentido à psicanálise, sem essa presença nada tem sentido.

A descrição dos tipos de transformação parte de uma metáfora espacial tirada do pensamento kleiniano, "*a distância em que um objeto é projetado pela intensidade da identificação projetiva*". Deste modo, de acordo com a intensidade da identificação projetiva, temos graus distintos e crescentes de distorção perceptiva do objeto, na seqüência: *transformações em K*[33], *transformações em moção rígida, transformações projetivas, transformações em alucinose*. Entretanto, uma série de consultas feitas por Bion ao pensamento científico amplia e transcende o pensamento kleiniano, esboçando um caminho próprio, que podemos chamar de **metapsicologia do "O"**.

A *transformação em O*[34], distingue-se das demais à medida que sua ação não ocorre mais no campo do Saber, mas do "tornar-se". Ocorre em outro sistema que não envolve distorção. Ela é a transformação em que o significado adquirido realiza a existência da "verdade" do sujeito. O sujeito torna-se significado ao invés de saber acerca de si mesmo.

---

[33] K - sede de saber. O vínculo do conhecimento.
[34] O conceito de "O" é central na obra de Bion a partir de *Transformações* (1965). Trata-se de um ideograma concebido para atender a exigência epistemológica conseqüente ao uso de um conceito vazio, insaturado de significados, aberto à experiência, com o qual indica o limite constitutivo do desafio próprio da psicanálise: o inconsciente tomado como conceito quântico através da infinitude indicada pelos termos verdade, verdade absoluta, realidade ultima, que são objetivos de busca científica. Representa em termos kantianos, o campo numênico, posteriormente, também referenciado como pensamento sem pensador. A letra pode referir-se à noção de origem, desde que o princípio ético-estético de observação seja o da indecidibilidade da origem.

Na teoria das transformações devemos mencionar a questão da temporalidade, essencialmente complementar ao parâmetro espacial utilizado na teoria. Na *transformação em O*, a temporalidade é muito próxima da que existe no inconsciente: o sujeito aproxima-se de ser aquilo que sempre deveria ter sido. Um pensamento sem pensador está em questão. A concepção de vida aventura-se no infinito, sempre indicando recursos emocionais para deixar para trás o que foi conquistado. O significado do mundo é criado, e a imaginação é que cuida dos fatos. A direção é sempre o ser, **tempo não-linear**.

A *transformação em K* refere-se aos processos de conhecimento em geral. São pensamentos que foram pensados por um pensador em algum momento da história. Qualquer saber instala uma cisão temporal: um antes e um depois do saber. O tempo do saber desdobra o presente em duas direções heterogêneas das quais uma lança-se no futuro e outra cai no passado. Trata-se de uma **temporalidade referencial**, o que confere um grau de falsificação da verdade e negação da incompletude de todo conhecimento. O tempo pode ser usado como sinônimo de saber.

A *transformação em moção rígida* corresponde à definição original de Freud sobre a transferência: idéias, sentimentos, emoções, são transferidos à pessoa do analista. Mas podemos dizer que corresponde também a um predomínio na mente de um sentimento de nostalgia, decorrente de uma perda real ou imaginária de um objeto. O passado torna-se, assim, uma presença constante e tende a substituir o presente, como uma irremediável ausência. Uma **temporalidade circular** resulta do movimento que ocorre entre um "ser-móvel" e um "ser-ausente".

A *transformação projetiva* corresponde à definição original de Melanie Klein para a fantasia inconsciente. A dificuldade para se usar a linguagem adequada resulta na visão de um mundo dominado por forças tirânicas e incontroláveis. O meio de atuação pode ser o da linguagem inadequada, como o meio corporal onde se encontra a gama variada das somatizações e doenças chamadas de psicossomáticas. A lógica do tempo é oscilatória (**tempo oscilatório**) e cada ação tem uma reação igual e contrária, mas não são perceptíveis de forma direta. É comparável a uma infiltração de água numa parede. Não sabemos onde começou, mas sabemos que a água não devia estar correndo por ali. Todavia, em alguns indivíduos, a "infiltração" aparece na forma de expressões artísticas.

A *transformação em alucinose* emerge do conflito com o fato inexorável de todos os fenômenos: que a duração do tempo não pode ser jamais totalmente controlada. Para alguns, a consciência dessa impossibilidade não é tolerada. Em conseqüência fragmenta-se o todo, desfazendo-se a integração dos vínculos da experiência emocional, o que produz o sentimento de **atemporalidade**, não no sentido da inexistência do tempo, mas do estado confusional, onde passado, presente e futuro são misturados e acompanhados de um sentimento de verdade. As transformações em alucinose promovem a predominância do princípio do prazer e o excesso de sensorialidade (com estimulação no analista de memória e desejo, incluindo o desejo de dormir), gerando uma posição predominante onde surgem valores que favoreçam a atuação e desconsideram as conseqüências. Muitos pacientes travam verdadeiras guerras para provar a superioridade das transformações em alucinose sobre as *transformações em O*. Esse confronto constitui parte significativa dos problemas inescapáveis ao trajeto do psiquismo humano representado por Freud de forma ampla pelo mito edípico.

Na realidade, todas as transformações descritas fazem parte da movimentação dos personagens do mito edípico. Esta constatação nos estimula a indagar a transferência por um outro referencial **não-convencional**, que toma como base o desenvolvimento resultante do trabalho analítico.

Em *A Memoir of the Future, vol. II, - Past Presented* (pgs. 125-126) podemos perceber um Bion reforçando sua busca de estruturas puramente psicanalíticas, sem laços com o discurso psiquiátrico. Há um diálogo entre P. A. e Robin, que exemplifica essa busca, e pode ser resumido da seguinte forma: as concepções psiquiátricas concebem uma pessoa cindida. A divisão é útil para propósitos da fala articulada, mas obscurece a coisa em si que transcende as fronteiras da gramática. Bion expressa aqui sua posição final de que o campo da psicanálise é uma evolução de "O". As diversas facetas desta posição encontram-se no texto *Atenção e Interpretação* (1970).

A distinção entre nível pré-edípico e edípico, como já podemos aferir pelas considerações anteriores, não faz sentido no pensamento de Bion. Tomando como ponto de partida a teoria de Melanie Klein, que desloca o

Édipo para as fases precoces do desenvolvimento, Bion, de certo modo, a ultrapassa e amplia para **antes** do nascimento através da teoria das **pré-concepções**. Nesse "antes" o Édipo tem como ponto de partida uma **forma pura**, um conceito vazio à espera do futuro, estabelecendo desde logo um vínculo metafórico, uma dialética continente/conteúdo, um dentro e fora em permanente troca. O princípio de observação que rege essa assertiva pode ser definido como **princípio ético-estético de indecidibilidade de origem**, que instala, como dissemos, uma metapsicologia do "O", e é traduzível pelas questões: Quando é que a mente começa? Quais seus elementos observáveis? Pode uma vez ocorrida a cesura do nascimento subsistir uma parte da mente que se manteve embrionária? Esta mente pode vir a nascer em algum momento da transitoriedade da vida e, mais ainda, de uma psicanálise?

Devemos esclarecer que a noção de **forma pura** (pré-concepção) refere-se ao fato de que **é o Édipo que especifica a condição humana** em sua história. História da diferença sexual duplicada pela diferença de gerações. História de uma **cesura** que separa os sexos e os distingue, e corresponde a uma outra **cesura** que separou a criança dos pais. O conceito de **cesura,** complementar ao conceito de pré-concepção, inaugura um pensamento que escapa à questão freudiana do início do ego, significativa em Freud pelo fato de que o afeto está ligado a uma determinada relação entre ego e o id. Quando se trabalha apenas com a idéia de **cesura** torna-se irrelevante se o ego aparece depois, ou antes, do nascimento (embora seja absurdo pensar que o feto a termo não tenha um ego e não esteja sujeito a afetos). A origem, o momento de início, é indecidível no sistema do qual todos participamos que é a amplitude do sistema-**pensamento**. O que importa é o presente da sessão, onde podemos localizar uma mente embrionária disposta a nascer, mesmo após o nascimento físico. Esta mente já pode ter sofrido "pressões" no meio líquido onde foi gerada; e ao mudar para o meio gasoso, suas características podem parecer impressionantemente distintas. Como psicanalistas necessitamos da **imaginação produtora**, para pensar **mais além** e confirmar a tese de Freud[35] : *há muito mais continuidade entre*

---

[35] em *Inibição, Sintoma e Angústia* (1920).

a vida intrauterina e a primeira infância, do que a impressionante cesura do nascimento nos permite acreditar[36].

Por outro lado, quanto à posição geral de seu pensamento teórico, Bion não é estruturalista; pelo menos não no sentido clássico do termo[37]. Todavia, em alguns momentos, podem surgir dúvidas quanto a esta possibilidade interpretativa. Trata-se do período inicial de sua obra, quando trabalhava com grupos e formulou a hipótese de um **sistema protomental**, fonte de origem dos **supostos básicos**. O conceito de sistema protomental é o que podemos chamar de uma **hiperestrutura**. A desvantagem de usar este tipo de modelo advém de sua forte sintonia com a aspiração científica pelo encontro de uma explicação última. A tabela periódica e o DNA são exemplos marcantes deste reducionismo, que nega o **princípio de complexidade** implícito numa área que ainda apresenta muito a ser compreendido. Uma outra desvantagem do modelo hiperestrutural é o conseqüente e inevitável minimalismo de teses que produz. Desta forma, o sistema protomental sustenta a tese minimalista dos três supostos básicos: **luta e fuga**, **acasalamento** e **dependência**. Por mais que Bion tivesse insistido que era um modelo aberto à descrição de novos supostos básicos, ele nunca o conseguiu e, as tentativas por parte de outros são sempre questionáveis. Sua percepção da inadequação do modelo fez com que criasse o espectro **narcisismo ⇔ social-ismo**. O modelo espectral reaparece em muitos outros conceitos que seguem basicamente o **modelo do**

---

[36] Se a princípio pode parecer que existe um distanciamento de Bion da obra de Freud, é neste ponto onde talvez mais encontremos a afinidade. Duas epistemologias se confrontam na descoberta freudiana do complexo de Édipo; provenientes de duas formas distintas de investigação: uma arqueológica e outra mitológica. A primeira é uma epistemologia positiva, continuísta, evolucionista e empirista, de objetos que se impõem como presença à visão e cuja constituição estratificada reconhecem um tempo linear de determinações, um "antes" e um "depois", uma história. Na segunda, ocorre uma epistemologia negativa, descontínua, apontando para rupturas, estrutural, com objetos que são privilegiados a partir da ausência ou perda, com uma concepção não-linear de tempo, onde o antes é concebido *a posteriori* do depois. Estas duas epistemologias circulam entre si, como numa espiral e podem ser lidas em Freud. O conceito de cesura atende as duas simultaneamente: história e estrutura.

[37] Redução do significante ao simbólico para fazer dele algo domesticado. Criação de hiperestruturas, que visam a esta domesticação.

sonho como o método mais seguro de investigação dos processos mentais, além de respeitar a noção do inconsciente como a faceta humana que não tem começo, meio e fim.

De um modo geral, Bion acompanha Freud e reafirma de diversas formas que o **mito de Édipo é a Linguagem da psicanálise**[38]. Longe de uma limitação interpretativa, a revolução que Freud causou, devolveu ao mito a força de uma hermenêutica originária. Em grego, o verbo *hermeneun* significa transmitir, trazer mensagens. Sua referência é Hermes, o mensageiro dos deuses. Ele traz e transmite o destino que trama as vicissitudes da história dos homens. Nem toda interpretação é uma hermenêutica. Somente aquela que descer até a dinâmica do destino que estrutura a história. É o que faz Freud ao mostrar, através do mito de Édipo, como se funda e se desenvolve a história humana. Nesse contexto o mito assume um outro sentido. Deixa de ser uma lenda – isto é, um relato sem verdade – para reaver toda a força de sua palavra: a verdade da história. Pois o mito de Édipo exprime o destino que se lega historicamente à existência. Por isso, em sua originalidade, o mito de Édipo, como todo mito, antes de ser uma palavra, é uma **etiologia**. A vivência de uma estruturação destinada. Apenas neste sentido é que podemos falar de estrutura em Bion – um sentido estritamente freudiano - porém, como veremos, torna-se mais radical quanto à etiologia e, além disso, acrescenta intuitivamente princípios ético-estéticos geradores de um modelo que podemos chamar de **espectral** e **indeterminístico**.

Esse vértice, torna-se singular ao tratar de entender o funcionamento psíquico pela ótica da parte psicótica dos personagens do mito de Édipo, manifesta nas características de arrogância, estupidez e curiosidade (Sobre

---

[38] Freud estabeleceu que um dos critérios pelo qual dever-se-ia julgar (avaliar) um psicanalista seria o grau de fidelidade que atribuía à teoria do complexo de Édipo. Ele mostrou assim a importância que atribuía a esta teoria e o tempo não fez nada para sugerir que ele errou em superestimá-la. A evidência do complexo de Édipo nunca está ausente, embora nem sempre observada. Melanie Klein, no seu trabalho *"As fases precoces do complexo de Édipo"*, fez observações dos elementos edípicos onde sua presença não tinha sido detectada. Bion radicalizou situando-o no contexto das pré-concepções, onde existiria na mente tal como uma forma geométrica pura estaria para a geometria aplicada.

Arrogância, 1958). Nele, a **experiência emocional** do mito de Édipo adquire uma visão ampliada quando Bion privilegia a questão do **Saber**, assinalando que o crime punido não foi o sexual, ficando numa posição mais periférica a um problema central que seria a busca de Édipo para descobrir a verdade a qualquer preço. Essa busca foi tomada como arrogância. Diversos personagens repetem na trama do mito este conflito: o oráculo que possui um Saber e despreza o desejo de Édipo de buscá-lo, Tirésias que possui o Saber, mas desdenha a iniciativa do Rei de encontrá-lo, a esfinge que se suicida uma vez decifrado o enigma que propõe a todos e, finalmente, o próprio Édipo que se cega com o broche de Jocasta (que também se suicida) quando descobre a verdade de sua história.

Bion mostrou a dificuldade para se pensar na trama sexual como sendo um drama manifesto e periférico de uma questão central que é o problema de conhecer a **verdade**. Essa assertiva de Bion - é bom que se diga logo - não nega que o ponto de vista analítico, a prática psicanalítica, a ação psicanalítica, centraliza-se na organização da libido como tal. A perspectiva psicanalítica, continua sendo em Bion, justamente a que faz preponderar o enfoque que considera a organização da libido como predominante na hipótese de trabalho, o campo no qual se dá a prática psicanalítica. Percebe-se então claramente, com Bion, que se trata de um campo duplo, sexualidade e verdade, mas que é, sobretudo, um campo fundado por uma **ética trágica**. Bion faz dessa ética a questão fundamental do conhecimento e do desejo de descobrir a verdade, o que é extensivo a todo tipo de investigação científica.

Cabe então a pergunta: Se a psicanálise instala-se no movimento de uma ética trágica, que é a descoberta da verdade, não é ela uma tarefa insustentável por ter que pensar o desenrolar vertiginoso de uma situação indomável porquanto inacessível?

Nesse ponto, é importante frisar que o trabalho de Bion abre caminho para que possamos entender no mito de Édipo e, conseqüentemente, no campo da psicanálise, como ocorre o confronto constante entre duas éticas: a **ética trágica ou estética**, na busca incessante por uma verdade que não pode ser alcançada e, a **ética do poder ou dramática**, na qual toda busca da verdade é tomada como arrogância e desafio pelo que Bion nomeia de **Establishment**. Na realidade, esta teoria de confronto ético está implícita quando Bion menciona os destinos das pulsões de vida e morte em função de sua predominância na personalidade (pulsão de morte⇒arrogância; pulsão de vida⇒auto-estima). Afinal, aprender a manter juntos o casal vida-morte não é o que chamamos de ética e, a forma de mantê-los aquilo que determina a forma da ética?

Nenhuma situação é plenamente analisável. Somente a arrogância pode nos levar a pensar que podemos nos ocupar plenamente de um material. Diante disto o analista deve estar em condições de reconhecer que fornece apenas o começo, o início de uma investigação, sendo otimista. Os princípios ético-estéticos da **Incerteza** e da **Incompletude** participam constantemente.

Uma grande parte do trabalho da análise, sem dúvida a mais importante, não é explicitada e nem explicitável. A psiquê é um **mistério**, um labirinto, do qual se observam algumas entradas e algumas saídas. Mais saídas do que entradas. Poder-se-ia dispensar para a prática o conhecimento dos "mecanismos internos" se as ligações regulares existissem entre entradas e saídas da psiquê. Ora, a idéia em si de tais ligações regulares é duplamente absurda. Do ponto de vista epistemológico, entradas e saídas nunca são idênticas, nem entre sujeitos, nem para o mesmo sujeito, e nunca são observáveis como coisas iguais. Do ponto de vista da teoria de Bion, a realidade do inconsciente coincide com o incognoscível, portanto, o que chamamos de psiquê é uma **imaginação radical** e, como tal, essencialmente **indeterminação** (que não quer dizer caos, mas sim desconhecível absoluto, singularidade inefável). O "universal" pode estar presente sob múltiplas formas, o que é também suscetível de ser conhecido, e quase tudo pode ser dito. Mas o desconhecido, a criação em função do embate com o desconhecido, o novo e a autotransformação resultante deste embate, sempre irrompe na mente. E com todas estas questões emergindo qual sistema Bion poderia utilizar para dar conta da ética trágica?

A resposta não foi difícil. Sua formação ampla em Filosofia, suas consultas ao pensamento científico, sua fidelidade à tradição freudiana de investigação, permitiram-no vislumbrar aqui uma **Teoria do Pensar**. Pois só o pensamento é algo que cria incessantemente no ser humano. **Criar** á a única saída para lidar com esta realidade que não pode ser conhecida, apenas imaginada. Nesse sentido, por mais "asséptica" que possa parecer uma teoria do Pensar, ela se refere à organização libidinal de um indivíduo, e tem como origem, evidentemente, os progenitores que realizam essa função biológica chamada de reprodução, cumprindo com a conservação da espécie, a autopreservação da vida. Porém do ponto de vista psicanalítico, na operação biológica em que é necessário dois para criar um, temos de considerar a **realização** na qual participam as diferentes organizações de cada um dos progenitores, seus modos de defesa, suas repressões, conflitos, etc. Estas diferenças tomam parte da concepção e da história do indivíduo, assim como as relações libidinais entre os progenitores, inclusive sua posição frente ao problema da reprodução e da geração: defesa, temor, exaltação desta função, desconhecimento ou exaltação da função sexual, ou seja, de toda vertente libidinal – são tantas as variáveis, são tantas incógnitas, que apenas o desenrolar da experiência analítica pode mostrá-las, no desdobramento e na iluminação do conceito vazio, não-saturado de significados, que Bion chamou de **função-alfa**[39].

Em Bion, a definição do mito, a qual recorremos em diversos pontos deste livro, permite entender a pré-concepção transitando em diversas facetas social-históricas, a começar pela teoria das formas de Platão. Isto é, a **pré-concepção** dá origem a **concepção** que é a forma. Portanto, a pré-concepção é a essência, o inconsciente em sua acepção mais ampla, como inacessível, incognoscível. O caminho entre a pré-concepção e, a concepção, é fornecido pela **realização**, com todo o espectro de significados que o termo permite. Todavia, é pela realização estética, decorrente do fato de que todo mito é uma fala, que podemos exemplificar a pré-concepção edípica. Pois, se todo mito é uma fala, qualquer fala pode se transformar em mito. Desse ponto em diante ficamos dependentes do que podemos chamar de **princí-**

---

[39] Podemos enfocar rapidamente duas saturações desta função, usando significados conhecidos. Por exemplo, a função da mãe e a função do pai, ambas formadoras desta organização que chamaremos de indivíduo. Em Bion, a função do pai, evocando a tradição do complexo de Édipo, a tragédia de Édipo como representante trágico e, como representação trágica através do personagem Laio, é acionada inicialmente pela função da mãe, que Bion chamou de **reverie**: a capacidade de acolher as comunicações originárias do bebê, representando perante ele o **social**. Por sua vez, a função da mãe é acionada pela **pré-concepção do seio**, inata, que necessita de uma realização do seio para formar uma concepção do seio, primeira forma de pensamento.

pio ético-estético de singularidade. Isto é, para Bion, o mito de Édipo é uma parte essencial do aparelho de aprendizado nos primeiros estágios do desenvolvimento. Há uma pré-concepção edípica que opera como precursora de uma importante função da personalidade para a descoberta ou o conhecimento da realidade psíquica. Essa pré-concepção levará às investigações da relação com os pais e, as realizações da pré-concepção só ficarão evidentes no contato com os pais reais ou substitutos. Por isto Bion, adotando o princípio da singularidade postula o "mito de Édipo privado" (*private Oedipus myth*) formado por elementos-alfa, e sugere que é um importante fator na assim chamada "*função psicanalítica da personalidade*" (1963). Esse mito funda o crescimento mental através da singularidade dos modelos obtidos na cultura em que vive o indivíduo, e pode sofrer ataques destrutivos pela inveja, voracidade, ou do sadismo proveniente da parte psicótica da personalidade que se opõe ao conhecimento da verdade. As conseqüências do ataque são a fragmentação e dispersão da pré-concepção, evitando a formação do aparelho de aprendizado (*learning apparatus*) e da intuição, impedindo o desenvolvimento da "**função psicanalítica da personalidade**"

Capítulo V

Uma Grade Edípica*

A Grade Edípica é uma tentativa de investigar a sugestão de Bion (*Cogitações*, 2000), no sentido de que o analista não deveria se incomodar tanto com tentativas de tomar notas a respeito dos pacientes, mas, ao invés disso, poderia retomar, de tempos em tempos, ou talvez constantemente, o **diálogo interno** com o **mito de Édipo**, escrevendo suas associações livres em relação a ele. O analista pode repetir o procedimento quantas vezes desejar - as associações jamais serão as mesmas - nas diversas datas

---

* Trabalho apresentado na IIIa Conferência Internacional sobre a Obra de Bion, Los Angeles, Califórnia, Fev.2002.

em que decidir realizá-lo. Se, por ventura, o nome de um paciente surgir nas suas associações, o analista pode anexar esse nome, e caso sinta necessidade de fazer anotações sobre seus pacientes pode recorrer à linguagem mais ilustrativa e imediata do mito. Esse procedimento pode ser repetido para outros mitos, para outras versões do mito, que podem ser comparados. Uma versão que resiste à passagem do tempo terá provavelmente um apelo mais poderoso à mente humana do que outra versão que pode ser uma aberração efêmera e, portanto, excessivamente particular.

Tal procedimento promove a intuição psicanalítica, e traduz o analista que **usa o inconsciente para interpretar um estado de mente consciente**, através de fatos selecionados pela sua função psicanalítica da personalidade. Esse caminho é o inverso da visão tradicionalmente aceita na psicanálise em que o analista usa o material consciente para interpretar o inconsciente[40].

O assunto é muito vasto. Requer a delimitação do universo de trabalho. Em primeiro lugar, estabelecemos que o mito é um discurso. Obviamente não é um discurso qualquer. São necessárias condições especiais para que a linguagem se transforme em mito, isto é, que traduza situações comuns aos seres humanos.

A teoria da pré-concepção de Bion estabelece que **o mito é um sistema de comunicação**. É uma mensagem importante, um discurso que navega os tempos. Um veículo de pensamentos, sentimentos e idéias. Por isto, não pode ser simplesmente um objeto, ou um simples conceito. O mito é um modo de significação, uma forma como a dos sonhos e dos pensamentos oníricos: um **espectro de possibilidades**. E é desta forma que aparece na Grade, em pé de igualdade com sonhos e pensamentos oníricos, na categoria C. Além do mais, já que **o mito é um discurso**, tudo pode constituir um mito, desde que seja suscetível de assim ser julgado pelo vértice de um indivíduo. O mito não se define pelo objeto de sua mensagem, mas pela

---

[40] "*As teorias psicanalíticas, como propuseram os melhores analistas, foram bem úteis à causa do desenvolvimento científico, mas Freud deveu suas descobertas mais à utilização – ao método inconsciente de utilização do mito de Édipo – do que de quaisquer outros aspectos mais facilmente reconhecíveis de seu método científico.*" (*Cogitações*, 2000, pg.246)

maneira como a profere: o mito tem limites formais, mas não substanciais. Logo, tudo pode ser mito no plano individual.

Bion descreve o mito de Édipo pela sua faceta de pré-concepção, e nos apresenta duas versões conseqüentes ao funcionamento da função-alfa. Através da **versão elemento-alfa** a criança consegue estabelecer contato com os pais, tal como são, no mundo da realidade. A união desta pré-concepção edípica elemento-alfa com a realização dos pais da realidade produz a concepção dos pais, ou aquilo que podemos chamar também de **cena primária**.

A versão elemento-alfa indica que os problemas edipianos foram atingidos, ao contrário da versão elemento-beta em que a carga emocional por ser de intensidade intolerável (e possui conteúdos de inveja, sadismo, voracidade, etc.) aniquila a própria pré-concepção edípica. Como resultado a criança perde o aparelho essencial para desenvolver uma concepção da relação entre os pais e, por conseguinte, para a resolução dos problemas edipianos. Bion diz: *"Não é, pois, que não se resolvam estes problemas – eles apenas nunca são atingidos"*.

Menciono aqui o exemplo clínico de um analisando que toda vez que a análise aproximava-o de uma compreensão de suas dificuldades com a figura feminina, ele sonhava que estava nadando no mar e não atingia a praia. Isto era dito com um certo prazer, demonstrando um deboche sutil, em que insinuava que a análise poderia ser mais uma destas situações de sua vida em que ele "nadava, nadava e morria na praia". Esta formulação pode ser tomada como seu mito pessoal, também expresso por uma série de projetos que iniciava e logo depois abandonava. A hipótese de estar havendo, por trás disto, um ataque masturbatório à cena primária, conseqüentemente à sua capacidade criativa por não suportar as emoções despertadas, ficava em evidência.

A **versão elemento-beta** do mito edípico é a inviabilização da criação de inconsciente, e seu grau extremo ocorre no paciente psicótico. Do vértice de Bion, podemos considerar o psicótico como aquele que não tem inconsciente. Deste modo, podemos supor que os elementos-alfa são o próprio Ser. Inviabilizando-se a criação de elementos-alfa surge o não-ser, sentimento de não-existência, descrito com freqüência pelos pacientes psicóticos. Num outro aspecto, a impossibilidade de formar elementos-alfa está ligada à incapacidade para sonhar, assim produzindo no psicótico o estado em que não pode estar dormindo e nem acordado.

Em *Cogitações* (2000, pg.59), Bion diz: "*Um exemplo do que eu entendo por "sonhar" o ambiente no qual o indivíduo se encontra é a elaboração que o grupo faz de um mito, tal como na história em que Newton descobriu as leis da Gravitação ao ver uma maça cair. A asserção é produto do trabalho onírico, e seu objeto é a corporificação, em um símbolo pictórico, de fatos que os indivíduos num grupo necessitam transformar, de modo que esses fatos possam ser estocados e evocados à vontade. O símbolo pictórico, uma vez formado e estocado, pode então ser recuperado e interpretado pelo indivíduo para produzir os conteúdos que ele sentiu precisar estocar. Uma peculiaridade da psicanálise é que seu sistema dedutivo científico é um série de hipóteses sobre hipóteses sobre hipóteses ... Isto merece uma comparação com a hipótese do físico de mecânica quântica sobre dados básicos que são, de fato, hipóteses estatísticas*".

Esta comparação nos leva a uma teoria que não existia na época de Bion: a **Teoria da Complexidade**, e permite compreender a problemática da situação edípica através de um **princípio ético-estético de complexidade**. O modelo que daí deriva aponta para o indeterminismo de um sujeito para sempre rompido com a verdade, confirmando nossa assertiva feita a pouco nesse capítulo. Ela pode ser vista em uma das teses que Bion desenvolve, ao considerar a versão de Sófocles do mito de Édipo e as descobertas de Freud, como tentativas de resolução de uma **encruzilhada do desenvolvimento**. Essas tentativas estão muito mais dispersas no tempo, variando nas formas e nos métodos de resolução adotados, bem além do que temos percebido ou suspeitado até hoje. Há uma constante expansão das possibilidades, portanto inalcançável em termos absolutos.

Em *Transformações* (1965), a metáfora da **encruzilhada de Tebas** situa o problema da complexidade da personalidade nas situações em que, após terem sido dominados os impulsos para poder pensar, o pensamento necessita ser traduzido em ação (ou uma conjectura imaginativa necessita traduzir-se em decisão, ou um estado mental transitar para outro estado mental). Esse tipo de problema pode ser metaforizado pela estratégia envolvida na captura de uma posição de comando, divertidamente exemplificada pela história do General Slim[41][42], com a qual Bion surpreendeu a todos numa das Conferências de São Paulo[43] (1978). Esse trabalho pode ser encarado indiferentemente como se desenvolvendo **dentro** da psique, **fora** dela, ou **tangencialmente**, e pode comparar o modelo de Édipo, na encruzilhada de Tebas, com um círculo cuja circunferência é intersectada em dois pontos reais e distintos, dois pontos que são reais e coincidentes ou dois que são complexos e conjugados[44].

A freqüente transição (enfatizada diversas vezes nos dois volumes) que Bion faz entre uma consulta ao pensamento científico (no caso geometria algébrica e matemática) e ao pensamento psicanalítico, levando as questões de um lado para o outro, na busca de uma visão distinta ou nova dos problemas, pode ser exemplificada pelo seguinte trecho de *Cogitações* (2000 pg.209): "*Proponho, com essa finalidade, examinarmos os elementos de Euclides. Isso me traz de volta ao ponto em que disse ser necessário pesquisarmos a interseção entre os processos análogos aos que vemos corriqueiramente nos sonhos e processos que associamos comumente com a lógica matemática. Mas, antes de fazê-lo, preciso fazer um alerta: é inevitável que, em certos pontos da discussão, possa parecer que eu esteja vendo símbolos sexuais, especialmente edípicos, em certas proposições euclidianas. Ficará claro que não há nada de novo nisto: na realidade esses insights existem desde, pelo menos, a época de Plutarco. Mas, de certa forma, pensar que as descobertas que Freud fez a respeito do Édipo elucidam*

---

[41] "*O finito não deixa espaço para o desenvolvimento; estamos aqui preocupados com algo que requer espaço para o crescimento. Para ilustrar alguns dos problemas que enfrentamos tomo como método de descrição uma operação em grande escala – o empenho do 14º Exército Britânico que foi derrotado em Rangoon, em 1942...*". Em resumo, a função narrativa da história demonstra como a imaginação produtora é o elemento central na composição de interpretações. No relato de Bion, é a ficção, produto da imaginação, que produz conseqüências, que de um lado elevam o moral e, do outro despertam uma ambição que produz a derrota.

[42] vide biografia

[43] Conferência Nove, *Conversando com Bion*, trad. Paulo César Sandler, Imago, Rio de Janeiro.

[44] Cabe a indagação se não corresponderiam na ordem acima mencionada às estruturas da neurose, perversão e psicose. De qualquer modo, temos de considerar sempre o grau de falência da função-alfa, como sendo equivalente ao grau de falência da capacidade para amar. Na falência total, a psicose; na tangencial, a perversão e, na capacidade mantida em graus distintos, a neurose.

o teorema de Euclides seria colocar o carro à frente dos bois; pois desejo propor a hipótese de que o teorema de Euclides e a descoberta de Freud a respeito do complexo de Édipo, junto com o mito de Édipo e a versão dele por Sófocles, são indistinguíveis, enquanto tentativas de resolver conflitos e problemas; são, ao mesmo tempo, uma manifestação desses conflitos e problemas e uma tentativa de solucioná-los. Desejo, ainda, mostrar que os problemas envolvidos no interjogo entre as posições incitaram também tentativas de resolução; essas são análogas àquelas que mostrei estarem associadas com o matiz, ou matizes, do mito edipiano".

De uma forma mais concisa, no mesmo texto (pg.236), ele diz: "*O psicanalista precisa saber quando está enfrentando um problema para o qual um mito poderia fornecer a contraparte psicanalítica do cálculo algébrico. Poderíamos dizer que Freud fez exatamente isso; ele reconheceu, como um cientista, que estava perante um problema cuja solução requeria a aplicação do mito edipiano. Daí resultou não a descoberta do complexo de Édipo, mas a descoberta da psicanálise. (Ou será que quando estes elementos estão constantemente conjugados descobriam o homem, a psique humana?) É nessa acepção que acredito que devemos usar o mito de Babel, ou de Édipo, ou da Esfinge*[45] : *como ferramentas comparáveis àquelas da formulação matemática"*.

Nesse ponto, usando os conceitos expostos, e seguindo o modelo da Grade de Bion, construirei uma Grade com elementos do mito edípico e, a partir dela, acrescentarei algumas contribuições pessoais sobre aspectos de sua utilidade. Essa Grade foi sugerida de um modo não esquemático, em

---

[45] Na pg. 233, intitulada Curiosidade e medo do superego socializado, Bion diz: "*Tanto na história do Jardim do Éden como a história do Édipo contém um personagem cuja atitude frente ao conhecimento é hostil – ou talvez se pudesse dizer, de "dupla-face", uma vez que a esfinge exige a resposta para uma questão, podendo, portanto ser vista como promotora desta resposta. O Deus do Gênesis planta no Jardim a árvore do conhecimento do bem e do mal. Os psicanalistas têm concentrado sua atenção sobre o papel sexual, deixando de lado a discussão sobre a atitude perante o conhecimento. No entanto, poucas disciplinas penetraram tão longe quanto a psicanálise na procura que o homem faz do conhecimento, ao iluminar essa fonte de dificuldades que é interna ao próprio homem. Isso aumenta a importância de se negligenciar o material que poderia estar compactado nos papéis atribuídos à Esfinge, a Deus e ao Diabo (também à Torre de Babel – pensamento verbal atacado). Mas não estou aqui interessado em elucidar esses mitos. Desejo esclarecer sas semelhanças e diferenças entre psicanálise e método científico, do modo como ele é empregado por outras esferas que não a psicanálise...*".

Aprender da Experiência (1962), com os elementos da psicanálise correspondentes ao eixo horizontal (eixo destinado a formulações sobre o uso) representados pelos elementos do mito edípico, de acordo com seu transcurso seqüencial na narrativa. Assim, naturalmente, o movimento inicial é a declaração do Oráculo no lugar do elemento **hipótese definitória** e, seqüencialmente, a atuação de Tirésias no lugar da coluna y, etc.

Antes de expor essa forma particular de conceber a Grade, penso que é importante lembrar o que são **objetos psicanalíticos** para Bion, pois são eles que estão em nossa linha de investigação através do uso dos elementos do mito. Os objetos psicanalíticos são objetos de observação do analista derivados dos elementos da psicanálise (1963). Sua existência diferencia a função analítica de outras atividades que interpretam o ser humano, uma vez que fica delimitada pela aplicação em três dimensões específicas:

1) Aplicação no terreno dos **sentidos** (na psicanálise é preciso haver corpo presente, algo audível, visível, etc.). O psicanalista e o analisando reagem com o seu corpo sensorial ao trânsito de movimentos físicos, pensamentos, sentimentos e idéias na sessão. Algo acontece o tempo todo que gera impressões sensoriais:o corpo reage aos acontecimentos.

2) Aplicação no terreno dos **mitos** (na relação psicanalítica existe um "como se" uma inevitável falsidade que Freud chamou de "indesejável fidelidade", e que pode ser clarificado e transformado pela linguagem). Ambos participantes possuem teorias, ou mitos pessoais relacionados ao que se passa na sessão, assim como os mitos com que se reage ao que está ocorrendo.

3) Aplicação no terreno das **paixões** -na psicanálise as intervenções e ações derivam da articulação dos vértices K(conhecimento), L(amor) e H(ódio): a experiência emocional. Ambos participantes são levados a reagir com suas emoções ao processo.

A escrita dos objetos é dada pelos seguintes termos: $\{\psi(\xi)\,(M)\,(\pm Y)\,\}$, que podemos traduzir singelamente da seguinte forma: a pré-concepção $\psi(\xi)$ sofre a complexidade das vicissitudes de tudo que pode ocorrer com um corpo biológico(M), corpo que tem fluxo específico no espaço-tempo, e realiza-se num espectro de polaridades de crescimento negativo ou positivo($\pm Y$) representado por **narcisismo$\Leftrightarrow$social-ismo**.

Deste modo, uma interpretação da situação edipiana é objeto psicanalítico à medida que tem como conteúdos os pensamentos e o pensar, onde se aplicam simultaneamente situações como:

a) A realização dos relacionamentos entre pai, mãe e criança.
b) A Pré-concepção emocional.
c) A Reação psicológica que se produz no indivíduo a partir dos relacionamentos entre pai, mãe e criança.

Uma questão que fica em aberto é a possibilidade de incluirmos como objeto psicanalítico as manifestações da mente embrionária, apesar de poderem ficar incluídas no âmbito da pré-concepção emocional. Todavia, como Bion assinala a possibilidade de uma mente embrionária emergir depois do nascimento, e exemplifica clinicamente (*Uma Citação de Freud, 1976*), com o caso do homem que se prevenia das interpretações deixando disponível um Smith & Wesson 45 nas sessões, ou o paciente extremamente sensível à visão de certas cores, a ponto de não poder vestir certas roupas, ou do paciente que achava intolerável ouvir a Orquestra Sinfônica na época de melhor performance, pois para ele o clarinetista era agudo, surgiu a questão sobre essa sensibilidade extremamente primitiva que pode voltar a aparecer. Seria então um item d) a capacidade de contato com a mente embrionária?

A Grade Edípica

	Oráculo	Tirésias	Função narrativa do mito	Esfinge	Édipo	Conseqüências...n
Elementos β	A1	A2				A6
Elementos α	B1	B2	B3	B4	B5	B6
Sonhos, mitos, p.oníricos...	C1	C2	C3	C4	C5	C6
Pré-concepção	D1	D2	D3	D4	D5	D6
Concepção	E1	E2	E3	E4	E5	E6
Conceito	F1	F2	F3	F4	F5	F6
Sistema Dedutivo Científico		G2				

Note-se que essa deve ser considerada uma representação limitante, uma Grade fechada, ao contrário da de Bion, pois toma em seu foco apenas um mito, apesar de considerarmos que o mito edípico é o instrumento de que Freud se serviu para descobrir a psicanálise, e a psicanálise como instrumento que possibilitou a descoberta do complexo de Édipo pela modernidade. O mito é, portanto, como já foi dito, uma forma de pré-concepção, assim como é a psicanálise.

Desta forma, é possível deduzir que a coluna da pré-concepção é a mais importante para o psicanalista. A sugestão é que o analista consiga nela permanecer, para com isto captar as diferenças na aplicação do mito. Nesse ponto sugerimos que essa aplicação instala-se no movimento de diferenciação entre uma **ética trágica** e uma **ética do poder** (ou dramática), que se distinguem, respectivamente, pela capacidade ou pela falta de capacidade para lidar com o impacto das pré-concepções. Essa capacidade, também nomeada de **Capacidade Negativa** (Bion, 1970), corresponde à atitude mental que elimina ao máximo possível as interferências da memória, do desejo, da necessidade de compreensão e do aparelho sensorial.

Seguindo então o eixo horizontal, relativo à progressão dos usos (predominantemente sintagmático) é possível destacar os seguintes passos do mito:

1- O pronunciamento do Oráculo é uma **hipótese definitória**. Sua afirmação sobre uma possibilidade exclui necessariamente outras possibilidades. Levanta assim uma espécie de incógnita aparente que irá "matematicamente", tal como ocorre com qualquer equação, se satisfazendo ao longo do relato. Dois são estes pronunciamentos; o primeiro refere-se a consulta que Laio, filho de Lábdaco e marido de Jocasta, faz secretamente ao oráculo para saber as razões de sua infertilidade. O oráculo responde com a advertência de que um filho com Jocasta chegaria um dia a ser seu assassino. Como conseqüência, coluna 6, Laio deixa de ter relações sexuais com Jocasta, sem lhe dar nenhuma explicação.

O segundo pronunciamento ocorre na consulta feita por Édipo. Movido pela desconfiança gerada pela chacota feita em um banquete, por um de seus amigos, sobre sua falta de semelhança com seus pais, decide investigar suas origens. Durante a consulta a pitonisa gritou enojada; "afasta-te daqui, oh miserável, pois matarás seu pai e casarás com sua mãe".

Como conseqüência, Édipo que venerava a Pólibo e Peribea (seus pais adotivos), para evitar a desgraça, não retorna à corte de Corinto, tomando o caminho de Tebas. No desfiladeiro entre Delfos e Daulio, encontra-se com Laio, sucedendo-se a conhecida tragédia.

2-Tirésias representa uma hipótese reconhecidamente falsa por atuar contra a ansiedade produzida pelo **desconhecido** implícito em qualquer investigação. Figura de singular importância na mitologia grega, filho de uma ninfa, viveu por nove gerações. Esta longevidade está indissoluvelmente ligada a uma assombrosa forma de bissexualidade: Tirésias nasceu homem, sofreu uma transmutação sexual que o converteu em mulher e, recuperou após sete anos seu sexo original. Isso ocorreu por ter visto o coito das serpentes e ter matado a fêmea com seu cajado. Sete anos depois repetiu o feito, só que matando o macho. Tirésias é uma ressonância de Dioniso, filho de Zeus, que é ao mesmo tempo o próprio Zeus. Essa identidade entre pai e filho será aproveitada por muitas religiões. Dioniso é também o feminino, junto no mesmo corpo com o masculino: daí resulta sua fecundidade, sua eterna juventude, sua imortalidade, sua morte e ressurreição, ritualmente celebrados na Antiga Grécia. A figura de Dioniso é símbolo da misteriosa trindade: pai, mãe e filho, distintos e unificados. A capacidade de procriar torna-se o problema central do personagem quando responde a Zeus que a mulher goza nove vezes mais que o homem, numa nítida alusão à gravidez e o parto. A rivalidade entre os sexos tem sua raiz profunda no problema de quem é que dá a vida. É o Saber de Tirésias, que passa pela busca da verdade sobre a sexualidade, que é punido por Hera. Esta, sabedora da verdade, não a quer revelada ao marido. A disputa entre ambos para saber quem goza mais, se o homem ou a mulher, mantinha aceso o interesse de Zeus. Uma vez revelada a verdade, Zeus se desinteressa de Hera.

O dom de Tirésias para ver o futuro significa estar no futuro, ou seja, não morrer. Já que não poderá sobreviver no futuro no corpo dos filhos, poderá mediante o dom da profecia, trazer este futuro para sua vida presente.

3-Todo mito necessita ser registrado como um todo, para não perder sua função narrativa. Essa é responsável pela combinação de hipóteses, analogamente a um sistema dedutivo científico. Isso significa que existe a necessidade de um sistema causal para expressar o sistema moral do qual é parte integrante, e que é dado por memória (Freud chamou esta função de **notação**). A narrativa é sobre o investigador de um enigma, expressão da curiosidade humana voltada para si, como um traço essencial da narrativa. Isso deve ser ressaltado, colocado em evidência, e confere à investigação analítica, origens de antiguidade respeitável.

4- A Esfinge estimula a curiosidade ao propor um enigma. Mas, ao mesmo tempo, propõe a pena de morte (decifra-me ou te devoro), que vale para si mesma quando se suicida ao ter seu enigma revelado. Representa a função que Freud atribui à **atenção**, mas também pode implicar em ameaça contra a curiosidade que estimulou, dependendo da área da Grade em que é utilizada. É significativo mencionar que Esfinge vem do grego *Sphinx*, cujo significado em verbo é estrangular. De onde a palavra esfíncter, o que segura, retém, controla o trânsito. No mito de Édipo, a cidade de Tebas estava dominada pela Esfinge instalada numa colina próxima a cidade, de onde vigiava e tiranizava os habitantes jovens. Ela teria sido para aí enviada por Hera para continuar castigando Laio pela sedução homossexual de Crísipo. Mas, na realidade, a ele propriamente nada acontecia. Eram os jovens que sofriam com o temido enigma das musas. Este mítico direito de trânsito representa o controle da mãe sobre a natalidade, que assim pode impedir seu marido de ter com ela relações sexuais. Mas, também pode significar a mãe que se defende corporalmente do objeto que lhe causa dor, o filho, que a dilata para nascer. Cabe ainda, o desejo de manter a gravidez indefinidamente, de reter o filho, como o falus que adquiriu para sobrepujar o marido.

A Esfinge era uma leoa alada com cabeça humana, enigmática e cruel, em que se pode ver o símbolo da feminilidade pervertida, o negativo da neurose de Jocasta. A Esfinge de Tebas representa a dominação perversa e as conseqüências destrutivas. Todos os atributos da Esfinge são índices de banalização do mal: o monstro só pode ser vencido pelo intelecto, pela sagacidade, antídoto do embrutecimento banal: a psicose.

5-Édipo representa o triunfo da curiosidade resoluta sobre a intimidação e, assim, pode ser usada como símbolo de integridade científica, o instrumento de investigação, na ética trágica. Na ética do poder ou dramática, representa a arrogância, o hubris para os que detêm o conhecimento. Note-se que nomeei a ética do poder como ética dramática por fazer prevalecer a falsidade e a mentira, isto é, por dramatizar sem permitir a interpretação que esclareça que o conhecimento contido é posse comum de todos os seres humanos.

6-O discurso de qualquer personagem, dependendo do vértice ético, resultará em algum tipo de ação distinta. Na área dramática, as conseqüências são: assassinato, incesto, suicídio, auto-agressão, cegueira, exílio, dispersão, ataque à linguagem, incapacidade de aprender com a experiência, ausência de autoconhecimento. Na área trágica, as conseqüências são investigação científica, psicanálise, criação em geral, representações simbólicas da sexualidade, ligações através do idioma, aprendizado, autoconhecimento, capacidade de usufruir a vida.

Distúrbios oraculares*

Quando se define que a atividade em curso é psicanálise, afirma-se simultaneamente que não é, por exemplo, jardinagem, culinária, assessoria econômica, política ou matrimonial. Todavia, certos pacientes não aceitam a frustração derivada dessa restrição de campo. Surge um tumulto que pode aumentar caso o analista insista em dizer que a atividade em curso, a psicanálise, não é aquilo que o paciente busca. Como exemplo, em Freud encontramos o relato daquelas pacientes que não aceitam que a psicanálise não se seja um caso amoroso. A interpretação da transferência como revelação de uma demanda de amor como falta impossível de ser preenchida, não é aceita. Um estado mental confusional pode instalar-se pelos afetos despertados pelo vínculo e, a menos que o analista o identifique, afastando da mente memória, desejo e necessidade de compreensão, uma vivência dolorosa estará em curso para ambos; ou seja, o drama prenunciado pelo oráculo. O analista-oráculo pode ser alvo da violência de um sentimento amoroso que está associada à inveja, e pode ser um dos fatores da personalidade em que –K está em evidência.

O convite do oráculo "*conheça-te a ti mesmo*" é substituído pelo convite "*conheça só o que eu quiser*", com conseqüências em ações que estimu-

---

* escrito em colaboração com Julio Walz

lam memória e desejo no analista. É preciso lembrar que o desejo busca uma memória para possuir, e a memória busca um desejo para possuí-la; juntos, no leito sensorial, produzem um terceiro que é a necessidade de compreensão. Tal situação fica mais dramática no caso de pacientes que percebem a presença de memória e desejo no analista de uma forma mais concreta, isto é, percebem memória e desejo como possessões – coisas que possuem a mente. Deste modo, podem se sentir possuídos ou aprisionados na mente do analista. Na primeira opção ocorre um clima de erotismo, invadindo por atuação a análise, na segunda opção pode ocorrer um clima persecutório, de ódio, ou pode resultar em apatia, torpor. Tudo isto pode ser estimulado pelo analista que necessita lembrar constantemente ao paciente que ele está em análise, como defesa contra a angústia produzida por uma hipótese definitória, contida na história do paciente, que prenuncia um destino dramático.

É também importante assinalar a existência de uma característica ao mesmo tempo geral e paradoxal dos oráculos, que se resume na realização da profecia que surpreende pela própria realização. O oráculo tem o dom de anunciar o acontecimento por antecipação: de modo que aquele ao qual esse acontecimento é destinado tem tempo de preparar-se para ele, e de, eventualmente, empreender esforços para impedir tal realização. O acontecimento se efetua da forma como fora vaticinado (ou anunciado por um sonho ou alguma manifestação premonitória); mas essa realização tem a curiosa sina de não corresponder à expectativa no exato momento em que esta deveria julgar-se satisfeita. A profecia anunciada então se produz, mas a ênfase se dá na diferença entre o anunciado e o efetuado. Uma diferença sutil que basta para desconcertar aquele que a esperava, precisamente, aquilo do qual é testemunha. Ele reconhece e logo não reconhece mais. Trata-se da marca do inconsciente, em que um outro ser aparece, e que simboliza o destino, as tramas da existência.

Na tradição literária, o tema do oráculo representa muitas questões relacionadas a esta diferença entre o enunciado e o efetuado. Essa disjunção nos remete à descrição que Bion faz bem no início de sua obra sobre a diferença entre as partes psicóticas e não-psicóticas, cuja repercussão certamente tem a ver com a questão: "por que temos tanto ódio à realidade?". Tal questão é central no distúrbio oracular e se apresenta não como uma negação da realidade, como aceitação e expulsão do percebido, na medida em que o percebido é aceito, mas não as conseqüências do mesmo. Nesse sentido, não se trata de preencher o real (percepção) com uma fantasia, mas sim de desdobrá-lo num duplo, onde o segundo da percepção passa a ser o primeiro. Desconfiamos daquilo que é imediato, e por isso, procuramos interpretá-lo. Essa intolerância para com o primeiro nos faz perder o presente que expulsamos/denegamos para o passado ou para o futuro.

Bion nos alerta inúmeras vezes para as crenças, nível básico do objeto da psicanálise, originadas de percepções não transformadas, e assim carentes de síntese, o que gera o distúrbio oracular da verdade aceita sem restrições. Esse tipo de situação freqüentemente é trazido pelos pacientes que tentam viver aquilo que não existe, ou melhor, do duplo, que foi excluído. Tal recusa é da vida e não a da morte. O extremo dessas situações pode ser encontrado naqueles pacientes que Bion descreve como "os que sentem mas não sofrem", organização que acaba sempre precipitando o acontecimento anunciado pelo oráculo. No caso de Édipo o problema de ter sido salvo da morte pelo pastor, reaparece em seu esforço para escapar do anuncio de seu destino através de uma ação desenfreada, cuja manifestação marcada pela arrogância do oráculo lhe rende uma falta de autenticidade. Nesse ponto emerge a questão de que o pecado de Édipo situa-se no querer conhecer desmesuradamente, não o oráculo em si, mas a interpretação que lhe convém e sob a qual padece.

Distúrbios tirésicos

Tirésias representa a categoria ψ, a hipótese reconhecidamente falsa que atua contra a ansiedade produzida pelo desconhecido. É o personagem que possuindo conhecimento faz advertências contrárias a sua busca, avisando dos perigos e do alto preço que o indivíduo terá que pagar pela mudança catastrófica trazida pelo conhecimento.

Para ilustrar mencionamos aqui a história clínica de Túlio, que leva uma vida familiar organizada e é um profissional de sucesso. Apesar deste aparente equilíbrio, em que leva bastante a sério todas as suas responsabilidades, sente-se ilegítimo. Sua vida de relação é marcada por um traço de falsidade, onde por baixo de uma fachada de concordância, quase submissa, se esconde uma rebeldia, pelo enfrentamento ou, o que é mais comum, por mentiras e atos escondidos que ele chama de marginais. Bom filho, bom esposo, bom pai, bom colega, bom amigo, sempre está desconfiado, sentindo-se como serviçal para que essas pessoas se divirtam. Essa sensação de ser alguém que observa os outros se divertirem, lhe traz à lembrança um mito privado da infância, quando atrás da porta ouvia os ruídos que vinham do quarto dos pais. O mito encontra equivalentes em situações que geram nele fortes sentimentos de inveja e desejos de ver o casal separado. Como Tirésias, ao ver as cobras copulando assassina a fêmea e se transforma em mulher, repetindo o assassinato volta a ser homem. Não fica claro qual dos dois papéis ele ocupa em sua busca compulsiva de encontros homossexuais, talvez de acordo com a situação ocupe um e depois o outro. De qualquer forma, como pano de fundo da história fala de uma figura de mãe que raramente aparece, enquanto a do pai está sempre presente, socorrendo-o em muitas situações, mas depois criando dúvidas sobre a credibilidade do negócio. Chega a sugerir que é o pai que se comporta como uma mãe generosa, mas que na realidade não dá o seio. Então todos passam a ser uma mentira, um simulacro capaz somente de repetir, mas não de criar. Pela circularidade destas atuações, está sempre copiando situações de risco, onde alguma coisa tem que ser escondida e, como nada se modifica, não há o perigo de crescimento que significaria a morte por assassinato. Assim fica mantida sua ilusão de grandiosidade, como aquele que pode estar em todos os lugares e em todos os tempos, como Tirésias que é conhecedor do futuro e, portanto, imortal.

    O personagem Tirésias também pode ser relacionado com questões inerentes a finalidade da análise. O objetivo da análise não é eliminar instâncias psíquicas em detrimento de outra, e muito menos de gerir processos de adaptação, relações contratuais e formais tal, como nos propõem freqüentemente as diversas formas de psicoterapia. Tampouco o objetivo da análise é a santidade. Essas considerações são decisivas para incluir a interface verdade/mentira como elemento dialético central da prática a analítica: ela opõe explicitamente a análise a todas as éticas fundadas na condenação do desejo e, portanto, na culpabilidade. A ética da análise é a ética da autonomia, portanto, da responsabilidade.

A subjetividade que daí advém é essencialmente um processo, não um estado atingido definitivamente. O objetivo da análise pode ser elucidado, mas não deve ser definível a priori. Autonomia é uma questão que deve permanecer em trânsito, e nada pode ser atingido sem a atividade do agente principal do processo: o paciente.

Os diversos aspectos formais do processo analítico (posição deitada, sessões fixas, duração delimitada, associações livres, etc.) não são os meios, mas as **condições** que permitem sua realização. Nem todos têm a mesma condição, tanto no sentido negativo como no sentido positivo do termo.

O próprio processo é analítico, na medida em que já é ao mesmo tempo meio e fim. As associações livres do paciente, por exemplo, não são um meio; ao se desenvolverem, já exprimem e realizam o desenvolvimento da sua capacidade de liberar um fluxo representativo, e também a sua capacidade de reconhecer seus afetos e seus desejos. E o fluxo associativo, com o suporte pontuado das interpretações do analista, faz entrar em cena a atividade do pensar do paciente. Este pensa e se pensa, volta ao material e o retoma ou realimenta.

Assim, a psicanálise não é, a rigor, uma técnica, nem é correto falar de técnica psicanalítica. A psicanálise é uma atividade prático-poiética, onde os dois participantes são agentes. O paciente é o principal agente do desenvolvimento de sua análise. É poiética por ser criadora: sua linguagem é a *Language of Achievement*, envolve, como conseqüência, o aparecimento de um outro ser.

É prática, por ser uma atividade cujo objetivo é a autonomia humana, e pela qual o único "meio" de atingir este fim é a própria autonomia.

Distúrbios da função narrativa do mito

O mito, graças à sua função narrativa, une os vários componentes do relato, de maneira análoga à fixação dos elementos do sistema dedutivo científico, através da capacidade de inclusão desses elementos num sistema discursivo. Assemelha-se à fixação dos elementos do cálculo algébrico correspondente, onde ele é possível. Não se compreende nenhum elemento do mito, exceto na sua correlação com outros elementos tanto quanto o elemento sexual. Em outras palavras, o sexo apresenta na situação edípica, uma característica que se descreve pelas implicações que sua inclusão no relato conferem. Quando removido da narrativa, perde a caracterização, a menos que se preserve seu significado mediante a ressalva de que "sexo" constitui termo em uso para representar o sexo exatamente como é experimentado no contexto do mito.certos pacientes tentam se prevenir de fornecer uma combinação de elementos análoga à combinação das hipóteses no sistema dedutivo científico. Isto significa que é necessária uma cadeia causal para expressar o sistema moral do qual é parte integrante. Pois, Édipo investigando o enigma, é expressão da curiosidade do homem voltada para si. A curiosidade da personalidade humana a respeito de outra personalidade é um traço essencial da narrativa. É isto que estes pacientes tentam evitar, atribuindo às interpretações um caráter invasivo, tal como se fosse uma ação imoral. Desse modo, comunicam-se omitindo detalhes significativos da narrativa, tal como aqueles sonhos em que o detalhe esquecido passa a ser o mais significativo.

Como ilustração mencionamos a situação de Vitória que diz só estar interessada *"em se curar de sua neurose"*. Em outros momentos, acredita que busca análise para descobrir formas de funcionamento mais eficiente e com isto *"obter mais sucesso em seu trabalho"*. Em geral, seu comportamento na análise é narrativo de fatos do dia a dia, sem parar para qualquer reflexão. Quando o analista diz que esta situação pode estar em pleno desacordo com a psicanálise, uma vez que ela espera não uma mudança, mas resultados psicoterápicos de teor adaptativo, Vitória demonstra sentimentos persecutórios. Diz que o analista a está repreendendo como um crítico insatisfeito. Mostrar a semelhança desta figura com o pai em nada lhe acrescenta. Mas se as interpretações soam para ela como uma crítica moral, uma repreensão, onde está a tentativa de ajudá-la a esclarecer e entender o que está ocorrendo? A esta questão responde com o mesmo mote, não está interessada em esclarecer nada, somente curar-se da neurose. Mas chega um ponto em que não pode evitar se confrontar consigo mesma: ela fantasia que está sendo extremamente frustrante para o analista, e por isto este poderia estar desejando expulsá-la da análise. O analista tenta colocá-la em contato com seus processos de pensamento, e busca esclarecer a diferença entre ser escolhida como analisanda e ser suportada, repetição na análise de uma dúvida semelhante vivida na infância. Mas ela insiste na hipótese de estar sendo criticada e rejeitada. O analista destaca a insinuação de falsidade: se ele não confessar que a está rejeitando apesar de não existirem evidências para isto.

Vitória retirou da análise um elemento central do mito, correspondente ao que Bion definiu como categoria de notação: a curiosidade sobre a personalidade humana, representada pela sua própria personalidade em análise. Não poder admitir este elemento do mito, torna a análise, como ela seguidamente afirma, *"uma atividade muito pesada"*.

Distúrbios esfíngicos

Laura monta a sua vida em torno da profissão. Sua relação com as figuras fortes é de competição, associada à tendência a se submeter ou se rebelar. Um pai poderoso, dominador; uma mãe que reclama, se submete e gosta. Casada com um marido frágil, Laura lhe cobra atitudes que ela não consegue tomar. Malformação grave, operada se recupera, procura esconder as suas marcas. Na sessão faz longos silêncios com um discurso de muitas voltas. Às vezes o analista percebendo-se impaciente e mesmo curioso, assinala para ela que, nos seus segredos, tenta mantê-lo curioso, como uma forma de poder. Laura ri e lembra que desde criança, gostava de aguçava a curiosidade de todos. Seu analista mostra que ela teme que decifrem o seu enigma, porque perderá toda a sua força. Laura lembra que, prestando uma prova, diante dos examinadores, sentiu que sua máscara caíra, não tendo nada para dizer. O analista, em silêncio, recorda da face de Monalisa que esconde atrás do seu sorriso um enigma indecifrável. Laura associa uma lembrança da infância quando procurava chamar a atenção do pai, tendo recebido um corte dele, fica muito decepcionada. Ela acha que manter segredo significa manter-se viva. O analista mostra-lhe que na tentativa de mantê-lo curioso, ela corre o risco de matá-lo como analista. Ela acha que ter um segredo, também é uma forma de se vingar do pai, sexualmente, ameaçador e que mantém a mãe triste e solitária, como ela também se sente. Volta a máscara de Monalisa que Da Vinci tão bem retratou, escondendo o que ela pensa, o que ela sente e o que ela é. Talvez no enigma esteja a vingança contra todos que passam para admirá-la, sem entendê-la. Associa outras lembranças, de seu grande prazer quando, o pai ou o marido comete alguma gafe. Laura associa isso tudo a sua condição de mulher que tem que manter seus sentimentos ocultos sob o manto da maternidade. No fundo teme que por trás do manto pode não haver nada.

Por sua vez, outra analisanda, Selma, médica, casada, 27 anos, tem grande dificuldade para falar nas sessões. Fica em silêncio por longos períodos, e quando fala é sempre num tom que parece ser uma queixa quase inaudível sobre sua vida. Não é um silêncio reflexivo, pois demonstra, por linguagem corporal e identificação projetiva, muita ansiedade. Em geral, um padrão pode ser observado: ela chega com um sorriso nos lábios, sempre com atraso de alguns minutos, deita-se no divã, e permanece longo tempo em silêncio. Às vezes fica quase toda sessão calada. Quando começa a falar, parece uma pessoa muito atemorizada. Ela se queixa que se não sair daquele estado, algo de muito grave pode ocorrer, mas não sabe dizer o que é. Quando o analista interpreta, seguidas vezes, que se trata do medo de mudar, ela percebe, pela repetição, o desejo do analista de curá-la, e fornece material para confirmar a interpretação.

A análise transcorre e nada acontece, Selma permanece na mesma. O analista então assinala que existem duas pessoas no consultório, e que Selma sabe de algo que o analista não pode saber – assim existe um silêncio, que é como uma espécie de acordo de não-saber. Diz também, se o silêncio é assustador, esse não pode ser um nada, e sim o lugar onde uma pessoa estava. Explica; não se pode ficar assustada por causa do nada, mas sim porque uma pessoa, que é ela mesma, não está dizendo a verdade. Todavia, Selma diz que é melhor que seja assim, e desenvolve uma lógica, tentando provar as conseqüências desastrosas de uma mudança que não pode suportar. Quando o analista procura mostrar que nem tudo que é lógico é correto, Selma fica muito ansiosa, chega a ficar confusa, pois teme começar algo novo, teme o oposto do silêncio, teme as perguntas que podem ser feitas.

As ilustrações clínicas pretenderam destacar aqueles momentos em que os analisandos adotam uma conduta que pode ser chamada de enigmática. Donald Meltzer (1998) os qualifica como portadores do *"sorriso de Mona Lisa"*. Em outros termos, o comportamento físico pode ser observado refletindo-se no comportamento das associações e vice-versa. Em um exemplo clínico, Meltzer (1998) descreve a paciente que dá uma rodadinha de associações e depois pára; como se fosse *"uma ninfa perseguida por um sátiro nas planícies de Arcádia"*. Outro exemplo é do analisando cuja obsessividade e rigidez caracterológica é tão intensa que o faz ficar tão imóvel no divã como um morto. Trata-se de pessoas que não conseguem se comunicar adequadamente, fazem o possível, mas em virtude de suas dificuldades criam uma situação de mobilização de fantasias e risco de adivinhações. De outro vértice, podem ser vistas como não dando a entender o que está acontecendo, apenas mostram que escondem algo, como um segredo bem guardado. Aplica-se a hipótese da Esfinge, pelas características do mito e o problema ocasionado na atenção do analista preso no segredo que vai ser revelado, mas nada acontece. Ou seja, a paciente propõe o enigma da Esfinge à curiosidade do analista: decifra-me ou te devoro. A questão é única, sem alternativas. É possível considerar esse ponto como uma ameaça, para ambas as partes, de um confronto que levará a um colapso. Esse pode ser gradual e inexorável, tomando posse da análise (como um colapso psicótico) – mas o mais comum é aquele que se mantém numa espécie de corda bamba, entre *breakdown* e *breaktrough* (os processos de cisão estão se aproximando). Na Conferência de Paris (1978), Bion diz que a palavra colapso tem que ser entendida à luz de algo que vai à direção oposta: *"Eu penso nela como breaking down, que é também muito próxima de breaking up..."* O importante aqui é considerar a dor psíquica, os processos relacionados com a curiosidade combatida pelo paciente e a confusão provocada pelo aparecimento do novo e do desconhecido.

Distúrbios da configuração edípica

A situação edípica, mesmo em suas raízes mais primitivas, se expressa por configurações diferentes de acordo com o vértice do grupo. Seja grupo psicanalítico, religioso, financeiro, legal, ou qualquer outro, observa-se que o indivíduo exerce uma atividade profissional por suas raízes emocionais profundas derivadas de sua configuração edípica. Não há saída para isto. Trata-se de um limite humano. Todavia, a diferenciação de configurações aumenta a variedade de experiências investigadas, mesmo dentro do limite de uma psicanálise tradicional.

Ainda que configurações edípicas semelhantes possam sugerir uma origem comum e, desordens comuns, quando associadas ao problema de conter a criatividade, entre os analistas as configurações mostram diferenças relativas no que se pode chamar de "desejo de ser analista". A importância prática desta formulação reside no fato de que toda interpretação provém inevitavelmente da configuração edípica do analista. Mesmo que o analista cumpra o que dele é esperado, para trabalhar com os objetos psicanalíticos, significa que ao indagar o material apresentado pelo seu analisando expõe, inevitavelmente, sua configuração edípica específica, que por mais bem analisada, nunca o será por completo. Sempre haverá um desejo mais intenso que tende a desestabilizar a configuração. A assertiva tem uma profunda implicação prática e ética, ao ressaltar que nada, no verdadeiro inconsciente, pode ter uma relação qualquer com um "desejo" de ser analista; o "desejo" do sujeito que se tornou analista pode ser de comer seus pacientes, matá-los, copular com eles, transformá-los em excrementos ou objetos à disposição (o que leva aos escravos/discípulos), retalhá-los, fragmentá-los, exceto de analisá-los. Só por meio de uma alteração essencial, uma transformação em O, isto é, uma alteração essencial, uma transubstanciação que pressupõe e exige um "objeto/não-objeto" que não tem sentido nem existência para a psique propriamente dita (o outro como ser autônomo e uma atividade visando essa autonomia) é que permite que haja analista e análise. Em outras palavras, se existe "desejo" ninguém jamais pode ser analista. Este problema fica mais intenso, sobretudo, em relação ao paciente cuja parte psicótica da personalidade é muito ativa ou extensa. Tal paciente possui uma "sensibilidade" exacerbada para perceber a configuração edípica do analista (afinal, é algo que pode suscitar inveja por uma pretensa idealização do heroísmo edípico) e, o faz através da percepção de algum vértice repetitivo usado pelo analista em suas indagações e conseqüentes interpretações do material. O paciente ao perceber que essa forma de indagação repetitiva traduz o "desejo" inconsciente do analista, pode fornecer material que "satisfaça" esse desejo inconsciente do analista, mantendo intacta as defesas. Nesse paciente, caso se consiga vencer em algum momento as defesas, percebe-se que recorre à mentira. Para ele importa que a verdade (que coincide com a experiência emocional) não apareça – o que de certa forma coincide também com a atitude de Tirésias. Se ainda assim o analista consegue ultrapassar este obstáculo, o paciente vai promover uma encruzilhada, tentando provar que a mentira é mais eficaz que a verdade, o que levará a um estado mental de alucinose pela predominância da rivalidade e da crueldade do superego.

Distúrbios da ação.

Toda ação, num certo sentido, já é em si mesma um distúrbio, isto é, um fator da turbulência ou uma função desta, e são apresentadas na grade edípica na categoria das conseqüências. Pelo vértice ético, as conseqüências podem ser dramáticas ou trágicas. Esta diferença pretende ressaltar a questão da busca da verdade em dois níveis. A busca que pode se estancar facilmente quando estamos no campo da ética do poder ou dramática, ou pode ir mais além no campo da ética trágica ou estética.

Uma das teorias clássicas na psicanálise é a conseqüência do complexo de Édipo: a criação do **superego**. Diz Bion: "*Infelizmente, somos obrigados a usar termos como 'superego', o qual sugere imediatamente algo que está acima de tudo. Muito mais provavelmente é algo que está abaixo de tudo – o mais básico, fundamental. É fácil encontrar vários métodos de racionalizar isto, construindo então todo um sistema racional moral e todo um esforço mental para o qual não possuímos nenhum sistema coordenado, como os geógrafos possuem*" (*Conversando com Bion*).

Em determinados pacientes, a violência das emoções, que podemos associar ao sentimento de inveja, reflete-se como campo dramático colocando o vínculo –K em evidência. Isso resulta em processos projetivos que afetam toda a personalidade, pois em termos primitivos, é como se, virtualmente, toda ela fosse evacuada. O desejo de viver, necessário para confrontar o medo da morte, é parte da bondade que o seio invejoso retira. Trata-se da origem do "*terror sem nome*", que se conecta a um objeto cuja característica predominante é uma condição de "não-exterioridade". Forma-se um objeto interno sem exterior, como um tubo digestivo sem o corpo (como ocorre, por exemplo, nos casos de anorexia nervosa e obesidade, em que o indivíduo não tem condições de atingir um pensar sobre as conseqüências da falta ou do excesso de alimentação, por mais que se possa informá-lo sobre elas). Bion assinala a existência neste tipo de objeto de um superego que é "super" ao ego. É uma asserção invejosa de superioridade moral, sem a mínima moralidade. Em resumo, constitui o resultado do despojamento e da espoliação invejosa de tudo que é bom e produz crescimento entre duas personalidades. A característica mais importante deste "super"-ego é o ódio a qualquer desenvolvimento da personalidade, como se fosse um rival a destruir. A transformação em alucinose é aqui bem visível. Assim, a busca da verdade para estabelecer contato com a realidade, a condução científica de uma investigação, depara-se com uma espécie de reafirmação "moral", uma lei moral que se considera superior à lei científica ou ao sistema científico, ou seja, uma ética do poder tenta suplantar a ética trágica da psicanálise e sua expressão estética na *Language of Achievement* que é tanto uma ação como um prelúdio para uma ação de crescimento.

Capítulo VI

Uma Grade Negativa[46]

	(-1) Mentira	(-2) Simulacro	(-3) Mistificação	(-4) Dispersão	(-5) Hamlet	(-6) Conseqüências
(-A) Reversão da função-alfa	-A1	-A2	-A3	-A4	-A5	-A6
(-B) Vínculo parasitário	-B1	-B2	-B3	-B4	-B5	-B6
(-C) Estado confusional	-C1	-C2	-C3	-C4	-C5	-C6
(-D) Preconceito	-D1	-D2	-D3	-D4	-D5	-D6
(-E) Degeneração e empobrecimento emocional	-E1	-E2	-E3	-E4	-E5	-E6
(-F) autodestruição	-F5	-F6				
(-G) Morte	-G6					

Diversas referências são feitas na obra de Bion, bem como em outros autores, à existência de uma Grade Negativa. Todavia, nenhum deles realizou sua construção sistemática .

---

[46] Julio Conte e Arnaldo Chuster

Esse capítulo faz uma tentativa de construí-la, seguindo os padrões originais da Grade de Bion. Trata-se, portanto, de uma investigação em psicanálise, na qual reconhecemos, de imediato, a possibilidade de ser uma tentativa equivocada, pois toma como parâmetro o modelo positivo, se é que assim podemos denominar a Grade originariamente desenvolvida por Bion.

A premissa inicial da Grade Negativa é avaliar o desenvolvimento psíquico baseado na clínica da **mentira**. Por isto nos ocorreu que seu personagem principal, ao invés de Édipo, se caracterizaria melhor por **Hamlet**, pelas possibilidades ilustrativas que o personagem de Shakespeare permite. Uma Grade Negativa seria, portanto, uma exposição sistematizada sobre a questão da **mentira** e suas conseqüências, ilustrada pelo personagem dramático de Shakespeare.

Mas, pode de fato a Grade Negativa, tal como a originária, ser usada para pensar e desenvolver hipóteses após as sessões? Se a resposta for afirmativa, é de se supor que tal procedimento auxilia o desenvolvimento da **intuição** psicanalítica sobre os aspectos negativos dos analisandos[47]. Desta forma, deve servir preferencialmente como instrumento para pensar hipóteses que ampliam o raciocínio sobre a área de influência dos **elementos beta**. A expectativa presente na construção de um instrumento como esse é a de auxiliar na imaginação produtora do psicanalista, contribuindo para a sobrevivência do vínculo analítico em meio a situações em que ocorrem fatos não digeridos, objetos bizarros, identificação projetiva excessiva, transformações em alucinose, alucinações sensoriais diversas, versão elemento beta do mito edípico, etc.

Os elementos beta são apresentados na Grade de Bion na coluna A, em contraste com os elementos alfa que estão na coluna B, e se abrem para as demais colunas na seqüência, C, D, E, F, G, e H. A Grade é quase como uma sub-pasta da coluna B. Desse modo, o modelo conhecido da Grade é formado basicamente por um gradiente de elementos-alfa, enquanto os

---

[47] A Grade exibe uma idéia de produção. Seus elementos são como as engrenagens de uma máquina que se autoproduz, uma espécie de autopoiese. Os elementos produzidos são básicos como uma linguagem, e este sentido confere a possibilidade de que o modelo cientificista que lhe dá origem, transforme-se numa referência a princípios ético-estéticos.

elementos-beta e, suas possíveis derivações, ficam imobilizados na coluna A. Ao conjeturarmos sobre essa disposição, levando em conta nossa experiência clínica, pensamos que os elementos beta possuem intensidades diferentes, pois graus maiores ou menores de descarga ou identificação projetiva ocorrem de acordo com a patologia enfocada. Assim, foi necessário imaginar a evolução da Grade negativa a partir somente de elementos beta.

Tal desenvolvimento considerou especulativamente que se Bion descreveu os elementos alfa originando um gradiente, coerente com o modelo espectral que desenvolve em sua obra, talvez tenha pensado num gradiente de elementos-beta. Mas não há indicação sobre isso, à começar do fato de que Bion não desenvolveu a Grade negativa.

As conjeturas imaginativas não irão necessariamente ampliar nosso conhecimento. Além do mais, se Bion não levou a cabo o empreendimento de uma Grade Negativa, por que nós o faríamos? A resposta, se é que existe uma, é que o simples fato de ser uma idéia não desenvolvida tornou-se um bom motivo para levá-la adiante. O desafio fica para as justificativas[48]. A psicanálise, como um corpo teórico em expansão, cada vez mais necessita de desenvolver-se para dar conta das mudanças proporcionadas pelo meio social-histórico. Ademais, a clínica nos propõe desafios, e demanda situações que estão além de qualquer Grade propriamente dita. Qualquer psicanalista sensato poderia dizer que a Grade já possui em si o seu negativo e, certamente, tem razão. Isso, não impede de pensarmos na especificidade e na amplitude proporcionada pela construção de uma Grade a partir dos elementos negativos. A questão central se repete: não formariam os elementos beta um espectro, um gradiente de manifestações clínicas, do mesmo modo que os elementos alfa? Se assim for, então quais os seriam elementos negativos que poderíamos descrever?

Em primeiro lugar, uma Grade negativa teria que preencher o lapso representado pelos elementos beta e a coluna 2. Teríamos que imaginar uma espécie de portal aberto a partir da coluna A da Grade de Bion, no qual se precipitariam as categorias A1, A2 e A6. Pois estas representam o

---

[48] "*O Grid que eu delineei precisa de aprimoramento, para uso de quem o fizer; é meramente uma indicação da espécie de coisa que poderia ser um auxílio*". (Conversando com Bion, pg.222)

espaço pertinente aos elementos beta. Teríamos ainda que preencher o quesito do vínculo K em sua evolução negativa (-K), além da evolução dos vínculos -L e do -H.

A especulação imaginativa[49] sobre a Grade negativa também surgiu em virtude do capítulo anterior, onde Chuster constrói uma Grade considerando os personagens de Sófocles, de forma pontual e extensiva, como interrogante maior da Grade. A leitura foi bastante produtiva suscitando várias conjecturas sobre personagens a serem utilizados em articulações clínicas. O interesse de Conte por teatro remeteu ao personagem de Shakespeare: Hamlet. Também, de modo mais óbvio, remeteu a Narciso, que comporia um espectro com Édipo. Mas, essa vertente foi deixada de lado, embora não fosse recomendável descartá-la. Hamlet, passou a ser considerado como análogo a posição ocupada por Édipo, e deste modo, avaliado como mito emblemático de uma Grade Negativa. Além disso, a extensiva presença do imaginário no personagem aponta de imediato para o narcisismo como fonte de seu aprisionamento. Ou, no sentido inverso, aprisionado no imaginário, o personagem só pode atuar narcisicamente.

No início da narrativa teatral, Hamlet tem notícias de que o espectro de seu pai aparece à noite. Hamlet vai ao seu encontro, em busca do que o espectro lhe dirá, e em conversa com o pai morto fica sabendo da verdade. O pai fora assassinado pelo irmão e pela sua esposa, respectivamente tio e mãe de Hamlet. Isso ocorre nas primeiras cenas. Hamlet passa o resto da trama com esta verdade dentro de si, coluna 2, mas nada pode fazer com ela a não ser esgrimir palavras e planejar desmascaramentos. A verdade revelada pelo pai morto seria uma hipótese definitória (A1) que ele não pode acolher e passa a sucessivos esforços (A2-A6) de comprovar o que ele já sabe. Nesse trajeto, a verdade sufocada vai se tornando um veneno enlouquecedor e ele mata Polônio, por equivoco, e depois perde Ofélia. O amor dá lugar ao ódio e leva Ofélia ao desespero. Com ajuda de uma troupe de atores mambembes faz um meta-teatro, um **si-**

---

[49] "*No caminho para vir a ser um psicanalista, reserva-se o direito de permitir as especulações, as especulações imaginativas. Talvez haja desejo de esculpir, ou pintar, desenhar, compor música, escrever uma ficção, de modo a arejar a imaginação, dá-la uma chance de desenvolver em algo que pode ser científico*". (Taming Wild Thoughts, 1997)

mulacro do crime, no qual demonstra que sabe da verdade mas não pode assumi-la. Com isso, Hamlet não age e somente assume a verdade quando atingido pelo veneno mortal da espada traidora. A ação se confunde com a certeza que o obriga a agir, por decurso de prazo, e se confunde com a morte. O veneno que o atinge é a menos-verdade e por isso morre, reverenciando o vazio, o silêncio.

Temos aqui um horizonte de elementos para criarmos os eixos de uma Grade Negativa. No eixo horizontal colocamos a evolução de - H e o eixo vertical como - L. O vínculo - K faria uma evolução transversal descendente, resultado das interações entre as coordenadas e abscissas, partindo da célula A1, definida adiante, em direção a G6 (também definida adiante). Com isso se forma um precipitado tridimensional para dar conta da hipocrisia, do farisianismo e do puritanismo (Meltzer, 1990). Note-se que o gradiente deve conter o encontro de todos os processos psicanaliticamente negativos e a amplitude de manifestações da clínica de **ataques aos vínculos.**

Em virtude disto, podemos incluir o desenvolvimento amplo da clínica com os pacientes psicóticos, ou no sentido mais específico da obra de Bion, os analisandos que possuem uma parte psicótica da personalidade mais ativa do que a parte não-psicótica.

Em geral, considera-se que na vigência da parte psicótica, nada mais frágil do que a capacidade humana para lidar com a realidade, para processar sem reservas a imperiosa prerrogativa deste elemento, inerente tanto à vida interna quanto à externa, que se impõe de forma indiscriminada a todos os seres humanos. Depende de uma função, que se desenvolve a partir do contato com a capacidade materna- a reverie- e continua de uma forma que envolve tantas variáveis que, por sua complexidade, só pode ser denotada como incógnita: a função alfa, seu êxito e sua falha. Todavia, a falha é tão freqüente, o ódio que suscita é tão marcante, que parece razoável admitir que não implica apenas no reconhecimento de uma circunstância inescapável – uma realidade a ser percebida – mas, representa muito provavelmente o problema de uma espécie de tolerância provisória, condicional, um equilíbrio precário. Daí é tomada como referência principal que diferencia a parte psicótica da personalidade da parte não-psicótica .

A clínica psicanalítica nos coloca diante de circunstâncias que envolvem sempre algum tipo de suspensão da tolerância à realidade e do equilíbrio obtido pela função alfa: álcool, drogas, cigarro, lazer, trabalho, viagem, diversão, teoria, desespero, estados mentais diversos, enfim qualquer coisa pode ser usada para produzir o elemento essencial da tolerância. Por isto é possível dizer: a realidade só é admitida sob certas condições e apenas até um certo ponto: se o indivíduo abusa do contato (ou vice-versa) e ela mostra-se desagradável, a ponto de produzir dor psíquica, a tolerância tende a ser suspensa. Uma interrupção da percepção coloca então, a consciência, a salvo desta dor psíquica. Mas a realidade insiste, sempre se mostra em outro lugar. Não há como escapar dela, pois ela não se dá diretamente, mas indiretamente, através das infinitas realizações. Manter-se vigente na falta, este é o vigor próprio da realidade.

A presença da realidade foi naturalmente mostrada por Freud como sendo um princípio de funcionamento da mente em sua constante oposição ao princípio do prazer. Dois princípios se constituem por um estatuto de conflito entre oposição e conciliação, sendo descritos num dos artigos fundamentais da psicanálise.

O conflito com a realidade pode assumir formas muito variadas. A realidade pode ser recusada radicalmente, considerada pura e simplesmente como um não-ser. Os mecanismos a serviço de uma tal negação radical foram descritos de muitas maneiras. O sujeito pode aniquilar a realidade aniquilando a si próprio: fórmula do suicídio, que parece a mais eficaz de todas as formas, ainda que, apesar de tudo, um montante de incerteza aparece vinculado a todos os atos humanos. Na Grade Negativa escutaríamos o principal personagem, Hamlet, falando: "*Quem gostaria de carregar esses fardos, gemer e suar sob uma vida fatigante, se o temor de algo após a morte, desta região inexplorada, de onde viajante nenhum retorna, não perturbasse a vontade e não nos fizesse suportar os males que temos por medo de nos lançarmos naqueles que não conhecemos?*"

A realidade pode também ser suprimida com outros inconvenientes, salvando a vida ao preço de uma ruína mental: fórmula da psicose, tão segura quanto a do auto-extermínio, mas que não está ao alcance de qualquer um: não é psicótico quem quer. Depende, como mostrou Bion, de uma falha mais extensa na função-alfa, que promove em troca da perda do que se convenciona chamar de equilíbrio psíquico, tão instável como qualquer outro mecanismo do universo, uma proteção mais ou menos eficaz com relação à realidade: afastamento provisório, recalcamento diria Freud, ou forclusão em Lacan.

Para Bion a investigação deste estado mental tem origem no excessivo uso da identificação projetiva, que substitui o mecanismo da repressão, e instala um estado mental específico, no qual a confusão entre os objetos permite sentir que a dor da realidade não está com o sujeito, mas com o outro. Perdem-se assim os contornos do que chamamos de personalidade não-psicótica, aparecendo os contornos imprecisos da personalidade psicótica.

Todavia, Bion mostra que é possível, sem sacrificar nada tão significativo na vida pessoal e, nem a lucidez necessária ao exercício do cotidiano, não reconhecer a existência da realidade: atitude de cegueira voluntária, simbolizada pelo gesto arrogante de Édipo furando os olhos ao conhecer a verdade. Aplicações mais ordinárias desta arrogância são encontradas no uso das drogas, das mentiras em geral, e da atitude do ilusório mais saber, detentor da verdade conhecida.

Também no artigo "*Sobre Arrogância*" (1958) Bion descreve a presença da parte psicótica no mito de Édipo através do fenômeno da arrogância, bloqueando a busca do Saber. E sendo o Saber o aspecto fundamental de toda comunicação humana, o nível lúdico da criança que habita em todos nós, sua paralisia acaba levando à psicose, onde espaço e tempo se desumanizam e adquirem uma concretude irredutível, e porque não dizer, mortífera. Em *Transformações* (1965) podemos acompanhar como se organizam as formas distintas de espaço e de tempo, de acordo com o tipo de transformação. Na parte psicótica, as transformações em alucinose transformam as alternativas formais da dimensão tempo-espaço em paradoxais e contrastantes

Mais ainda, Bion nos conduz a pensar que a recusa radical da realidade convive com formas bem diferentes, em que tentativas são feitas de modificação, de uma maneira geralmente mais flexível, graças a um modo de convivência entre duas partes da personalidade, uma espécie de meio do caminho entre a admissão e a expulsão pura e simples, que diz à realidade sim e não ao mesmo tempo. Trata-se do espaço da **experiência emocional**, em que podemos observar qual foi o vínculo que fez tal acordo: amor, ódio, sede de saber.

É significativo assinalar que o modelo das psicoses, sofre uma substancial alteração a partir do conceito de experiência emocional. Isto é, difere da preocupação presente no início da década de 50 com o modelo kleiniano clássico e bidimensional. Em outras palavras, a situação dos afetos nas psicoses encontra-se inicialmente referida aos estados de oscilação entre depressão e excitação, e em cima da dificuldade no campo psicótico de distinguir entre afeto e representação.

Os casos clínicos mencionados por Bion nos mostram o problema da fragilidade do psicótico emergindo no conflito com a realidade, mas, sobretudo, a conseqüente perda de plasticidade da personalidade decorrente dos acordos inevitáveis entre as partes psicóticas e não-psicóticas. É necessário enfatizar que, nesses acordos o combate entre os afetos é implacável, pois o sadismo na parte psicótica acentua o uso do superlativo pela personalidade, e encontra expressões megalomaníacas para a dor.

Melanie Klein, percebeu que na posição depressiva a expressão das tendências destrutivas, provenientes do sadismo contra o seio, é contrabalançada pela recordação de experiências ligadas ao seio bom. São experiências constitutivas do amor que a personalidade atribui ao objeto e ao amor que ela investe em si mesmo. Green (1990), mostrou que as conclusões de Melanie Klein estão em contradição com as de Freud, em acordo com nossa tese de que se tratam de modelos distintos de conceber o inconsciente. A elaboração do luto assinala o triunfo dos objetos bons sobre os maus, e o triunfo das tendências reparadoras da gratidão sobre as tendências destrutivas da inveja. A elaboração do luto em Melanie Klein, está ligada, portanto, à conservação do objeto e não à sua liquidação. A possibilidade de deslocar, de investir em outros objetos, relaciona-se segundo Freud, com a liquidação dos investimentos do objeto. Em Melanie Klein, ao contrário, é a conservação do objeto bom que é a condição desta elaboração. O cuidado com o objeto prepondera sobre a vingança que a criança quer tirar dele. Por mais importantes que sejam estas divergências, deve-se destacar um aspecto que parece conciliar Freud e Melanie Klein. Os pensamentos convergem para as idéias do trabalho de Freud, Luto e Melancolia, quando na melancolia, a clivagem entre objeto e personalidade, assim como a clivagem entre objeto bom e mau, separa objetos para criar uma personalidade constituída e unificada. Portanto, os afetos amor e ódio, por mais brutais que sejam, não têm este aspecto fracionado, fragmentado, unindo em cada fragmento pulsões eróticas e destrutivas. A solução de Bion foi articular de forma triangular, os sentimentos através do conceito de vínculo K, a sede de saber, gerando o conceito de experiência emocional.

Nesse ponto cabe a questão: se o vínculo K tem papel tão decisivo, como podemos entendê-lo nas diferentes circunstâncias?

Podemos dizer que nas situações psicóticas em que os fatos selecionados conduzem para a posição depressiva, uma estrutura menos fragmentada e fragmentadora aparece, em contraposição ao que ocorre nas situações em que os fatos selecionados têm a tendência para manter as situações no âmbito da posição esquizo-paranóide. Ainda é Green que nos esclarece: seria mais exato dizer que, nestes estados críticos, ainda é possível uma decisão: a morte ou a vida. No entanto, na esquizofrenia não é nem uma nem outra e ambas ao mesmo tempo. Nas palavras de Bion, o indivíduo não está nem acordado e nem dormindo, move-se num mundo em que inanimado e animado perdem a diferenciação.

É importante também assinalar que o desenvolvimento das idéias sobre a parte psicótica da personalidade, guarda relação com o modelo de funcionamento mental da melancolia, ou seja, trata-se de um modelo digestivo de mente, descrito como processos de canibalismo. A identificação com o objeto perdido deve ser compreendida segundo um duplo processo: por um lado, os investimentos de objeto que trazem a marca da fixação oral não podem ser expulsos em bloco, eles se opõem à evacuação a qual poderiam estar expostos, eles se estendem sobre a personalidade. Por outro lado, a própria personalidade responde a essa extensão constituindo-se como presa consentidora. Também na expressão de A.Green (1970) é como se o carcereiro se tornasse prisioneiro do prisioneiro que ele guarda. O objeto perdido é incorporado. Mas o trabalho de luto exige a dissolução dos investimentos de objeto. O que está em jogo no trabalho do luto é a digestão dos venenos do objeto- é o que nos explica bem o conceito de reverie e mais extensamente o de função-alfa.

Adotando, então, ao invés da Hipótese Definitória, coluna 1, o ponto de partida da **Mentira**, é preciso ressalvar que podemos entender tanto a falsidade voluntária ou não, mas pode ser também toda a verdade falseada pelo resseguramento que evita a turbulência emocional e o contato com o desconhecido.

Na coluna 2 temos o **Simulacro** que se manifesta como uma tentativa pífia de encontrar a verdade. A interrogação é substituída pela simulação de perguntas pois, no seu interior, não suportam a existência da vida. No simulacro a mentira se articula no sentido de preencher os buracos da verdade para criar uma coerência aparentemente racional, mas desprovida de emoção ou sustentada por uma lógica bizarra. O simulacro pode também ser um referencial para a natureza das instituições atuais, fundadas em uma mentira conhecida por seus fundadores, mas que os continuadores ou seguidores deixam de saber (por conveniente ignorância, processo destinado a tirar o desconforto do conhecimento). Deste modo, para os continuadores perde-se a noção do que é verdadeiro ou falso, resultando num tipo de ética que podemos traduzir como cinismo vulgar. Trata-se também de uma estratégia comum na vida moderna que consiste em fazer com que a identidade não se fixe. A importância das coisas passa a ser medida pela publicidade e notoriedade que alcança. Quanto maior a platéia, maior o valor que o objeto exposto possui. Não é o poder da imagem ou o poder da voz que decide a grandeza da criação, mas a eficiência das máquinas reprodutivas e copiadoras[50] – fatores que ficam fora do controle de quem produz, e nas mãos de um sistema que pensa apenas em consumo material como índice de obtenção de conforto psíquico. Mas o que aí se faz é na verdade reproduzir um mecanismo que é bem visível na histeria, quando se fala que a histérica vive frustrada, e a frustração é sempre o outro. Frustra-se constantemente, para com isto oferecer mais e mais promessas de consumo como índice de satisfação que antes não fora atingido.

No âmbito do simulacro podemos ainda incluir as questões institucionais derivadas do conservadorismo, que sempre termina se opondo de forma sistemática ao estabelecimento da psicanálise como ciência e **método de investigação**, tentando incluí-la como parte da psiquiatria ou da

---

[50] Walter Benjamin, no texto "A obra de arte na era da Reprodutibilidade", mostra como o fascismo faz uso da reprodutibilidade.

psicologia. Medicalização ou psicologização, ambas tendências para o simulacro, negam que a psicanálise é uma atividade de ordem única na história da humanidade. É preciso enfatizar, a descoberta de Freud dos elementos inconscientes na vida mental corresponde ao seu princípio terapêutico essencial e a coleta de observações, o estudo dos fenômenos que fazem parte de uma situação programada (o setting analítico), fez dela, no século XX, um instrumento científico que gradualmente foi percebido como uma de suas descobertas mais preciosas. No entanto, sempre foi preciso distinguir, de uma forma pouco esquemática, a investigação que se relaciona com os dados mais pessoais do material estudado (os fins terapêuticos) e a que contribui para o estudo geral do aparelho psíquico (teoria). Trata-se de uma distinção esquemática, pois os fatos observados são os mesmos e o psicanalista, no contexto da situação analítica, não pode desviar-se de uma "escuta" orientada para o "particular": qualquer generalização da sua experiência só pode ser feita **a posteriori** da prática. Todavia, as instituições tomam a teoria como um a priori da prática.

Na coluna 3, substituímos a **notação** por **Alucinose**. Uma transformação que mistura os tempos e os fatos pela ação da identificação projetiva excessiva ou patológica. Trata-se do grau maior de distorção que pode sofrer a percepção de um objeto na área do pensamento. Para exemplificá-lo, podemos tomar a idéia de verdade que é usada em todas as sociedades, mas que seria mais bem chamada de correção. Por exemplo, a soma de dois mais dois é obviamente quatro; trata-se de um resultado correto para todos, encontra fundamento concreto e aritmético. Mas não é necessariamente a verdade, pois na área do pensamento, na medida que se rompe o fechamento, que a cada instante é estabelecido, uma outra possibilidade deve ser levada em conta. Assim, se damos este sentido ao termo verdade, devemos também dizer que é **na** e **pela** sociedade que aparece a verdade. Da mesma maneira, podemos dizer que é **na** sociedade e **na** história que aparece a subjetividade reflexiva e decisória, o sujeito político de Aristóteles, enquanto ele se opõe aos indivíduos que são simplesmente conformes à instituição de sua sociedade. A alucinose começa pela recusa em separar o termo correção do termo verdade como fenômeno instituído por um determinado momento social. Os estados de alucinose são bem característicos nos processos de rivalidade que incluem um forte componente de moralidade triunfante. A atividade analítica pode ser rejeitada por seus participantes e transformar-se numa tentativa de provar a superioridade moral do método empregado, indiferentemente, de um lado a técnica psicanalítica, ou de outro, a técnica do analisando. Esse último pode recusar toda e qualquer interpretação ao senti-la como uma mera tentativa do analista de provar a superioridade da análise, ou de demonstrar a inferioridade do analisando. Nessa situação dificilmente se pode ver como algum benefício possa ser alcançado. A presença maior ou menor da crueldade de um supergo primitivo determina a dificuldade para contornar e esclarecer o impasse que aparece na vigência da alucinose.

No lugar da **atenção**, e no lugar da evidência obtida pelo fato selecionado, a Grade negativa mostra a **Dispersão** como resultado lógico da atividade dos usos anteriores. Isto é, Mentira, Simulacro e Alucinose, conduzem à dispersão de qualquer esforço para captar uma configuração mental. Em termos metafóricos, é como numa guerra em que após os bombardeios que arrasaram a terra, destruindo a ordem e a autoridade, se iniciam os saques daquilo que restou.

Na coluna seguinte, o elemento **Indagação**, em virtude do fato predominante que é a impossibilidade de acolher as interrogações com medo das respostas, nos permite pensar em **Hamlet**, como mais representativo das idéias que queremos desenvolver. O perguntador sagaz que, de certo modo como a Esfinge, não admite as respostas para as perguntas que faz.

A coluna 6 é a **Ação** como extensão da onipotência e onisciência transformada em **Certeza**. A relação entre a certeza e a ação se opõe aos princípios da incerteza e da indecidibilidade sob os quais o analista tem que constantemente tomar de-cisões. Ao contrário, a ação na certeza ou a certeza na ação se manifesta como uma vitória da cisão.

No eixo vertical temos na fileira A, a **Reversão da Função Alfa**, termo que usando as teorias iniciais de Bion também pode ser chamada de **Ataque ao Elo de Ligação**. Ambas produzem uma incapacidade para pensar e favorecem a proliferação de elementos beta. A fileira B é usada para descrever o tipo de vínculo que a reversão da função alfa determina: **Vínculo Parasitário**. O resultado evolutivo deste processo é o **Estado Confusional** e o **Preconceito**. A fileira seguinte aparece na clínica como **Degeneração, Empobrecimento Emocional, Contração do Pensamento**. Segue-se então, a **Autodestruição, Doenças Psicossomáticas** ou **Somatopsicóticas**, as **Doenças Físicas** e o **Suicídio**. E por fim, o final dos finais, G6, a **Morte**.

Esta elaboração surgiu da observação de pacientes muito graves, que oscilavam rigidamente entre a idealização e o desprezo pelo analista. Alguns apresentavam doenças psicossomáticas, outros trouxeram o problema da AIDS. A relação transferencial observada era permeada de perguntas com expectativas de obter respostas arrogantes de qualquer forma, impossibilitando a experiência emocional. As interpretações acabavam sendo tentativas de dar ordem ao material distorcido pela alucinose. Os sentimentos pareciam encenações mal feitas do amor e marcadamente mantinham simulacros de vínculos marcados por uma espécie de vampirismo, e desprovidos de afeto.

Em um dos exemplos clínicos, um homem socialmente bem sucedido, chega a meia idade com boa situação financeira, uma profissão respeitável e um nome tradicional. Porém, quando ele fala, um outro homem surge. Inseguro, submetido, e sem forças para reverter as dificuldades da vida. Ele faz de conta que é alguém que ele não é, uma espécie de sintoma de sua família. Trata-se de uma instituição familiar que se transformou no simulacro de uma vida feliz. Acossado por idéias de fracasso, evita reconhecer fatos que se lhe apresentam. Teme os fracassos e o maior deles é a idéia de descobrir que é uma fraude. Seu medo maior é *"que a máscara caia"*. Não percebe que é exatamente aí, no fracassar da mentira, que ele pode vir a dar certo. Até então, sua forma de ser oscila entre onipotência e impotência ou, como mostrou Bion, entre onipotência e desamparo. Foge dessa possibilidade evitando as sessões com desculpas de trabalho de última hora. Também não percebe que é assumindo sua condição de desamparo onde reside sua possibilidade de obter análise. Diversos casamentos se sucedem, resultando em fracassos. As mulheres de sua vida revelam sinais dos escombros de uma *reverie* arruinada e, conseqüentemente, uma função alfa precária. As mulheres parecem ampará-lo, no entanto, do mesmo modo que a Companhia de Atores na peça Hamlet, um metateatro, um faz de conta realiza a falha, uma espécie de homicídio da verdade.

Sua história familiar apresenta um pai autoritário. Durante a puberdade praticava corridas. Era muito destacado. Um dia perdeu uma prova para um menino que costumava vencer com facilidade. Frente a esta derrota, o pai vaticina: "*Esta derrota apagou todas as tuas vitórias, tu pôs tua vida a perder*". O significado de tal frase alimenta ao longo da vida transformações em alucinose, sobretudo nas relações com as mulheres. Por esta via, esse paciente exemplifica o conflito, que na Grade Negativa localiza-se onde Hamlet tem que se associar a Gertrudes. Ela exerce uma dupla cumplicidade: com o filho (L) e com o tio (assassino - O), incorporando, dessa forma, a um só tempo a crueldade do pai e a cumplicidade da mãe. Hamlet não pode exercer a sua rivalidade com o pai e resta a ele o lugar do morto e, assim como para esse paciente, a quem resta apenas viver na mortificação. A rivalidade com o pai é inibida e evitada – produzindo as transformações em alucinose – mantém assim a atemporalidade da alucinose. A transformação em alucinose se traduz numa rivalidade com O, ou melhor, rivalidade com o mundo interno e a verdade essencial de seus objetos, associada à crença que as ações são mais importantes e eficazes do que as palavras. A hierarquia dos fatos sobre o pensar sustenta a sua imaturidade e, conseqüentemente, a não resolução, na medida, que sustenta a mentira que é a rivalidade com O. A conflitiva edípica se transforma num simulacro. O triângulo hamletiano ocorre ao evitar o contato com a rivalidade. Neste processo, um simulacro edípico se estabelece, mas toda a emoção é evitada. Determinado a não encarar a verdade, acaba por sustentar a mentira. Casa-se com uma mulher histérica que é o casamento de um pai de santo com uma mulher assexuada. Gertrudes realiza a bissexualidade e o lobby para que a verdade última – O – não se imponha. Rivalizar com O é evitar o confronto com a verdade trazida pelo seu Édipo.

A Grade negativa apresenta uma vicissitude bastante diversa da Grade propriamente dita, pois uma vez que suas categorias encontram-se todas saturadas, $\psi(\xi)$, poderíamos pensar numa representação gráfica diversa de uma tabela. Poderíamos usar um sistema mais simples, duas linhas que se cruzam perpendicularmente, ou seja, o sistema de coordenadas e abscissas.

Em síntese, sabemos que a Grade foi pensada por Bion, para ser usada após as sessões, com o intuito de desenvolver hipóteses e a intuição do analista. Como num jogo de xadrez, ou num projeto de desenho geométrico ou artístico, ou na expressão gráfica de uma função matemática, o exame da possibilidade interpretativa se efetua, e com isso espera-se que ocorra um aumento da capacidade analítica. A Grade Negativa, além desta função, teria o objetivo de **recuperar** a capacidade pensante do analista, que se sinta exposto a uma carga intensa de identificação projetiva, elementos beta, ou que se sinta "cego" diante dos acontecimentos que considera negativos em seu trabalho. Está em jogo a sobrevivência da mente do analista. Está em questão a restituição da função analítica bombardeada pelos elementos beta do paciente, pelos objetos bizarros e pelas transformações projetivas e alucinose. Com a Grade negativa, temos a possibilidade de pensar nos danos e nuances desestruturantes produzidos pelo sistema projetivo daqueles pacientes com graves falhas da função alfa. Podemos pensar nas diversas modalidades e efeitos das manifestações dos elementos beta sobre a mente do analista. A Grade negativa pode ser uma ferramenta interessante para recuperar a capacidade interpretativa. Reflete o analista que tem condições de sobreviver aos ataques a sua mente, e que é capaz de manter sua criatividade em ação, mesmo sob o fogo cerrado das distorções projetivas. Além disso, a Grade negativa, na medida que representa um espectro de manifestações clínicas dos elementos beta, e da incapacidade de aprender com experiência emocional, também é uma maneira de examinar o tamanho da catástrofe psíquica, considerando-a a partir dos escombros mentais que sobreviveram da tragédia do Ser. Pois, como em Hamlet, a questão do Ser é essencial e fora disso, o resto é silêncio[51].

---

[51] *Últimas palavras de Hamlet antes de morrer.*

Capítulo VII

Sobre Memória e Desejo

A obra de Freud concerne à verdade, afirmação tantas vezes repetida, o que não significa compreendida. Trata-se da verdade, não no sentido filosófico tradicional, ou no sentido de um conceito idealizado, mas da verdade enquanto aquilo que coincide com o presente, as realizações observáveis de uma realidade inatingível. Deste modo, a psicanálise contém uma qualidade **prática** fundamental de onde derivam todas suas conseqüências, e é com este vértice que a obra de Bion mais se identifica, traduzindo-se pela proposta clínica de observação proveniente do *"trabalho sem memória e sem desejo"*. Isto é, focar a observação totalmente sobre o **presente** da sessão, abolindo os índices de temporalidade que possam impor elementos do passado e do futuro.

A presença do problema da memória e do desejo na psicanálise e no funcionamento mental do analista pode ser encontrada descrita desde o caso Dora, onde Freud relata ter tido em mente "desejos" que interferiram em sua capacidade perceptiva da transferência: *"Há no segundo sonho de Dora, várias alusões nítidas à transferência. Quando ela me narrou o sonho, eu ainda não percebera (e não soube senão dois dias depois) que teríamos apenas duas horas de trabalho à nossa frente"*.

Os motivos para tal falha ele mesmo nos relata:

"...desejava complementar meu livro sobre a Interpretação dos Sonhos provando como uma arte, que de outro modo seria inútil, pode tornar-se responsável pela descoberta das partes ocultas e reprimidas da vida mental".

"...gostaria de incentivar o interesse por todo um grupo de manifestações que a ciência ainda ignora inteiramente, pois só podem ser compreendidos através da utilização do aludido método (psicanálise do sonho)".

"...sentia-me ansioso em provar que a sexualidade não se limita a interferir como um deus ex machina, em uma única ocasião, em algum ponto do andamento dos processos que caracterizam a história".

Para Bion, o psicanalista deve esforçar-se para alcançar um estado mental de modo que a cada sessão sinta que nunca viu o paciente antes. Se ele sente que viu, está tratando o paciente errado. Este procedimento deve ser bem radical. Por esse motivo, o psicanalista deve visar uma firme exclusão da memória e do desejo e não ficar excessivamente perturbado se os resultados a princípio parecerem alarmantes.

A admissão de que o campo da análise visa o **desconhecido** não poderia ser mais esclarecedora da assertiva anterior. O analista deve em primeiro lugar procurar não atrapalhar a análise, se conseguir isto já será de inestimável ajuda para seu analisando. Quanto ao ajudar, que se pode resumir pelo conhecido dito oracular, conheça-te a ti mesmo, se trata apenas de um vir a ser, uma possibilidade, regida pelo princípio de Incerteza. É este princípio que dá a diretriz principal da proposta de Bion para o trabalho mental do analista.

Em *Notas sobre Memória e Desejo* (1967), Bion inicia o artigo dizendo: "*A memória é sempre enganosa enquanto registro de fatos, uma vez que é distorcida pela influência de forças inconscientes. Os desejos interferem pela ausência de reflexão quando na observação é necessário usar o julgamento. Os desejos distorcem o julgamento através da seleção e supressão de material a ser julgado*".

Memória e desejo exercitam e intensificam aqueles aspectos da mente que derivam da experiência sensorial. Deste modo, eles promovem uma capacidade derivada das impressões dos sentidos e destinada a servir às impressões dos sentidos. Lidam, respectivamente, com impressões dos sentidos do que se supõe ter ocorrido e impressões dos sentidos do que ainda não ocorreu."

É importante assinalar o significado central que Bion atribui a este artigo. Em *Cogitações* (2000), no esboço do artigo que foi publicado em 1967 no *The Psychoanalytic Forum* 2: 271-3,279-80, ele relata a sua preocupação: "*Não um trabalho científico, mas um trabalho supracientífico, ou seja, um trabalho psicanalítico dependente de metodologia psicanalítica avançada. Não é sub-científico.*"

Esta orientação inicial de Bion em seu esboço confirma, em nosso entender, nossa tese que os princípios de observação devem colocar-se sempre preferencialmente aos modelos.

"*A observação analítica não concerne nem ao que ocorreu nem ao que irão ocorrer, mas ao que está ocorrendo. Além disso, ela não diz respeito a impressões dos sentidos ou aos objetos dos sentidos. Todo psicanalista conhece a depressão, a ansiedade, o medo e outros aspectos da realidade psíquica, quer estes aspectos tenham sido ou possam ser nomeados com êxito ou não. Estes constituem o verdadeiro mundo do psicanalista. Ele não tem dúvida de sua realidade. Ainda que ansiedade, para tomar um exemplo, não tenha forma, cheiro ou gosto; o conhecimento dos acompanhamentos sensórios da experiência emocional são um obstáculo para a intuição da realidade com a qual o psicanalista deve estar em uníssono.*"

A observação psicanalítica, seguindo esta proposta de Bion, deve manter uma perspectiva destinada a assegurar, em primeiro lugar, quais são os fatos da sessão antes de procurar-lhes a causa. Isto gradualmente levará a uma modificação do tipo de intervenção do analista, que passará a ser muito mais descritiva da situação que ocorre no vínculo, deixando para segundo plano as interpretações de conteúdo.

"*Toda sessão na qual o psicanalista toma parte não deve ter história nem futuro*".

A afirmativa de Bion é sutil quanto a possibilidade do analista estar presente na sessão e não participar da mesma, o que ocorreria pelo seu excessivo uso de memória e desejo, promotor de um também excessivo reconhecimento como analista pelo analisando. O analista não pode ser reconhecido como analista para estar presente na sessão. Afirmação aparentemente paradoxal, mas que se entende perfeitamente a partir das idéias de Bion.

"*O que se*" conhece "*sobre o paciente não tem maior importância; é falso ou irrelevante. Se for "conhecido" pelo paciente e pelo analista, é obsoleto. Se é "conhecido" por um mas não pelo outro, uma defesa ou um elemento da categoria 2 da Grade (Bion, 1963, 1965) está operando. O único elemento de importância em qualquer sessão é o desconhecido. Não deve permitir o que quer que seja que distraia de intuí-lo.*"

Se no lugar do analista emerge o desconhecido para o analisando e vice-versa, então a sessão analítica está em curso.

"Em qualquer sessão ocorre uma evolução. A partir do escuro e do sem forma algo evolui. Esta evolução pode comportar uma semelhança superficial coma memória, mas uma vez que seja vivenciada, ela nunca pode ser confundida com memória. Ela compartilha com os sonhos a qualidade de ser totalmente presente ou inexplicável e repentinamente ausente. Esta evolução é o que o psicanalista deve estar pronto para interpretar

Para isto ele precisa disciplinar seus pensamentos. Posteriormente, como todo psicanalista sabe, ele deve ter tido uma análise tão completa quanto possível; nada do que está sendo dito aqui deve ser tomado como algo que lance dúvidas a este respeito. Em segundo lugar, ele deve cultivar uma vigilante evitação da memória. As anotações devem se limitar ao material que pode ser registrado- o agendamento das sessões é um exemplo evidente

Obedeça as seguintes regras:

Memória; não se recorde das sessões passadas. Quanto maior o impulso de recordar o que foi dito ou feito, maior a necessidade de resistir a ele. Este impulso pode se apresentar como um desejo de recordar algo que aconteceu, porque este acontecimento parece ter precipitado uma crise emocional: a nenhuma crise deve ser permitido quebrar esta regra. Não se deve permitir que os supostos acontecimentos ocupem a mente. De outro modo, a evolução da sessão não será observada na única ocasião em que pode ser observada – enquanto está ocorrendo.

Desejos: o psicanalista pode começar evitando quaisquer desejos de aproximação do final da sessão (ou da semana, ou do semestre). Não se deve permitir que desejos de resultados, de "cura" ou mesmo de compreensão proliferem.

Estas regras devem ser obedecidas o tempo todo, e não apenas durante as sessões. A seu tempo o psicanalista tornar-se-á mais consciente da pressão da rememoração e desejo, e mais habilitado a abster-se deles. Se esta disciplina for seguida, haverá primeiramente um aumento da ansiedade do analista, mas esta não deve interferir na preservação das regras. O procedimento deve ser iniciado imediatamente e não ser abandonado, seja qual for o pretexto. O padrão da análise mudará. Grosseiramente falando, o paciente parecerá não estar se desenvolvendo por um certo período de tempo, mas cada sessão será completa em si mesma. O "progresso" será medido pelo número e variedade crescente de humores, idéias e atitudes vistas em uma dada sessão qualquer".

Muitos autores que escreveram sobre a proposta de Bion fixaram-se na idéia de que esta seria apenas uma outra forma de relatar, ou uma simples continuidade do conceito de atenção livremente flutuante de Freud. Quase sempre estes autores procuraram confinar Bion dentro desta conclusão, contentando-se com ela, e ignorando o possível projeto de transformação presente em sua proposta. Esses autores, na medida em que raramente se manifestaram de forma crítica, ignoraram obras de vulto como *Memoir of the Future, Cogitations*, e os *Clinical Seminars*. Mas também, e o que é mais grave, ocultaram questões substancialmente fundamentais que nos levam através de Bion às raízes da psicanálise.

A proposta de Bion propõe questões dentre as quais destacamos: Qual é a significação social-histórica da psicanálise como teoria e como prática? Quais são as implicações que não foram exploradas nem por Freud e nem por Melanie Klein e que foram retomadas por Bion? Pela semelhança apontada entre a proposta de Bion e algumas formas de meditação descritas nas filosofias orientais, em que medida a psicanálise sofre uma restrição pela influência do pensamento ocidental para se apresentar como um produto deste? O esforço para conhecer o inconsciente tem relação com as questões da filosofia?

Como as tradições institucionais contribuem para o uso da memória e do desejo no trabalho analítico?

A clínica em Bion naturalmente retoma uma questão à qual Freud voltou várias vezes: as finalidades da análise. Sabemos que tais finalidades levaram-no a dar definições diversas e aparentemente contraditórias. Mas uma das mais ricas é o conhecido aforismo *Wo es war, soll Ich werden*. Com diversas traduções para o português, adotaremos a que foi utilizada por Castoriadis (1987,1992), *Onde o Id era, Eu devo vir a ser*; para então colocá-la, num esforço de conjectura imaginativa, em termos criados por Bion: onde a pré-concepção era, uma concepção deve vir a ser; e onde uma concepção era, um conceito deve advir **se** conseguir guardar o valor de pré-concepção. Em seguida, conjecturemos sobre a seguinte possibilidade: onde "O" era, Eu devo vir a ser, para daí questionar se a finalidade da análise para Bion seria o que ele descreveu como **transformação em O**. Trabalhar sem memória e sem desejo abre para caminho para esta transformação, portanto para a finalidade da análise?

Em primeiro lugar, é muito importante que não compreendamos as formulações acima como uma conquista do Id, ou no caso de Bion da pré-concepção ou de "O". Pois isto seria ao mesmo tempo impossível, senão monstruoso. Impossível, uma vez que não pode existir ser humano cujo inconsciente foi conquistado pelo consciente, ou um ser humano cujas pulsões são submetidas a um controle completo pela atividade da razão, e que tenha assim parado de fantasiar e sonhar (o que não impede que, muitas vezes, a psiquiatria medicamentosa parece acreditar nesta possibilidade com o encontro da droga eficaz). Monstruoso, pois se atingíssemos esse estado, teríamos destruído o que faz de nós seres humanos, que não é a racionalidade, mas o surgimento contínuo, incontrolado e incontrolável da imaginação produtora no trânsito de sentimentos, pensamentos e idéias. E uma das finalidades da análise é liberar este trânsito, ao qual é submetido por um Eu que geralmente é só uma construção rígida e essencialmente social. É por isso que Castoriadis (1992) propõe que a formulação de Freud seja complementada por ; *Wo Ich soll auch Es auftachen*: lá onde Eu sou, O id também deve emergir.

O ponto que para nós parece importante nesta discussão é a distinção no método, isto é, usar o inconsciente para se chegar a uma interpretação e não a visão clássica que usa o consciente para entender o inconsciente. É nesta distinção com a psicanálise clássica que vamos encontrar o método de Bion e sua proposta de trabalhar sem memória e sem desejo. Não há dúvida: o cultivo desta disciplina é um avanço na psicanálise. Podemos verificar isto pela simples constatação de que se trata de uma tomada de posição mais **radical** da que teve Freud. Por exemplo, ambos referem-se ao problema das anotações. A diferença é sutil. Freud diz: "*Não posso recomendar que se tomem muitas notas durante as sessões, que se redijam atas, etc.*". Bion diz que seria absurdamente intrusivo de memórias e desejos o analista que toma notas durante as sessões.

Quanto às razões da proposta, obviamente elas guardam configurações semelhantes. Diz Freud: "*A primeira tarefa com que se defronta o analista que atende mais de um paciente por dia lhe parecerá também a mais difícil. Ela consiste em reter na memória todos os inúmeros nomes, datas, detalhes de lembranças, pen-*

samentos espontâneos e produções patológicas que um paciente traz durante o tratamento, no curso de meses e anos, e não confundi-los com material semelhante de outros pacientes, analisados antes ou no mesmo período. Quando temos que analisar diariamente seis, oito pacientes ou mais, a proeza mnemônica que isso implicará, despertará, nas demais pessoas, incredulidade, admiração ou até mesmo pena. De todo modo as pessoas estarão curiosas em relação à técnica que torna possível dominar tão grande material, e esperarão que ela recorra a meios especiais.

No entanto, essa técnica é bem simples. Ela rejeita qualquer expediente, como veremos, mesmo o de tomar notas, e consiste apenas em não querer notar nada em especial, e oferecer a tudo que se ouve a mesma "atenção flutuante", segundo a expressão que usei. Assim evitamos uma fadiga da atenção, que certamente não poderíamos manter por muitas horas ao dia, e escapamos a um perigo que é inseparável do exercício da atenção proposital. Pois, ao intensificar deliberadamente a atenção, começamos também a selecionar em meio ao material que se apresenta; fixamos com particular agudeza um ponto, eliminando assim outro, e nossa escolha seguimos nossas expectativas ou inclinações...".

As razões para Bion substituir o termo "*atenção flutuante*" pela expressão "*sem memória e sem desejo*" são bem mais amplas do que podem parecer à primeira vista. Elas podem ser significativamente encontradas em vários pontos de sua obra, apontando para determinadas conseqüências do trabalho analítico que não foram mencionadas por Freud.

Conseqüências para o analista:
1-aumento da ansiedade, pois não existem barreiras contra os medos de perigos conhecidos.
2-Não há barreira contra a culpa porque nenhum Saber substitui o conhecimento e os objetivos terapêuticos convencionais.
3-Isolamento do grupo de Suposto Básico

Conseqüências para o trabalho:
1-aumento da realidade do fenômeno e, portanto, de objetos que podem ser interpretados.
2-mudança da ordem de aparecimento de fenômeno analítico na análise.
3-aumento da consciência da natureza única de cada experiência analítica e da psicanálise em si.

4-claro aparecimento de O.

5-uma experiência comum a todos os analistas torna-se evidente por causa das invariantes, seu desacordo acidental é diminuído e, portanto, há aumento da comunicação.

Num certo sentido, estas conseqüências alteram o conceito de compreensão analítica, reforçando o que Bion havia dito sobre o **vínculo K**. Compreender não é um modo particular de relacionamento com determinados objetos, marcado pelo acesso a um saber especifico, mas o próprio modo de ser que é conseqüência do "tornar-se". Trata-se de uma perspectiva absolutamente **prática** e que assinala menos uma limitação da ciência da observação implícita, do que uma **condição necessária à sua atividade**. Isto é, não se trata de descobrir **como** é que se deve compreender, mas **o que** se produz com qualquer compreensão.

Em *Atenção e Interpretação* (1970) Bion esclarece a posição: "*Não existem regras sobre a natureza da experiência emocional que mostrem que esta se encontra madura para a interpretação. Ao invés disso, apenas sugiro regras para o analista, as quais o ajudarão a alcançar a disposição de espírito em que está receptivo ao O da experiência analítica*".

Nesse texto Bion dá uma configuração mais estética a sua proposta. Ele introduz a expressão **capacidade negativa**, obtida de uma carta do poeta John Keats ao seu irmão, quando especulava sobre as razões que levaram Shakespeare a escrever daquela forma. Neste mesmo texto, Bion utiliza o termo "*ato de fé*" para descrever o estado mental sem memória e sem desejo, correlacionado-o ao trecho de uma carta de Freud para Lou Andréas-Salomé, que diz sobre a necessidade de "*cegar-se artificialmente*" para melhor escrever sobre os lugares escuros e obscuros.

Tanto do vértice teórico, como do vértice clínico, a proposta de Bion aponta para a psicanálise como um Saber difícil, senão impossível, de ser controlado. É um Saber que só se constrói em nome do não-Saber, condição prévia da ética psicanalítica. Há algo no centro da experiência analítica que não pode ser sabido jamais, e isto é muito difícil de ser aceito pelas Instituições de uma maneira geral, não excluindo delas as psicanalíticas. Trata-se do O, este centro incognoscível da experiência, que radicaliza a questão do Inconsciente.

A primeira descrição da relação de "O" com o sistema memória/desejo aparece em 1965 no texto *Transformações*. Aí Bion fala de um estado de ingenuidade necessário a captar as pré-concepções. Todavia, as pré-concepções são objeto impossível ao nível de seu efeito, delas só podemos nos situar através de realizações, que são as concepções e os conceitos, o que traz conseqüências distintas das que Freud descreveu em seu modelo de funcionamento mental para o pensamento. Em termos gerais, tomando a pré-concepção edípica como referência primordial (uma das teses que defendemos neste volume), ali onde Freud concebe a dissolução do complexo de Édipo (porque não há objeto que satisfaça o desejo humano), Bion concebe a evolução do complexo de Édipo, agregando às considerações freudianas, uma noção de complexidade que dá uma nova forma ao conceito de objeto da psicanálise.

Bion acrescenta, à leitura do de complexo de Édipo, a impossibilidade do sujeito humano lidar com a cesura estabelecida entre os tempos, pois ela se estabelece infinitamente, colocando-se em qualquer ponto da vida do sujeito. A questão do tempo, faz com que qualquer Saber se construa na ordem fantasmática do pensamento, como ilusão, e portanto, pode constituir-se apenas como uma Memória do Futuro. É no tempo futuro que surgirá a possibilidade de se abrir de forma mais real.

Em outras palavras, a psicanálise é uma teoria e uma prática do pensamento, ela tem de ser reinventada a cada vez que se propõe como questão. Ela se lança no Futuro sempre com a mesma indeterminação com que foi gerada do presente, e não pode ser autorizada em nome de nenhuma prática política, administração, moral grupal ou qualquer ideologia. É neste ponto que ela se torna algo profundamente rejeitado no âmbito da cultura. Combatida de muitas formas, ela continua a existir porque se transformou num dos pilares da modernidade.

Capítulo VIII

Transferência ou cesura* ?

> " *Rephrasing Freud's statement for my own convenience – There is much more continuity between autonomically appropriate quanta and the waves of conscious thought and feeling than the impressive caesura of transference and countertransference would have us to believe. So...? Investigate the caesura; not the analyst, not the analysand; not the conscious; not the unconscious; not the sanity, not the insanity. But the caesura, the link, the synapse, the (counter-trans)-ference, the transitive-intransitive mood.*"
> (*The Grid and Caesura*, 1975, p.57)

O objetivo deste capítulo é indagar sobre dois termos essencialmente práticos, mencionados várias vezes ao longo deste volume: **transferência** e **cesura**. Esta indagação compreende que no artigo *Caesura* (1975), Bion condensa suas principais questões sobre a **transferência**. De um modo geral, o capítulo discute que, nas idéias desenvolvidas nesse artigo, onde também estão condensadas as concepções finais de Bion sobre a psicanálise[52],

---

* Trabalho apresentado na 3ª Conferência Internacional sobre a obra de W.R.Bion, Los Angeles, Fevereiro, 2002

[52] Nos artigos subseqüentes, Bion prosseguiu desdobrando em novas facetas o termo obtido da citação de Freud em *Inibição, Sintoma e Angústia* (1923): "Há muito mais continuidade entre a vida intrauterina e a primeira infância do que a impressionante cesura do nascimento nos permite acreditar". Deste modo, os artigos *On a quotation from Freud* (1976), *Evidence* (1976), *Emotional Turbulence* (1977), *Making the best of a bad job* (1979) tratam da questão.

os termos se superpõem e, por razões que são também discutidas, existe uma abertura de pensamento que permite substituir, sempre que necessário, o primeiro termo, amplamente conhecido, pelo segundo, menos saturado de significados e essencialmente **crítico**. Todavia, tais articulações implicam numa questão fundamental, e embora a tentativa de resposta inevitavelmente gere alguma repetição do que já foi dito, é imprescindível de ser feita neste ponto:**O que é transferência em Bion?**

Em mais de uma ocasião, Bion referiu-se às palavras através da metáfora das moedas. Com o tempo e o uso, desgastam-se e degradam-se, conseqüentemente, o valor pode não mais ser identificado, entrando em ação o imaginário instituinte (Castoriadis,1990), origem de equívocos diversos.

Na psicanálise, ainda que seja parte essencial do processo cuidar de tal problema, algumas palavras, em curto espaço de tempo, sofreram este destino inevitável. Penso que **transferência** é uma delas, apesar de ser a principal teoria e instrumento psicanalíticos. Além de transportada – transferida – para o discurso comum, foi feito o possível para banalizá-la, ignorando-se assim as advertências de Freud: "*Não nos surpreendemos suficientemente com a transferência*" (1914). Do início ao fim de sua obra, Freud mantém, em relação ao fenômeno, esta mesma posição de perplexidade, e em *Um Esboço da Psicanálise* (1938) ele diz: "*É muito estranho que o analisando reencarne em seu analista um personagem do passado*".

Podemos então concluir que, para Freud, a transferência foi constantemente uma questão de **surpresa** e, no começo de sua obra, até mesmo de má surpresa (chegou a descrevê-la para o pastor Pfister como a "cruz" do analista). Todavia, para o analista de hoje ela é um fenômeno esperado, sua inquietação ou mal estar se refere muito mais ao julgamento de que não está sendo perceptível. Por este motivo, surgiram algumas concepções de psicanálise tratando de "extraí-la" (como se faltasse), com o analista precipitando-se em atribuir a si um personagem do passado do analisando que necessariamente não estava sendo reencarnado. Isto resultou em diversas falhas terapêuticas.

Em Bion, veremos que o conceito de transferência resgata essencialmente a reencarnação de um "estranho" (portanto, a surpresa) que, antes de ser um "personagem" interceptado pela linguagem do vínculo, é algo incognoscível, inefável, e que denomina de "O" (1965). São os efeitos deste **movimento incognoscível**, a evolução de "O", que caracterizam a transferência, descrita então pelas diversas **teorias psicanalíticas**. Mas, a rigor, nenhuma teoria a consegue relatar. A transferência não é algo que se pode escrever ou traduzir como um texto. Prova disto, é a insuficiência constante de todo relato de casos clínicos de análise, qualquer que seja sua forma.

O modelo espectral turbulência emocional/cesura.

Se transferência é **surpresa**, ou todo e qualquer fenômeno que surja com esta **qualidade emocional** no vínculo analítico (afetando a ambos participantes), podemos dizer que apesar da **repetição** (caracterizando o fenômeno da transferência em Freud e Klein), o que importa para Bion é o **novo e o desconhecido** (à medida que não existe repetição de idêntico; pois algo sempre se modifica). Esta posição está muito claramente estabelecida em *Notes on Memory and Desire* (1967) and *Attention and Interpretation* (1970).

O termo "**caesura**", usado por Bion, resgata para o trabalho analítico essa qualidade de fenômeno surpreendente. Assim, quando ele nos remete à citação de Freud – existe muito mais continuidade entre a vida intrauterina e a primeira infância do que a impressionante cesura do nascimento nos permite acreditar – reintroduz o vigor contido nos significados de meio gerador e criação, ligação e trânsito, nascimento e morte, trânsito oculto e explícito, cegueira e percepção do inesperado, mas seja em qualquer momento e em qualquer lugar, trata-se daquilo que emerge com o movimento de surpresa.

Diante de tantos significados (desenvolvidos previamente pelas idéias de relação continente- conteúdo, fato selecionado, pré-concepção buscando uma realização para transformar-se em concepção, relação entre a não coisa e a coisa, entre o não-Eu e o Eu) o analista necessita ter cautela ou, usando a expressão que Bion tomou emprestado do poeta Keats: necessita ter **capacidade negativa** -a capacidade de tolerar as incertezas, as meias verdades, os mistérios, sem uma tentativa ansiosa para atingir o fato e entendê-lo. É este o estado mental do analista - equivalente ao estado sem memória, desejo e necessidade de compreensão - que pode interagir com a transferência.

Em outras palavras, quando se espera a transferência, quando se deseja encontrá-la, ela não aparece – o que aparece em seu lugar é o que podemos chamar de transferido, ou o conteúdo através do qual se pode acreditar que interpretações transferenciais são possíveis, simplesmente seguindo de forma mecânica o fluxo associativo, como se a sonoridade ou a lógica comum pudesse dar conta desta ruptura (ou cesura) que sempre aparece. O transferido (ou o conteúdo) constitui parte do trânsito, mas não é o que produz o trânsito. Faz parte da transferência, mas não é a transferência em si.

Pelo vértice do efeito das interpretações, não se altera o Ser do vínculo pelo que é transferido, altera-se o Ser pelos elementos que produzem o trânsito. Ou seja, alterando-se o continente, ampliando-se o espaço mental, problematizando[53]. Assim, o movimento da transferência não ocorre sem **mudança de um estado mental para outro** – é a **coisa em si que se movimenta** o que constitui a transferência[54]. Portanto, em Bion a análise acaba falando sempre a linguagem da **experiência emocional** (as paixões sempre voltam à superfície), confirmando a idéia original de Freud: a transferência é aquilo que exprime o "essencial".

Por outro vértice, o princípio conceitual da experiência emocional (o triângulo K,L,H), atende a idéia de **campo analítico**, e pretende deixar claro que a transferência é apenas um **limite** passível de determinação, pois seus efeitos se dão no âmbito de um sujeito indeterminístico, seja com relação a um passado indecidível ou em relação a um futuro que ainda não aconteceu. Assim, temos uma a complexidade englobando as observações analíticas.

O modelo indeterminista de Bion, ressaltando a **transitoriedade** do fenômeno analítico, pode ser confrontado com as modernas teorias da instabilidade e do caos. Esse modelo confere um significado fundamental

---

[53] Isto também significa ampliar a capacidade da função-alfa, modificando as repetições originárias do padrão que começou com a reverie materna. Para o analista, significa sempre que *La réponse est le malheur de la question* (a resposta é a desgraça da pergunta).
[54] Portanto, para captar seu valor de surpresa não podemos ter, como mostrou Bion (1967), desejo, nem memória ou necessidade de compreensão, nem interferências sensoriais. A análise só é operante se o analista consegue desfazer-se de si.

ao princípio da flecha do tempo, sem a qual somos incapazes de compreender os dois princípios característicos da natureza que estão presentes na mente humana: sua unidade e sua diversidade. A flecha do tempo, comum a todas as partes do universo, é testemunha dessa unidade. Quanto à diversidade, ela é testemunhada pela presença de objetos produzidos por processos irreversíveis de não-equilíbrio (onde existe vida existe entropia e, portanto, processos irreversíveis).

Turbulência emocional/cesura e imaginação produtora.

O uso de uma Teoria das Transformações sugeriu um vértice nosográfico psicanalítico não-convencional e não-psiquiátrico[55]. Este vértice permite a conjectura imaginativa que visualiza um espectro que abrange em um dos pólos uma parcela de indivíduos inanalisáveis e infra-analisáveis (que dificilmente conseguem estabelecer um processo analítico) e, num pólo oposto, uma fração muito mais restrita de indivíduos ultra-analisáveis, isto é, que teriam feito sua análise qualquer que fosse o analista e a técnica utilizada. Um destes indivíduos foi, sem dúvida, Freud. Por outro lado, é evidente que a prática analítica não concerne absolutamente a estes extremos, mas à grande maioria dos casos onde o resultado depende de modo decisivo da qualidade da experiência do analista, de sua formação, etc. É sobre esta maioria que o enfoque e a responsabilidade dos analistas e suas instituições tem se empenhado.

Todavia, cabe aqui a pergunta: o que podemos fazer para ampliar as possibilidades da fração inanalisável ou infra-analisável do espectro?

Consideremos agora, em qualquer indivíduo a existência de todas as graduações do espectro mencionado. Que recursos existem, na psicanálise

---

[55] Interesso-me aqui também pela possibilidade de pensar numa nosografia puramente psicanalítica, sem laços psiquiátricos. Talvez possamos encontrá-la na concepção da análise como um espectro das transformações descritas por Bion (1965). Tenho em mente ainda o diálogo entre P.A. e Robin em *Memoir of the Future*, II- *Past Presented*, pgs 125 e 126, que podemos resumir da seguinte forma: as concepções psiquiátricas concebem uma pessoa cindida. A divisão é útil para propósitos da fala articulada, mas obscurece a coisa que transcende as fronteiras da gramática.

atual, que podem influenciar a qualidade da análise e do analista na abordagem deste espectro? Haveria no extremo dos ultra-analisáveis, elementos que poderíamos utilizar com os infra-analisáveis?

Penso que, mais uma vez, esta flexibilidade pode ser obtida a partir de Freud, que sendo um exemplo de indivíduo ultra-analisável, sabia levar isto para seu trabalho e aproveitar ao máximo o que o momento podia lhe dar, isto é, ir ao "ponto chave", o ponto que em Bion está descrito pelo modelo da cesura/ turbulência emocional.

Para ilustrar esta tese refiro-me inicialmente ao encontro analítico de Freud com o compositor Gustav Mahler (1910). Antecederam-no uma série de eventos trágicos. Em 1907, as duas filhas do compositor tiveram difteria, vindo a mais velha a falecer. No auge da comoção familiar um médico foi chamado para examinar a Sra. Mahler que parecia estar desenvolvendo um problema cardíaco. Mahler recebeu-o de forma irônica, perguntando se este não queria também examiná-lo. O clínico atendeu ao pedido e, constatou que o compositor sofria de um grave problema cardíaco. Logo depois um especialista em Viena confirmava a seriedade da situação.

O casal deixa então a casa de verão em Maiernnig, e passa o resto da estação no Tirol. Nestas paragens, durante longas e solitárias caminhadas, Mahler vai esboçando as canções que no ano seguinte tomariam a forma definitiva de *Das Lied von der Erde* (A Canção da Terra). Nelas consegue expressar toda sua aflição e angustia. Ele tornara-se apenas um observador distante do que chamou:"o incompreensível e incessante feérico fluir da vida" Ao mesmo tempo, começou a esboçar uma 9a sinfonia. Todavia, o ato criativo lhe aterrorizava. Mahler não conseguia parar de pensar que Beethoven, Schubert e Bruckner, que tinha como seus mestres, morreram quando chegaram ao número 9 de suas obras. O número tinha um caráter fatal, a marca de um destino trágico. Mahler sabia que sua cardiopatia era grave e que não ia viver muito tempo. Começar a 9a significava abreviar mais ainda sua vida, cujo sentido ligava-se à causa da música. No acorde para driblar a morte, Mahler decreta que *Das Lied von der Erde*, já pronta, é a 9a, e então autoriza-se a compor a 10a . Na ocasião comenta com a esposa- "agora o perigo passou". Entretanto, Mahler nem mesmo chegou a viver para ver interpretada sua "9a", e só terminou alguns movimentos da 10a.

Hoje em dia, graças à psicanálise, podemos opinar que a superstição numérica provinha da rivalidade edípica de Mahler com os antigos e idealizados "mestres". O desejo de obter a mesma "grandeza" dos "pais" de sua música, também implicava secretamente em rebaixá-los. Culpa e medo de represália dos fantasmas estavam presentes. Mahler resvalou então para o lugar do que não pode desejar, do servidor-escravo da música, e se interdita para aplacar o destino, isto é, os pais ocultos. Conseqüentemente, interditou-se sexualmente na relação com a esposa, aquela que a realidade trágica fazia coincidir com a mãe lesada em seus objetos internos. Foi em virtude deste deslizamento do conflito para a esfera sexual e amorosa que Mahler decide tardiamente procurar Freud (que aceitou atendê-lo quando estava de férias em Leyden, Holanda).

A experiência analítica teve a duração de uma tarde. Sobre ela Freud escreveu a Theodor Reik (1935)[56]:

> *"... e se tenho de acreditar em certas evidências, é muito que consegui na ocasião. Pareceu-lhe necessário vir me consultar, pois sua esposa se revoltara contra o fato de que sua libido dela se afastara. Incursões interessantes na história de sua vida nos permitiram descobrir sua condição amorosa pessoal, especialmente sua fixação materna. Tive oportunidade de admirar a capacidade de compreensão psicológica que tinha este homem genial. Nenhuma luz esclareceu então a fachada sintomatológica de sua neurose obsessiva. Foi como se houvesse cavado uma única e profunda fenda num edifício misterioso".*

Sobre a carta de Freud, Reik reflete: *"situações e circunstâncias extraordinárias, assim como personalidades extraordinárias, exigem medidas extraordinárias".*

Mas não seriam de alguma forma "extraordinárias" todas as pessoas que nos procuram para uma análise?

Penso que essa pergunta só adquire algum sentido no universo da **turbulência emocional** e da **complexidade** inerente a mente humana. É

---

[56] Reik, T. (1975), *Variaciones psicoanalíticas sobre um tema de Mahler*, Taurus, Madrid.

nesse universo que as pessoas se tornam extraordinárias. Afirmação que permite ampliar um pouco a interpretação anterior, e acrescentar que Mahler, alguns anos antes, no 3o movimento de sua 2a Sinfonia, já expressava a complexidade dos sentimentos que no final da vida pareceriam derivados única e exclusivamente da experiência trágica:

"*Como os movimentos de dançarinos num salão de baile iluminado que são vistos de fora, do seio da escuridão, a uma distância que torna a música inaudível... então a vida pode lhe parecer sem sentido*".

Apesar da tragédia, das perspectivas sombrias do prognóstico médico, a **turbulência emocional** nunca deixou de estar presente e conectada ao processo criativo, cuja origem remonta a muitos anos antes, talvez até intra-uterinamente. Podemos chamar isto de **memória do futuro**[57] , que metaforicamente falando corresponderia a uma espécie de "caldeirão" de "memórias" incompletas (ou não-saturadas), memórias de sonho e, principalmente, pré-concepções. Estas, em seu conjunto constituíram a matriz de pensamento que gerou "A Canção da Terra".

No episódio podemos ver que Freud não se deixou intimidar por toda a tragédia explícita, e sua coragem científica lhe permitiu voltar-se para a **cesura** da tragédia implícita. Apesar de todas as circunstâncias adversas, a **complexidade** da vida psíquica continuava sendo para ele objeto de investigação e respeitosa admiração.

Na Física quântica a questão da turbulência/complexidade é da mesma forma altamente significativa. Conta-se que Werner Heisenberg, no seu leito de morte, declarou que teria duas questões para Deus. "Por que Relatividade e por que turbulência?" E prossegue "Eu sinceramente acredito que ele deva ter uma resposta para a primeira questão...".

Apesar de Heisenberg referir-se obviamente à turbulência na Física, os pontos em comum com a psíquica são por demais extensos e abrangentes. Afinal, tanto na Física como na psicanálise estamos lidando com **sistemas**

---

[57] "*Eu posso imaginar que existem idéias que não podem expressar-se mais vigorosamente porque estão enterradas no passado que está esquecido, ou enterradas no futuro que ainda não aconteceu, e que mal podemos dizer pertencerem àquilo que chamamos de pensamento*" (Bion, W.R., Cesura, Rev.bras. psicanal. 15:123,1981.)

transientes, isto é, **sistemas instáveis**, que conseqüentemente só podem existir com três ou mais dimensões[58].

Em outras palavras, onde temos turbulência/cesura é como se defrontar com um <u>limite</u>, é a instabilidade em ação; significando também que aparece um vazio. É expressão do movimento ao acaso, testemunha da tendência para o caos. Todas as regras são questionáveis e podem ser quebradas. Como se pode analisar alguém no âmago desta experiência? Muito provavelmente não teremos tão cedo a resposta, pois o campo é do incognoscível. Entretanto, podemos considerar que, apesar de toda esta complexidade de seu objeto, a psicanálise pode ajudar enormemente as pessoas a libertarem suas palavras e sua capacidade de tomar decisões, e com isto ajudar a libertar a **imaginação,** expandindo a capacidade mental. Cabe assim, ao psicanalista, fazer uso de **imaginação produtora**, do mesmo modo que qualquer cientista diante do objeto de sua investigação, e desta forma cruzar as cesuras que possibilitem o nascimento de significados, idéias, pensamentos, sentimentos, mudanças.

Algum material clínico sobre a prática dos conceitos:

No mês de dezembro, com a proximidade do Natal, o cair da tarde no Rio de Janeiro é marcado por grandes retenções de trânsito. Na região próxima ao meu consultório em Ipanema, conhecida como Lagoa Rodrigo de Freitas, as retenções são ainda maiores, por conta dos motoristas curiosos que reduzem a velocidade de seus carros para apreciar a maior árvore de Natal do mundo, lindamente iluminada e instalada no meio do espelho d'água.

O paciente de 42 anos, a quem chamarei de W, não ignora a existência deste obstáculo em seu caminho. Se não providenciar para sair de seu trabalho antes da hora habitual, certamente se atrasará para a sessão nesta época do ano. Além disso, é também de seu conhecimento, adquirido na análise, que ele sempre deixa as coisas para serem feitas em cima da hora, tornando-as uma desagradável fonte de ansiedade. O significado deste fato emergiu, mas não evitou que esta repetição transitasse entre nós, tal como

---

[58] Isto significa que os sistemas duais são sistemas idealizados, não correspondem às realidades da natureza, tal como mostrou Poincaré com a noção de fato selecionado.

me fez saber por meio de seu telefone celular. Ele chega próximo aos 20 minutos de atraso. Entra em meu consultório aparentando um misto de esbaforido e assustado. Traz nas mãos uma peça de metal e, logo que se acomoda no divã, começa a falar sobre ela.

O paciente procurou análise após o fracasso de seu terceiro casamento oficial. Suas dificuldades emocionais logo ficaram associados com dificuldades de desenvolvimento no trabalho, projetos fracassaram, quase levando sua empresa à falência. Anteriormente, e no intervalo entre os casamentos, todas as suas relações afetivas fracassaram. Mas, o que se mostrou para minha observação foi uma pessoa que tinha explicações para todos os fracassos e todas elas apontavam para responsabilizar a outra pessoa, nunca para ele, embora se mostrasse intelectualmente disposto a aceitar a teoria de que tinha alguma participação importante nestes rompimentos.

W. possui uma pequena indústria de aparelhos de precisão em tecnologia naval, por isto me explica que aquela peça em suas mãos, que vinha desenvolvendo para um novo sistema de navegação por satélite, apresentou um defeito que nenhum dos engenheiros conseguiu entender. Mas, quando ele estava no meio do trânsito, parado, ansioso com o atraso, "sendo obrigado a olhar para aquela árvore de Natal horrível que o estava atrapalhando", procurou "sair fora de si" e então, subitamente, entendeu o defeito da peça, e começa a me explicar, vaidoso, as alterações da tecnologia que teria que fazer. Mas eu o interrompo e indago se teríamos também que fracassar, falando sobre coisas que vão nos atrasar a entender o que se passa ali; por exemplo, se poderíamos pensar que ele acertou em descobrir o defeito, porque pode olhar para árvore e, não porque a evitou. Do mesmo modo, as coisas talvez estivessem dando certo pelo fato de ter podido olhar para si. Sinto que ele fica surpreso e algo contrariado com minha interpretação, permanece em silêncio por alguns momentos. Então, acenando afirmativamente com a cabeça, queixa-se que tinha passado uma noite difícil por causa daquela peça. Ficou num estado intermediário entre o sono e o acordar. Diz que muitas vezes fica neste estado peculiar e angustiante quando está preocupado, e é muito difícil para ele descrever o que se passa. Digo que o "peculiar" poderia ser a demora para encontrar alguém ou alguma coisa, incluindo a mim naquele momento, que pudesse solucionar seus problemas, o que faz com que ele fique acompanhado destas sensações difíceis de descrever. São sensações térmicas diz ele, como "água fria correndo pela espinha", "um calafrio escuro por baixo da pele".

A mãe de W. sofreu um aneurisma cerebral durante o quinto mês de gravidez. Ficou em coma profundo por dois meses numa UTI, e recobrou a consciência aparentemente sem seqüelas. O parto foi prematuro, logo em seguida a sua alta hospitalar, três meses após o ocorrido. Ela não conseguiu amamentar o filho, alegando estar muito debilitada. Tudo indica que culpou a gravidez pelo acontecido com ela. Eu acrescentei nesta oportunidade as palavras "mãe fria e distante na escuridão". O que W. pode fazer quando se confronta sozinho com "o incompreensível e incessante feérico fluir da vida? Em muitos momentos, o movimento que ele faz o aproxima destes objetos" em coma ", sua reação a isto produz os fracassos e a solidão. Mas, por outro lado, também deve representar um terror imenso ficar sozinho diante destes objetos.

No decorrer da análise, tenho dito de muitas formas diferentes, que ele parece buscar uma situação onde não pode ficar casado, nem consigo mesmo e nem com outra pessoa qualquer. Ali comigo é como se tivesse um analista distante para ele, e que não pode lhe ajudar, mas apenas expô-lo a situações dolorosas. Mas, ao mesmo tempo, algumas vezes, este mesmo analista lhe mostra que existe algo novo, como a vida fluindo, e que pode ajudá-lo a decidir a enfrentar ou fugir das situações. Estaria o analista agindo como a parteira de Sócrates? Trazendo à luz a função psicanalítica da personalidade ao mostrar descritivamente a cesura/turbulência emocional?

M, 33 a., advogada e jornalista, com freqüência traz para a sessão a descrição de estados mentais em que se sente como que se colocando entre duas alternativas terríveis, que equipara com o filme "A Escolha de Sofia". Todavia, este tipo de experiência emocional não aparece em sua fala nas sessões. Estes estados, que parecem relacionados a situações violentas e muito primitivas, permitem vislumbrar algo do bebê que ela foi. Seus escombros estão presentes em estados mentais descritos como "preguiça, má-vontade, mau humor". A interação com eles pode eventualmente produzir sonolência no analista, se perder de vista a cesura aí colocada. Por isto, eu posso conjecturar imaginativamente que se ela vai para o extremo oposto do sentimento de "terror" da "escolha", estaríamos diante de uma situação em que ela sente, mas não sofre este "terror" – e que existem, provavelmente, **transformações em alucinose** tomando seu tempo objetivo.

A hipótese de uma comunicação (via identificação projetiva) da imago de uma mãe fisicamente presente, mas emocionalmente ausente, permite também conjecturar se o analista estaria sendo colocado para sentir o que é ter esta mãe. Mas, ao mesmo tempo, permite sentir também o que é ter uma analisanda adulta que fica completamente imóvel no divã, que fala de forma arrastada e monótona, quase inaudível, e que fica em silêncio por longos períodos de tempo. Como perceber o elemento novo e desconhecido que emerge neste movimento repetitivo?

Sua reação a mínimas mudanças no analista ou no setting, parece indicar que esta analisanda está ameaçada por uma **transformação em O** (mas qual seria o sentido: "*break-down, break-up, break-through?*"). Assim, tento observar suas reações a tais mudanças.

É fato que com freqüência, ela se comporta como se desconhecesse que o tempo passa. Conseqüentemente, não se dá conta de que só pode tirar da análise aquilo que coloca. Algumas vezes, isto é mais amplo; pois se ela não muda, é mais provável que a vida irá mudá-la, e sempre para pior.

Numa sessão em que observava a cesura do seu silêncio prolongado, me veio à mente a imagem da Pietá (posteriormente, me dei conta que ela tinha falado meses antes sobre a estátua, cuja réplica tenho na estante de meu consultório). Questiono-a quanto à possibilidade de não estar podendo dizer tudo que vem à mente, pois tem uma "escolha de Maria" para fazer (digo intencionalmente Maria - coincidentemente o nome de sua mãe - ao invés de M., nome da paciente). Ela surpreendida, derrama uma lágrima e conta que ser sincera para com sua mãe sempre foi uma experiência de risco. Na elaboração, foi possível pensar que sinceridade, sentimento de culpa, castigo e traição de confiança ficaram associados. Um sonho nesta ocasião, mostrou uma criança querendo falar, mas desistia e levava um tropeção numa cadeira. Digo que ela se castiga por não estar podendo ser sincera consigo mesma, mas culpa simultaneamente alguém por isto. Este alguém, dependendo do momento, pode ser ela mesma, o analista (na cadeira) ou outra pessoa qualquer. Ela parece entender ao concordar. Mas o que significa estar de acordo com a interpretação? A **transformação em K** é apenas **tempo referencial**: naquele momento foi dito isto ou aquilo.

Na sessão seguinte, após o fim de semana, conta que desmaiou em casa. Assustada, foi procurar um clínico. Após o longo silêncio habitual, diz com o também habitual discurso sem emoção, que foi constatada uma pressão arterial elevada e volta ao silêncio. Eu descrevo a situação, ressaltando a ausência do sentimento diante de uma situação que no dia anterior visivelmente a assustara. Ela então grita com muita raiva e com a voz em tom agudo (geralmente é em tom grave, quase inaudível) que "se eu não fiquei espantado com o problema da pressão é porque eu devia estar de fato cagando e andando para seu estado...". Por um momento observo a surpresa da explosão; como ela é capaz de falar tão alto e não usa esta capacidade- qual a cesura? Ocorre-me que existe em M. uma cisão que poderia expressar-se pelo termo "de-pressão". Digo que ela insinuava que se eu fosse sincero iria confessar que estava fazendo exatamente o que ela afirmava. Se isto pudesse ser a causa de-pressão alta, estávamos falando de uma pressão que uma velha hostilidade contida, sem poder extravasar, poderia causar... Na sessão seguinte ela traz um sonho em que segurava nos braços uma criança bem pequena. Alguém dizia que não era dela... É isto o que podemos chamar de compulsão à repetição, quando ela oscila entre o medo que a análise tenha sucesso (segurar e responsabilizar-se pelo bebê) e tem medo que fracasse (negar a responsabilidade pelo bebê).

Poderíamos descrever uma temporalidade oscilatória, na pressão que desce e sobe rapidamente, característica das **transformações projetivas** e, também um esboço de **transformação em "O"**, em que a linguagem primitiva encontra expressão na experiência emocional: a mudança catastrófica na sessão?

Capítulo IX

W.R.Bion- uma biografia ficcional entre vértices diversos.

O interesse que desperta a vida pessoal de um autor conhecido, é algo bastante comum no mundo psicanalítico, e de certo modo justificável. As primeiras cartas de Freud para Fliess nos deixam entrever as crises pelas quais teve que passar, durante as quais refletiu sobre as questões técnicas de um tratamento, expondo a crise na conceituação de uma experiência, crise pessoal enfim. Como é que a interação destas crises encontra-se na origem de um pensamento criador e da descoberta da psicanálise? É este o movimento de pesquisa que tentaremos estabelecer.

W.R.Bion, não ficou fora desta tradição e sentiu a necessidade de nos deixar um legado escrito sobre sua trajetória de vida. Esse legado aparece nos livros *A long Weekend* (1982) e *All my Sins Remembered* (1982), complementando o que havia colocado na trilogia *A Memoir of the Future* (1975,1977,1979). Posteriormente, sua esposa Francesca Bion publica *War Memories* (1997), com os relatos de experiências na I Guerra Mundial. Segue-se nossa visão sobre este conjunto.

1-Passagem para a Índia: a primeira e a ultima cesura

No ano seguinte ao que Freud usou pela primeira vez o termo psicanálise, nascia em 8 de setembro de 1897, Wilfred Ruprecht Bion, primogênito de uma família da classe média inglesa. A época era propícia para comemorações. Afinal, este era o ano do jubileu de diamante da Rainha Vitória, símbolo de uma nação que atingira o ápice do poderio mundial, alardeando-se tão civilizada a ponto de ter transcendido a História e seus significados de injustiças sociais, violências e sofrimentos.Pelo menos era o que se pressupunha, ingenuamente, nestas ilhas onde no dizer de Toynbee, o historiador, *"acreditava-se estar a dois passos do paraíso"*.

Entretanto, bem distante das *"grandes comemorações"*, a família Bion comemorou o nascimento do primogênito instalada em Muttra[59], remota cidade do então United Provinces of Índia, país onde, para a maioria de seus habitantes, a possibilidade de um "paraíso social" consistia em sonhar com o Nirvana quando a fome apertava o estomago.

As primeiras impressões que penetraram no mundo interno daquele que mais tarde seria um dos maiores pensadores da psicanálise, consistiam de uma curiosa e turbulenta fusão de culturas. De um lado, os ecos nostálgicos da chuvosa e organizada terra de Shakespeare, presentes na disciplina quase puritana que seus pais tentavam lhe passar. De outro lado, em suas próprias palavras:

> *"Era tudo muito diferente. O ambiente era selvagem. Nós não estávamos em lugares civilizados, porque meu pai era engenheiro-chefe de irrigação e isto significava estar construindo canais, em lugares desertos. Portanto, era tudo completamente selvagem, com animais exóticos, e tudo o mais, e era simplesmente parte da vida"* [60].

Grotstein[61], se pergunta como é possível, para um homem que nasce num remoto ponto da Índia Imperial Vitoriana, tornar-se um psicanalista? Responde que Bion não foi o único, pois certa vez saiu no *International Journal of Psychoanalysis*, o obituário de um psicanalista chamado Claude Dangar Daly, Coronel R1. Este indivíduo, enquanto servia o exército britânico na fronteira do Baluchistão, noroeste da Ín-

---

[59] Capital do distrito de Mathura, centro secular do Hinduismo, miticamente tomada como local de nascimento de Krishna. Em 1948, mudou de nome para Mathura.
[60] entrevista a Márcia Câmara, Jornal do Brasil, 19/8/79.
[61] *W.R.Bion: The Man, The psychoanalyst, the Mystic.A perspective on his life and work"* em *Do I Dare Disturb the Universe,* Caesura Press, 1981.

dia, escrevia seus sonhos e os enviava para serem analisados por Sandór Fèrenczi. Posteriormente, viajou para Viena, analisou-se com Freud, freqüentou o Instituto de Viena e tornou-se psicanalista. Grotstein, cita o fato para enfatizar a idéia de um "mistério" gerador da busca pela experiência psicanalítica. Como foi que este oficial inglês saiu do remoto passo de Khyber e viajou para Viena em busca de se analisar e tornar-se psicanalista? Cruzavam-se fronteiras de todos os tipos para que isto pudesse acontecer. A história de Bion não ficaria isenta deste mistério e nem deste cruzar de inúmeras fronteiras, ou cesuras, como ele irá mais tarde definir.

O que é este "mistério"? O que existe nele que move tanto o interesse do psicanalista? A pergunta nos lança na aventura do conhecimento, para encontrar com a criança que o adulto Bion se lembra da seguinte forma:

> "*Quando criança, eu costumava ser visto pelos adultos como um garoto muito peculiar, que estava sempre fazendo perguntas. Me faziam recitar um poema:*
> *Eu tinha seis honestos servidores*
> *Eles me ensinaram tudo que sabia*
> *Seus nomes eram O que e Por que, Quando, Como, Onde e Quem*
> *Eu os enviei por terra e por mar*
> *Eu os envie para Leste e Oeste*
> *Mas depois que eles trabalharam para mim*
> *Dei a todos um descanso*"
> (Rudyard Kypling, The Elephant's Child)
> *Consideravam-me extraordinariamente divertido quando eu recitava este trecho de verso. Eu não conseguia perceber a anedota. Diziam-me que eu era como o Elephant's Child que fazia tais perguntas – e como um tolo eu fazia outra pergunta- quem era o pai do Elephant's Child? Não era popular, não era divertido. Mas, eu estava fazendo uma piada. Resolvi então ser mais cuidadoso e não fazer tantas perguntas. Levou muito tempo para ousar fazer*

perguntas novamente. A pessoa que me ajudou nisto foi John Rickman, meu primeiro analista"[62].

A menção ao novelista, contista e poeta Kypling[63], nascido em Bombaim, nos leva novamente a indagar sobre a influência do lugar de nascimento na vida de um psicanalista? Teria Freud se tornado psicanalista se não tivesse passado sua infância onde passou? E Bion, qual a influência da Índia em sua obra de psicanalista?

A Índia é uma enorme península de quase 2,6 milhões de Km2, 350 milhões de habitantes, 1/5 da população da terra; uma impressionante continuidade de desenvolvimento e civilização desde o Mohenjo-Daro, 2.900 A.C. Terra de Ghandi e Tagore, de inúmeras crenças que variam desde a idolatria até o mais sutil panteísmo, onde cientistas já desenvolveram há 3 mil anos a astronomia; menestréis cantam poemas tão antigos como a Ilíada, artistas erguem templos tão perfeitos do Tibet ao Sri Lanka, do Camboja a Java.Da mata virgem que permanece um santuário de tigres e cobras cobrindo 1/5 do território. Ao sul o Decã, onde o calor é temperado por brisas marinhas, passando por Delhi ao Sri Lanka dominados por um calor mais forte que vai se encontrar ao norte com as frias rajadas do Himalaia, formando densos e misteriosos nevoeiros. Das chuvas torrenciais à seca mais árida, o contraste é o palco onde se move uma impressionante paisagem humana, tornando-se uma impossibilidade não observar a constituição dos movimentos grupais.

Através do Punjab corre o majestoso rio Indo, com 1600km de curso; seu nome vem da palavra Sindhu, designativa de rio, que os persas que aí estiveram transformaram em Hindu e aplicavam ao norte da Índia como sendo o Indostan, isto é, terra dos rios. Foi da palavra persa hindu que os gregos tiraram o nome Índia.

---

[62] *Bion in New York and San Paulo*, Clunie Press, 1980.
[63] Primeiro escritor inglês a receber o Nobel de Literatura, em 1907. Seus escritos mais populares são *The Jungle Box* (1894) e *The Just So Stories* (1902), este último contendo uma coletânea de lindas histórias sobre como os animais se transformaram no que são hoje.Filho de um professor de artes, e primo do grande pintor Edward Burne-Jones, é sempre lembrado pela divulgação e celebração do imperialismo e heroísmo britânico na India.

Do Punjab também derivam o Jumna e o Ganges; o primeiro irriga Delhi e reflete o Taj-Mahal; o segundo alarga-se abaixo da cidade sagrada de Benares, banha diariamente a multidão de fiéis e fertiliza com suas 12 bocas a província de Bengala e a velha capital inglesa, Calcutá. Foi próximo a Benares, que W.R.Bion nasceu. Mas quais circunstâncias estavam ligadas a este nascimento?

A entrada da Inglaterra na Índia data do séc. XVII. Em 1686, a Companhia das Índias Orientais anuncia a intenção de *"estabelecer um sólido e seguro domínio inglês"*. Foram criados entrepostos comerciais em Madras, Calcutá e Bombaim. A Companhia importou tropas, travou batalhas, subornou e deixou-se subornar além de exercer funções de governo. A venalidade era a tônica da maioria dos negócios. Enormes fortunas acumulavam-se rapidamente na mão dos aventureiros. Em 1857, os crimes da empresa empobreceram de tal forma o nordeste da Índia que os assim chamados "nativos" se rebelaram. O governo inglês entrou em cena, sufocou o "motim", transformou os territórios da Companhia em Colônia e indenizou-a regiamente – lançando o preço da compra como dívida pública da Índia.

Depois de 111 guerras, lutadas com tropas e dinheiro indianos, os ingleses consolidaram a paz e começaram a enviar gerações de administradores que construíram estradas de ferro, escolas, universidades, implantaram a tecnologia inglesa, inspiraram as idéias democráticas e revelaram ao mundo o passado cultural da Índia. O pai de Bion era um destes "administradores", graduado em engenharia Civil, profundamente identificado com o cenário da Índia e talvez, por isto, tenha atuado como Secretário no Congresso Nacional Indiano. Seus serviços à Coroa foram considerados tão valiosos que lhe foi oferecido o título de Cavalheiro, mas ele recusou a honraria.

No final do séc. XIX, a Índia estava reduzida à pobreza pela pressão dos teares e do maior calibre dos canhões ingleses. O país, que relutantemente se voltara para a industrialização, tem suas fábricas regidas pelo estilo vitoriano, ou seja, com os salários "fora de moda", e de fazer inveja a qualquer empresário capitalista.

Em 1889, o Barão de Curzon torna-se o Vice-Rei da Índia e se esforça para dividir a província de Bengala (isto é, destruir a unidade e a força da mais poderosa comunidade da Índia), o que levou os nacionalistas a um estado de revolta. No Congresso de 1905, o líder Tilak pede o Swaraj, palavra que vem do sânscrito e quer dizer autonomia.

Neste mesmo ano, Gandhi estava com 36 anos e trabalhava como advogado na África do Sul, lutando pela autonomia de direitos de seus compatriotas. Freud publica o caso Dora e Einstein seus primeiros escritos sobre a teoria da Relatividade. É neste mesmo ano que, seguindo o costume em voga nas famílias da alta classe média, Bion é levado pela mãe para receber sua educação numa escola da Inglaterra. Ele deixa a Índia para nunca mais voltar, numa experiência que já em si é profundamente penosa para qualquer garoto de 8 anos de idade, com o fator extra de estar trocando o ambiente e clima quente e excitante pelo tempo chuvoso e frio. Mais penoso ainda se pensarmos na cena que Bion descreve, da sua mãe indo embora, e ele ficando para trás no colégio, observando o movimento do chapéu.

> *"Nunca mais retornei lá. Já fui convidado a voltar a Bombaim, mas é um lugar relativamente civilizado e não me é especialmente interessante. Na verdade, é um lugar que me desagrada porque foi de lá que parti da Índia para a Inglaterra, e eu não gostei nada de partir* [64]*".*

Muito se especula sobre a influência da Índia no pensamento de Bion. Em muitos momentos, apontou-se similaridades com autores hindus, como fez Waldemar Zusman em uma das Conferências Brasileiras, ao perguntar a Bion sobre a semelhança de suas idéias com as de Krishnamurti. E ele respondeu bem sucintamente que se estava sendo vista uma é porque havia, mas nada conhecia sobre o autor. Entretanto, o que existe de verdade nestas correlações que insistem em serem feitas?

É claro que a perda da família e do ambiente da infância aos 8 anos deve ter sido traumática, e nota-se que ao longo da vida Bion trabalhou com essa experiência. Melanie Klein nos diz que uma certa dose de afastamento de algo desejado, para encontrá-lo mais facilmente em outro lugar,

---

[64] Entrevista a Márcia Câmara, Jornal do Brasil, 19/8/79.

constitui um mecanismo básico do desenvolvimento psicológico. O medo da morte da pessoa mais amada no início da vida, a mãe, faz com que o filho, até certo ponto dela se afaste, ao mesmo tempo em que isso o conduz a recriá-la e a buscar reencontrá-la em qualquer outra atividade que se empenhe. Aqui, tanto o ato de fugir dela como as primitivas ligações com ela encontram plena expressão. A primitiva agressividade infantil estimula o impulso de restauração e de fazer o bem, de devolver à mãe as coisas boas que em sua fantasia lhe roubara, e esses desejos de fazer o bem se fundem com o impulso posterior de explorar, pois no descobrimento de novas terras o explorador oferece alguma coisa ao mundo em geral e a um certo número de pessoas em particular. Em sua busca, o explorador traduz, a um tempo só, agressividade e impulso de reparação. O desejo de descobrir a mãe dos primeiros tempos, que se perdeu na realidade e no sentimento, é também de máxima importância nos processos criativos e nas diferentes maneiras pelas quais as pessoas desfrutam e apreciam a vida.

Bion tornou-se um adulto de personalidade serena e profunda, sempre gentil, bem humorado, polido e respeitoso para com todos os que estiveram com ele. Tais características exteriorizavam de imediato em suas *Conferências*. Pude confirmá-las também nos breves momentos de supervisão que tive em São Paulo, em 1978. Ressaltava ainda a coragem intelectual e sua paixão pelo "mistério", elemento com o qual a psicanálise está intensamente comprometida.

Melanie Klein dizia também que a exploração da mente inconsciente, o continente misterioso descoberto por Freud, revela que a busca por uma mãe amada e, a ânsia com a qual é buscada decorre da nostalgia dela. Na mente inconsciente do psicanalista, um novo território toma o lugar da mãe, substituindo a perda originária, elaborando os sentimentos de alheamento. A este propósito ela cita o soneto de Keats "Folheando pela primeira vez o Homero de Chapman":

> *"Muito vaguei por regiões de ouro,*
> *E estados e impérios esplêndidos vi;*
> *Ao largo de ilhas do ocidente estive;*
> *Reservados por Apolo a poetas, seus vassalos.*
> *Muitas vezes ouvi falar de um grande império*

Que o grave Homero comandava sozinho;
Nunca lhe respirei porém a pureza do éter
Até ouvir Chapman falar, ousado e afoito:
Senti-me então como um vigia do infinito
Quando um novo planeta cruza o raio de visão;
Ou como o bravo Cortez, quando em olhos d'água
Contemplou o Pacífico – e todos os seus homens
Entreolharam-se com selvagem suspeita -
Em silêncio, sobre o pico de Darien".

Podemos conjecturar que o "grave Homero", que governa o país da poesia, representa a admirada e poderosa figura do pai, cujo exemplo o filho (Keats) acompanha quando penetra no país de seus desejos (a arte, a beleza, o mundo, e finalmente, sua mãe). O artista ao insuflar vida em seu objeto de arte, quer este represente ou não uma pessoa, está restaurando e recriando inconscientemente os entes primitivamente amados, que ele destruiu na fantasia.

Bion, como Keats, de quem retirou a expressão *"capacidade negativa"*, segue o exemplo de seu pai, indo como este, que um dia foi para a Índia, trabalhar em "terras desconhecidas" – a mente inconsciente. Penso que é importante assinalar que a produção de Bion sofre uma guinada importante após a morte de Melanie Klein, e mais ainda, ganha contornos nitidamente poéticos quando parte novamente para morar em Los Angeles. Em busca de "outro continente" ele declara o motivo: *"ao invés de ser sufocado pelas honrarias e afundar sem deixar vestígios"*.

A mãe de Bion provinha de uma família menos abastada que a do marido, e é descrita como uma pessoa intuitiva que deve ter sido muito boa para o filho, pois W.R.Bion manteve uma forte ligação com ela, apesar das dificuldades ligadas à separação precoce quando foi estudar no Bishop's Stortford, em Oxfordshire. Além da mãe, ele era muito apegado a uma empregada e uma governanta, ambas hindus da casta pária, que falavam e recitavam com freqüência as aventuras do Mahabharata.

"Eu era muito apegado a elas. Gostava muito de ambas. Penso que elas costumavam contar histórias complicadas, das quais

não me recordo, mas imagino que deviam pertencer a partes do Mahabharata, o poema épico indiano, não tenho certeza[65]*."*

Na mesma entrevista, ele diz:

"Não conheço nada a respeito da filosofia da Índia, apesar de ter lido o que me foi possível dos Upanishads na tradução inglesa e o Bhagavad Gita, que evidentemente faz parte do Mahabharata. Afora isso, meus contatos com a mente indiana, eu diria, foram muito precoces".

Tais colocações parecem desfazer as especulações freqüentes sobre a influência do pensamento hindu em sua obra. Além disso, Bion era, sobretudo, um homem de Oxford. Nessa formação se encontram bases nítidas de seu universo intelectual e cultural. Por outro lado, é inevitável indagar sobre o que teria ido buscar nas citações que faz da filosofia hindu, além de uma melhor forma de linguagem para poder se expressar.

O Mahabharata é como a Ilíada e a Odisséia do povo hindu. Transmitida de forma oral, tem sua origem datada em aproximadamente 500 a.C. Como poema narrativo foi tomando corpo com o passar dos séculos, pela adição de episódios e homilias e absorveu o Baghavad Gita, obra que Bion citava como uma de suas inúmeras fontes. O Bhagavad Gita é um poema inserido na narração de uma batalha entre os Kurus e os Pandavas. A ocasião é a relutância de Arjuna, guerreiro Pandava, em atacar os seus parentes nas hostes adversárias. Ao lado do herói lutava Krishna, com quem o herói dialoga:

"Se por amor ao poder terreno
Trucidássemos parentes e amigos
Abovot! Que crime cometeria
Se meus parentes ferem, considero melhor;
Enfrentar sem armas, de peito nu;
Os seus dardos e espadas, do que,
Responder golpe por golpe ".

---

[65] entrevista a Márcia Câmara, Jornal do Brasil, 19/08/79.

Lorde Krishna

A semelhança com a Ilíada está no fato de ser a história de uma guerra travada por deuses e homens, e em parte causada pela perda de uma formosa mulher. Em torno desse tema, mil interpolações são acrescentadas, para expor assuntos diversos como as leis das castas, da herança, do casamento, dos ritos funerários, para explicar a filosofia dos Sankhia e dos Upanishads, para discorrer sobre tratados de geografia, genealogia, teologia, metafísica, fábulas, histórias de amor, vida dos santos, cantos de guerra, princípios de ioga, moral e beleza do Nirvana. Schopenhauer dizia que *"não há no mundo estudo mais elevado do que os Upanishads...constituem o mais velho documento filosófico e psicológico da espécie humana"*. A palavra e composta de *Upa*, próximo, e *Shad*, sentar. De "sentar perto" do mestre, o termo veio a significar o tema do "mistério" deste mundo inteligível.

Mas, apesar de Bion afirmar que seu contato com o pensamento hindu foi de ordem intelectual, as diversas citações parecem revelar que o componente emocional de sua experiência na Índia não pode ser descartado:

"Por mais que vivamos, não podemos, como indivíduos, experimentar acontecimentos tais como esses registrados por uns poucos, mobilizados do todo da raça humana, e que a despeito das diferenças de idade, religião, raça e linguagem, estão todos de acordo. Observem, por exemplo, o que Dante diz no 36o canto do Paraíso; ou Krishna interrogando Arjuna no Bhagavad Gita

se ele pensa que compreendeu Deus, ou Deus, replicando ao pressuposto Jó, por que acha que o ser humano pode compreender o Todo Poderoso. Expomo-nos à mesma acusação quando nos comportamos como se compreendêssemos as nebulosas espirais, simplesmente pelo método científico." (*Conferências Brasileiras I*, Imago ed., Rio de Janeiro, 1973)

"No Mahabharata as datas são virtualmente ignoradas. Em psicanálise nós falamos de passado ou futuro. Quais são as evidências para tais espontâneas datações ainda não está claro".(*Bion in New York and São Paulo*, Clunie Press, 1980).

"Eu tive a experiência durante a guerra de discutir com dois ou três de meus companheiros, o sentimento de que não poderíamos prosseguir lutando, pois a guerra parecia ridícula e estúpida. Aquela discussão era extraordinariamente semelhante àquela descrita no Bhagavad Gita quando Arjuna interroga Krishna e diz: 'estes adversários incluem muitos de meus melhores amigos, muitas pessoas que admiro, que são meus parentes. Ele jogou fora suas armas e disse :Não vou lutar". (ibid, pg.111)

"...Não acho que seja simplificar demais dizer que mesmo em épocas mais remotas da humanidade, das quais não temos nenhum registro – os Rig Veda –parecem ter tido a necessidade de desenvolver o que hoje chamamos de filosofia do pensamento. Assim, uma discussão filosófica sobre a antiga sabedoria dos Rig Veda[66] e dos outros Vedanta[67] tornar-se-ia contaminada

---

[66] Os Rig Veda eram cantos que evoluíram com as gerações dos que os recitavam e onde se afirma a idéia de que a poesia é para os ouvidos e não para os olhos. Originaram-se do período histórico conhecido como Védico. Veda significa conhecimento, ciência; e abordam todos os assuntos relativos à sexualidade: incesto, sedução, prostituição, aborto, adultério e homossexualidade, dentro de um quadro social de moralidade.

[67] Vedanta significa o fim dos Vedas, isto é, os Upanishads. Hoje em dia a Índia aplica a palavra ao sistema de filosofia que dá estrutura lógica à doutrina essencial dos Upanishads; a de que Deus (Brahman) e a alma (Atman) constituem uma unidade.

com hostilidade, como aconteceu com a filosofia dos gregos na época de Platão e Sócrates..."
(*Making the best of a bad job, Clinical Seminars and four papers*, Abingdon, 1990)

Finalmente, não deixa de ser curioso assinalar a extraordinária semelhança entre a obra de Kant, de quem Bion retirou inúmeros conceitos para traduzir questões psicanalíticas, com a obra de Shankara, o filósofo Hindu que escreveu os mais famosos comentários do Vedanta.

Em sua curta vida de 33 anos, Shankara se tornou o maior filósofo da Índia, realizando aquela misteriosa união do sábio e do santo, da sabedoria e da bondade, que caracteriza o mais elevado tipo de homem produzido na Índia. Nascido entre os estudiosos brâmanes nambudri de Malabar, Shankara ainda muito jovem se tornou um sannyasi. Adorava despretensiosamente os deuses do panteão hindu e misticamente se absorveu na visão de Brahman. Pareceu-lhe que a religião e a filosofia mais profundas eram os Upanishads, criticando o ateísmo do Sankhia[68].

A Universidade de Benares concedeu-lhe com as mais altas honrarias, e enviou-o numa comitiva de discípulos, onde se apresentava como campeão do bramanismo. Em todos os centros da Índia estabeleceu debates. Ao voltar para Benares escreveu os famosos comentários sobre os Upanishads e o Bhagavad Gita, nos quais ataca os heréticos da Índia e devolve o bramanismo à posição de liderança mental do qual Buda o tinha tirado.

Existe muita aridez metafísica nestes discursos, defeito aliás perdoável num homem de 30 anos de idade, que a um tempo só era o Tomás de Aquino e o Kant da Índia (se for válida tal comparação). A exemplo de Aquino, Shankara aceita a absoluta autoridade das Escrituras, e parte a procura de provas e razões para esses ensinamentos revelados. Separa-se, entre-

---

[68] O sistema Sankhia constitui o mais antigo dos seis sistemas de filosofia hindu. Com origens anteriores ao budismo, tem na ioga um de seus desenvolvimentos práticos. Trata basicamente da relação do ser humano com a realidade, sendo a libertação um fato advindo do conhecimento desta.

tanto, de Aquino por não crer que a razão baste para tal empresa: "*Não é de lógica que necessitamos, mas de visão interior, da faculdade de apreender o essencial no irrelevante, o eterno no temporal, o todo na parte; esta é a primeira exigência da Filosofia.*" Compare-se então com Kant, que afirma ser a função da filosofia responder a uma única questão, que comanda as demais: o que pode legitimamente nossa razão?

Shankara colocou a fonte de sua filosofia num ponto que só seria alcançado no Ocidente mil anos depois, quando Kant escreve *A Crítica da Razão Pura*, consumando na concepção de pensamento puro, ao qual ele adere num estado de fé. *A Crítica da Razão Pura* permite fundar a metafísica graças à ética. Heidegger viu perfeitamente que o sentido profundo da obra de Kant é destacar a finitude do ser humano como fundamento essencial da ontologia, e bem assim da metafísica em geral.

A concepção de coisa em si como limite da razão humana irá fundamentar o conceito de "O" em Bion, pois permite distinguir o pensamento e o conhecimento: o pensar é infinitamente mais vasto do que o conhecer. A coisa em si não é conhecida, mas pelo menos se pensa nela.

Segundo Kant, conhecer é primitivamente intuir. Donde se segue que o único texto da ontologia filosófica é a finitude: não se pode conhecer senão os fenômenos. E o conhecimento é o que faz com que haja fenômenos para nós. Pelo fato do valor razão ser reduzido, não se segue que obrigatoriamente se deva confiar em todos os seus trâmites. O essencial é limitar o seu uso objetivo, aquilo que conduz a um saber. E o que permite responder a essa questão é a distinção entre entendimento e a sensibilidade, entre conceito e intuição. Daí surge a famosa frase de Kant, empregada por Bion: **o conceito sem intuição é vazio, a intuição sem conceito é cega.**

Segundo Kant, todo nosso conhecimento começa com a experiência; tese que fundamenta o conceito de **vínculo K** para Bion. Construir um conceito é conceber a priori a intuição que lhe corresponde. Demonstrar é construir, e não se constrói senão na intuição, no nível que antecede o conceito: tal fundamento pode ser encontrado na teoria da **pré-concepção** de Bion.

3-A Revolução Intelectual – a segunda cesura

No período que vai de 1906 a 1915, W.R.Bion estudou no Bishop's Stortford College, descrito por Lyth[69] como uma escola pública não-conformista de alto padrão. Grotstein[70] a descreve como uma das mais apuradas e aristocráticas da Inglaterra ("*aristocratic Edwardian England*").

"*Bem, estamos aqui. Mas onde é aqui? Eu me lembro de uma época quando estava num endereço, há uns 70 anos atrás, que chamava de Newbury house, Hadam Road, Bishop's Stortford, Hertfordshire, England, Europe. Um outro garoto me disse: 'Você deixou de incluir o Mundo?*". (Bion in New York and São Paulo, Clunie Press, 1980)

Bishops Stortford Prep School

O tipo de educação sofisticada e o ambiente social seleto oferecido na escola, não anulavam obviamente os sentimentos de solidão e as ansiedades decorrentes do sistema pedagógico rigoroso cultivado na Inglaterra. Afastado da família, que ficara na Índia, o jovem Bion talvez pudesse dar um outro sentido à expressão "deixar de incluir o mundo", tal era o contraste que as normas de educação deveriam ter com sua vida na Índia. Mas

---

[69] Lyth,O., Obituary, Int.J.of Psycho-Anal., vol.61, part2, pg.274, 1980.
[70] Grotstein, J. em Do I Dare disturb the Universe, Caesura Press, 1980.

o sentido central pode ser conjecturado a partir do contexto histórico-social, pois todo ser humano é um grupo e assim traz consigo o "mundo" a sua volta. Mas o que era o "mundo" nesta época?

No final do século XIX, devido às fortes tradições individualistas, a Inglaterra encontrava-se atrasada em vários anos em relação às outras grandes potências da Europa Ocidental, no tocante ao progresso social. É certo que algum progresso existiu, como as leis que proibiam o trabalho de mulheres e crianças nos subterrâneos das minas. Mas o governo inglês não adotou medidas amplas de reforma social senão depois de 1905, quando o partido liberal rejuvenescido subiu ao poder.

Sob a liderança de Gladstone, a velha geração de liberais, que representava as classes comerciais, esteve comprometida com os princípios da política do "*laissez-faire*". Suas energias tinham sido absorvidas por problemas de reforma política e pela questão do "*home rule*" (autonomia) para a Irlanda. Com a morte de Gladstone em 1893, a direção do partido passou para mãos mais jovens. Alguns dos novos líderes – Herbert Asquith, David Lloyd George, John Morley e Winston Churchill – eram idealistas entusiásticos, decididos a mover uma "guerra sem tréguas" contra a miséria. Subindo ao poder em 1905, esses ardentes reformadores decidiram alijar as idéias que julgavam "fora de moda" adotadas até então pelo seu partido, e transformar a Inglaterra num "paraíso" de equidade econômica para todos. Mais socialista não se podia ser.

De 1905 a 1914, foi aprovado o mais notável programa de legislação reformista desde a Revolução Gloriosa. Em primeiro lugar, vieram as leis dos Trabalhadores de 1906, e a lei da Aposentadoria em 1908. A seguir, a Lei das Câmaras Gremiais, de 1909, que autorizava comissões especiais a fixar os salários mínimos dos operários dos "*sweatshops*" (oficinas industriais em que se impunha um excesso de trabalho com pequeno ordenado). Três anos depois, o princípio dos salários mínimos foi estendido à Indústria do carvão. Em 1911, o gabinete liberal fez passar no parlamento a grande Lei Nacional dos seguros, que introduzia um sistema de seguros contra doença para todos os assalariados, estabelecendo o seguro-desemprego para os operários de construções. As disposições dessas leis contra o desemprego atingiam mais de dois milhões de trabalhadores especialmente sujeitos a conseqüências dos períodos de crise.

A esta linha de reformas sociais do governo liberal devem ser acrescentadas outras quase sem precedentes. Em 1901, a Câmara dos Lordes deu sua famosa decisão no caso da estrada de ferro de Taft Vale, afirmando que os sindicatos operários podiam ser responsabilizados pelos danos causados à propriedade no decurso das greves. Em parte para aplacar a fúria dos líderes trabalhistas, o governo liberal fez aprovar a Lei de Litígios do trabalho, em 1906, colocando os fundos dos sindicatos ao abrigo das ações judiciais por perdas e danos. Em 1909, o Parlamento liberal promulgou uma lei permitindo a desapropriação das zonas de cortiço e autorizou as autoridades locais a tomar medidas necessárias para oferecer moradias mais dignas aos pobres. Essa lei estabeleceu o precedente para a construção de habitações coletivas em enorme escala. Entre as mais significativas reformas sociais do regime liberal contam-se certas medidas incluídas no orçamento de Lloyd George para 1909. Nesse notável programa fiscal, não só se propunha aumentar as taxas do imposto de renda, mas também cobrar uma sobretaxa sobre a renda dos mais ricos. Recomendava-se ainda que o governo confiscasse 20% do produto da valorização indébita da terra, e lançasse um pesado imposto sobre todas as terras improdutivas cujo valor estimativo estivesse acima de 50 libras esterlinas por acre. Tais medidas tinham um duplo propósito: aumentar a receita para destinar maiores verbas às aposentadorias e diminuir as grandes fortunas. Esperava-se que o imposto sobre a valorização e sobre as terras improdutivas contribuísse para quebrar o monopólio latifundiário dos nobres mais ricos, de magnatas como o Duque de Westminster, que possuía 600 acres em Londres, e do Marquês de Bute, proprietário de metade da área de Cardiff, com cerca de 20.000 casas construídas. Repelido pela Câmara dos Lordes, o orçamento de Lloyd George transformou-se finalmente em lei, depois que os liberais foram confirmados no poder pelas eleições de 1910. Em resumo, o socialismo era a idéia política dominante no pensamento político da jovem geração.

O período de 1906 a 1915, em que o jovem Bion recebeu sua educação básica, não pode ser entendido como um período isolado do ponto de vista do avanço da ciência, mas como parte do que diversos historiadores chamaram de Revolução Intelectual. Esse termo designa, geralmente, os avanços culturais obtidos nos séculos XVII e XVIII, mas é igualmente correto aplicar o termo ao período que vai de 1840 a 1914, tomando esta ultima data como o verdadeiro fim do século XIX. Nunca antes, em período tão breve de tempo, o espírito humano produziu descobertas e idéias estimulantes em tão assombrosa profusão. O fenomenal progresso científico dessa época resultou de vários fatores. Até certo ponto era devido ao estimulo da Revolução Industrial, à elevação do padrão de vida da população, e ao desejo de conforto e prazer. Albert Einstein é representativo desta época, assim como Sigmund Freud e Karl Marx. Nenhum deles é menos alheio aos problemas da vida cotidiana do que o outro. O pensamento científico que trouxeram à tona não está isento da política e da ideologia de sua época.

Do ponto de vista da filosofia, podemos constatar que a maioria dos movimentos filosóficos do princípio do século XX foram grandemente influenciados pelo avanço da ciência. As filosofias evolucionistas de Spencer, Huxley e Haeckel fornecem um exemplo característico das mudanças introduzidas no pensamento humano por Charles Darwin. Sem dúvida, ele inaugura uma era de desenvolvimento causando o que Freud definiu como um dos grandes golpes ao narcisismo humano, e junto do qual situava a psicanálise. As próprias idéias de Nietzsche revelam também uma nítida influência da evolução, embora ele não fosse cientista como Spencer, e nem se interessava pela natureza da matéria.

A hipótese darwiniana foi desenvolvida e ampliada por diversos biólogos, sobretudo Mendel com as teorias genéticas.

O registro das conquistas físicas salienta, neste período, três avanços: Em 1847, Helmholtz formula o princípio da conservação da energia ou a primeira lei da termodinâmica. Em 1851, surge a segunda lei da termodinâmica ou a lei da dissipação da energia. Explicada sistematicamente pela primeira vez por William Thompson (Lorde Kelvin), sustenta ele que, embora a energia total do universo permaneça invariável, a quantidade de energia útil diminui constantemente. Seguindo-se aos avanços do século XIX feitos por Maxwell sobre as ondas eletromagnéticas, por Hertz, das ondas elétricas de alta freqüência, ao descobrimento dos raios-X por Röentgen, o da radioatividade por Madame Curie, chegamos a 1903 quando os físicos ingleses Rutherford e Sody desenvolvem a teoria atômica até chegar em 1910, à concepção do átomo e aos conceitos de prótons e elétrons. O clima da revolução das ciências físicas foi alcançado com as teorias de Einstein sobre a Relatividade.

Nesta época, a filosofia já começa a referir-se às incertezas que as ciências trazem ao pensamento humano, principalmente em função das descobertas da estrutura da matéria, fazendo com que muitos pensadores perdessem a confiança no otimismo de Spencer e no mecanicismo de Haeckel. Nos USA surge o pragmatismo zombando dos esforços para descobrir a verdade absoluta ou para determinar a natureza ultima da realidade. Surge o neo-idealismo como reação ao mecanicismo e ao materialismo sendo, na sua base, uma espécie de composição das doutrinas de Hegel e Kant, e que têm no inglês Bradley seu primeiro expoente, até chegarmos a Bertrand Russel, o mais eminente neo-realista e um dos grandes autores de obras filosóficas do século XX, de grande influência na Inglaterra e no ensino da filosofia e outras ciências nas Universidades, incluindo Oxford onde Bion estudou e obteve sua principal formação cultural que é empregada na psicanálise.

O período de 1830 a 1914 caracterizou-se também por um vasto desenvolvimento das ciências sociais. A primeira das novas ciências a se desenvolver foi a sociologia, criada por Augusto Comte e elaborada por Herbert Spencer. Segue-se a fundação da antropologia, por James Pritchard e Sir Edward Burnett-Tylor. Em 1870, a psicologia desligou-se da filosofia, tornando-se uma ciência autônoma. Após sua criação na Alemanha sob a orientação de Wundt, foi desenvolvida pelos americanos William James e Stanley Hall, que convida Freud para as famosas conferências de 1910 na Universidade de Clark.

Mas, neste período, é com o surgimento da psicanálise que o pensamento humano dá um de seus maiores passos. Entre 1905 e 1915, ano que Bion termina sua educação básica no Bishop's Stortford, Freud publica 62 trabalhos, dentre eles os Três Ensaios sobre a Teoria da Sexualidade, Totem e Tabu, Introdução ao Narcisismo, os artigos técnicos, os artigos metapsicológicos e os grandes casos clínicos.

A tendência dominante na literatura ocidental entre 1840 e 1914 foi o Realismo. Antes da Primeira Guerra Mundial, o Realismo distinguiu-se por certas qualidades como o protesto contra o sentimentalismo e a extravagância dos românticos. Os realistas descreviam a vida não em função de um ideal emotivo, mas de acordo com os rudes fatos revelados pela ciência e pensados pela filosofia. Além disso, caracterizava-se por um interesse absorvente nos problemas psicológicos, analisando minuciosamente as tendências antagônicas do comportamento humano. As lutas do indivíduo para sobrepor-se às desilusões do ambiente são o tema, que na França tem Balzac, Emile Zola, Flaubert, Anatole France.

Na literatura inglesa, o Realismo foi precedido pelas obras de Thackeray e Charles Dickens. O primeiro foi o romancista da aristocracia elegante, embora estivesse longe de admirar-lhe a qualidade. Comprazia-se em expor os escândalos da alta roda e em ridicularizar as fraquezas das pessoas dessa classe. Dickens era o porta-voz das classes pobres, e em romances como Oliver Twist, Dombey and Son e David Copperfield, descreveu com simpatia a triste vida dos pobres da Inglaterra, denunciando os horrores das *workhouses* (casas de correção). Os livros de Thackeray e Dickens foram os precursores do Realismo expresso por George Meredith e Thomas Hardy, sendo este ultimo, o mais famoso realista da era vitoriana. Em narrativas bem conhecidas como "The return of the native", "Jude, the obscure" e "Tess of D'Urbevilles", expõe a concepção dos homens como joguetes de um destino inexorável.

Entre 1900 e 1914, o espírito da reforma social atinge a literatura, e o primeiro gênio a tocar a alvorada da nova era foi George Bernard Shaw, que combinava o entusiasmo pelo socialismo com a dedicação à filosofia materialista, uma sólida fé no valor da ciência, mais um desprezo cáustico pelos artificialismos da sociedade burguesa. Não menos incisivo no socialismo foi o realismo de H.G.Wells. A maioria das novelas que publicou antes de 1914, descreviam as utopias científicas em que a fadiga e a pobreza seriam eliminadas pela tecnologia, enquanto a superstição e a guerra seriam banidas pela educação adequada.

Entretanto, seria erro acreditar que o Realismo disputasse a adesão exclusiva do mundo literário até 1914. O Romantismo continuou muito popular, sobretudo na poesia. Entre os poetas deste período que cultivaram uma atitude romântica destacam-se Robert Browning, John Ruskin, Alfred Tennyson, Thomas Carlyle e Rudyard Kypling.

Robert Browning, um dos poetas mais poderosos da língua inglesa, seu estilo e trajetória guardavam grande semelhança com a de Bion. No começo, despertava resistência - os leitores acostumados à música de Tennyson, acharam Browning duro e incompreensível. Respondeu-se-lhes, porém, que a aparente obscuridade do poeta residia apenas na sua riqueza em alusões eruditas, de modo que só leitores cultos o podem compreender; e constituíram-se Browning societies para divulgar os conhecimentos necessários e comentar as obras do poeta. Ignorância é algo que ninguém gosta de confessar. Começaram todos a fingir admiração por Browning, que era, como os epíforos, um *"scholarly poet"*.

> *"Robert Browning, num poema como Sordello, disse que tivera um sentido que certa vez foi conhecido tanto por ele como por Deus. Todavia, tendo esquecido o que significava, passou a ser conhecido apenas por Deus. As relações entre Browning que escreveu Sordello e o que escreveu The Ring and the book tem sido colocadas em separado; eles não falam a mesma linguagem- mas são a mesma pessoa. Isto se aproxima do que ocorre em análise".* (*Bion's Brazilian Lectures 2*, Imago ed, Rio de Janeiro, 1974)

Desde Freud é profunda a aproximação entre a psicanálise e os autores literários. Wittels, elaborando a questão da imaginação poética de Freud comenta que A Interpretação dos Sonhos (1900) é a autobiografia mais estranha da literatura universal. E Freud chegou logo a aplicações de sua teoria no terreno da crítica literária, como por exemplo em A Gradiva de Jensen. Literatura e arte são como "sonhos diurnos", e desde Freud há poucos críticos literários que não empregam a psicanálise para interpretar obras de arte. Sem a psicanálise não haveria literatura moderna; não haveria surrealismo, nem Gide, D.H.Lawrence, Kafka, Joyce, Thomas Mann, Hesse- enfim, todos. O contrário também pode ser considerado uma verdade, a psicanálise muito deve a literatura. Para todos os escritores modernos, a psicanálise abriu as portas para se falar da sexualidade com franqueza inédita, transformando-se completamente o aspecto da literatura universal. Seria difícil compreender tão grande repercussão se não existissem relações estreitas entre a psicanálise e literatura.

"...o psicanalista lucraria se pudesse ser um artista e se expressar como Freud o fez, em termos facilmente considerados de alto valor artístico...a capacidade artística ou estética transparece nas expressões que desejam ser apenas científicas, e o artista, por sua vez, pode descobrir a ciência na sua arte". (Conferências Brasileiras I, pg.118, Imago, Rio de Janeiro,1973)

"Penso que um psicanalista quando vai para o trabalho, deveria pensar que está indo para seu atelier mais do que para um consultório. Pois ele precisa considerar em primeiro lugar quais os instrumentos dos quais dispõe. Que linguagem vai empregar e em que língua a outra pessoa estará se comunicando". (Entrevista a Márcia Câmara, Jornal do Brasil, 19/08/72)

Browning, como Bion, podem ser considerados difíceis, e assim o são, porque não querem falar diretamente. Falam através de algo, que é a linguagem, de forma deliberadamente assumida, não sendo nem profetas, nem líricos, mas psicólogos; como um romancista, embora em poesia. A maior obra de Browning, *The Ring and the Book* é um romance em versos. É a história, de um crime passional, na Itália do século XVII, de enredo muito parecido com os contos de Stendhal. Os diferentes personagens contam, dos seus diferentes pontos de vista, o que aconteceu. O resultado é um panorama composto de vários quadros subjetivos. Cada um, no grande drama da vida, tem a sua parcela de razão. O liberalismo vital de Browning não quer julgar e sim compreender. E podemos dizer que esta é também a estrutura literária fundamental do *Memoir of the Future* de Bion.

Da literatura clássica inglesa, tudo aponta para que consideremos John Milton o preferido de Bion. Milton é uma figura tão proeminente que é surpreendente como provocou pouca impressão como poeta enquanto estava vivo. O volume de 1645, que inclui poemas como Lycidas e Comus, não tiveram uma segunda edição até 1673. Os três poemas que lhe deram lugar eterno na Literatura universal - *Paradise Lost, Paradise Regained, e Samson and Agonistes* - parecem não ter causado nenhuma reação no meio literário, quando foram lançados. Mas após a morte de Milton em 1674, as "misteriosas forças" pelas quais se alcança a fama poética começaram a funcionar e, no final do século, Paradise Lost ocupou a posição que se manteve virtualmente inalterada, até os anos 20, como sendo o clássico da literatura poética inglesa, parecendo ter sempre feito parte do ambiente literário de toda pessoa culta. Os eruditos consideram difícil explicar porque esta mudança no status de Milton ocorreu, atribuindo talvez às suas opiniões políticas o motivo da resistência a sua obra.

> *"Milton, através de seu trabalho Aeropagítica[71], tentou infundir suas idéias em seus conterrâneos; hoje podemos ver mais o que eram suas idéias, o que aconteceu com elas e o que aconteceu com seus conterrâneos"*. (Bion in New York and São Paulo, Clunie Press, 1980)

> *"O Paradise Lost de Milton e o final do quinto livro da Eneida, são ambos tentativas sérias de formular, e desse modo comunicar, algo a respeito da religião, a respeito de um Deus que representa a realidade ultima. Estamos tentando falar a respeito de um assunto obscuro, as partes mais fundamentais e primitivas da mente humana"*. (Conferências Brasileiras I, pg.45, Imago, Rio de Janeiro, 1973)

Se quisermos indagar sobre o que significam as "misteriosas forças" das resistências a um autor, talvez o trecho da entrevista de Bion a Márcia Câmara (op.cit) esclareça:

> *"Penso que, em qualquer país, a descoberta da mente humana é profundamente perturbadora. As pessoas não gostam nem de descobrir que tem uma mente, nem que os outros a tenham. E a idéia é que se podemos focalizar a atenção sobre algum aspecto do pensar e da personalidade das pessoas, então este aspecto não será bem recebido"*.

---

[71] Aeropagítica é um discurso sobre a liberdade de imprensa.

Após a morte de Milton, John Dryden, então aclamado como o maior poeta inglês, compara a obra de Milton com a de Homero e Virgílio, declarando-se seguidor de Paradise Lost; obra que iria dominar a literatura inglesa pelos próximos 200 anos. Para a opinião literária da época do Romantismo, Milton foi aclamado como representante da verdadeira poesia inglesa, tendo em Keats, Shelley e Byron seus entusiastas e críticos.

> *"Keats referiu-se a Shakespeare como tendo sido capaz de tolerar os mistérios, as meias verdades, as evasões, de modo a conseguir escrever. Teve que ser capaz de pagar esse preço, para ser Shakespeare. O que escreveu ainda permanece; tem uma consistência, uma durabilidade que não podemos conseguir; e não obstante, ele foi uma pessoa comum como as demais de nós. O que tornou tão"* extraordinárias *"pessoas como Shakespeare, Virgílio e Milton, foi a capacidade que apresentaram de realizar tais obras extraordinárias, sendo, ao mesmo tempo, pessoas comuns. Todos nós, pessoas comuns, devemos ousar conduzir-nos como se fossemos extraordinários, sem acreditar que seja esse o caso, e sem nos enganarmos"*. (*Conferências Brasileiras I*, pg.94, Imago, Rio de janeiro, 1973)

A poesia de Keats é um texto intensamente musical, "filosófico", apenas pela reprodução da harmonia das esferas, fugindo do mundo por céus sonhados: romantismo de evasão? Sua biografia parece confirmar isso. De origem pobre, filho de um cocheiro, sem estudos regulares, autodidata, maltratado pelos críticos, consumindo-se numa paixão erótica das mais ardentes, morto de tuberculose aos 26 anos, Keats era um grande construtor de versos. Talvez o maior da língua inglesa. Em Milton buscou a objetividade, e como este sabia construir sonetos de uma frase só:

"*Beauty is truth, truth beauty – that is all*".
"*A thing of beauty is a joy for ever*".

Há um compromisso em Keats com o emocional, e quando diz que "*What shocks the virtuous philosopher, delights the camelion Poet*" se torna o precursor dos simbolistas, o poet's poet por excelência.

> *"Se os psicanalistas conseguem interpretar o que o analisando diz, eles devem ter uma grande capacidade para tolerar as afirmações de seus analisandos, sem se apressarem em concluir que já sabem quais são as interpretações. Acho que é isto que Keats quis significar quando disse que Shakespeare deve ter sido capaz de tolerar a capacidade negativa."* (Conferências Brasileiras I, pg. 93, Imago, Rio de Janeiro, 1973)

Para Keats, a obra de Milton era a subversão da linguagem- é impossível ler Milton sem a sensação de estar diante de uma inteligência brilhante, sendo ao mesmo tempo uma pessoa comum. Mesmo seus entusiastas que o colocaram em tão alta conta, sentiam necessidade de se defender e de se resguardar de sua personalidade. William Blake dizia que *"a razão pela qual Milton escreveu é porque ele tinha tanto de poeta verdadeiro quanto de pacto com o diabo sem o saber"*.

Shelley, escreveu em *Defense of Poetry* que: *"nada pode exceder a energia e a magnitude do caráter de Satã em Paradise Lost. É um erro supor que tenha havido qualquer intenção de personificação popular do mal"*.

Para Byron, sem dúvida, o herói do poema de Milton é a figura de Satã. De forma ampla podemos entendê-lo como o personagem que representa o homem moderno, por reunir em si todas as características da modernidade: a crítica ao sistema como método, a descoberta do infinito, e a revolução de método. Mostra ainda a relação entre depressão e "a queda em si mesmo", resultado do conhecimento adquirido no movimento de descoberta.

> *"Freud, quando escreveu para Lou Andréas-Salomé, disse que quando ele estava investigando um assunto obscuro, às vezes encontrava a luz para a investigação ao cegar-se artificialmente. Na abertura do Canto III de Paradise Lost, Milton diz":*
> *"Salve, Ó luz, primogênita do Empíreo.*
> *Ou Coeterno fulgor do Eterno Nume!*
> *Como te hei de nomear sem que te ofenda?*
> *É deus a luz, - e, em luz inacessível*
> *Tendo estado por toda a eternidade*

Esteve em ti, emanação brilhante
Da brilhante incriada essência pura.
...
Obtida do vazio infinito sem forma
Parece não haver dúvida, e Milton certamente não tinha dúvida, que estava cego – "tão espessa gota urdindo nas tramas destes olhos enquanto rolam em vão"; embora pudesse sentir delas o calor, não podia ver. Hoje em dia, um olho de especialista pode ter uma idéia adequada da cegueira de Milton. Na realidade, não podemos dizer se Milton se cegou artificialmente, se o fez inconscientemente; quando não podia investigar as "cenas que à vista dos mortais se escondem", enquanto estava cego pela luz dos fatos. Não podemos psicanalisar Milton, mas é intrigante que aparentemente tivesse a experiência de cegar-se por um bom motivo, exatamente como Freud fez quando não podia investigar esses lugares obscuros e escuros, a menos que se cegasse artificialmente". (Bion's Brazilian Lectures 2, Imago, Rio de Janeiro, 1975)

Como Freud, Bion pode entender, e aprofundar a importância de se alcançar um estado mental propício para a análise. A capacidade intuitiva está no âmago da psicanálise, assim como de toda importante e duradoura obra poética. Essa característica comum constitui o principal motivo que move as citações literárias e poéticas de Bion.

Entretanto, há um outro sentido que emerge da associação Satã-Milton-Freud-Bion. Trata-se da autonomia em relação ao *Establishment*, sem a qual não poderiam criar. Para Milton, a escuridão do Inferno de Satã não é a exclusão da glória e da felicidade do Céu, mas a escuridão da Incerteza, o subproduto da liberdade escolhida ao invés da segurança opressiva ao lado Deus. Milton podia tolerar a Incerteza por possuir a desafiadora capacidade negativa. Sua referência à Luz, surge não apenas como o desejo de manter todo o esquema da poesia em mente, mas para apresentar o verdadeiro retrato de Satã. Para Milton, Deus permanece sempre como o "grande mistério" cujos inescrutáveis caminhos só podem ser compreendidos na "luz" que é inacessível ao homem (a coisa em si, a realidade ultima, "O").

> "*Um artista como Picasso, ou um poeta como Milton, podem pintar algo ou escrever algo que mostra não só o sentimento deles, mas que é característico do ser humano em geral. Não são apenas obras estéticas, mas são continentes de uma mensagem que, de forma mítica, expressa uma verdade e uma maneira de pensar que são inerentes ao ser humano, ou seja, a existência de uma mente criativa*".

A obra de Milton pode ser comparada com o texto de Santo Agostinho, *A Cidade de Deus*, onde a gramática hebraica não faz distinção entre passado, presente e futuro, e freqüentemente fala de eventos no estilo do "imperfeito", cujo equivalente mais próximo em inglês é o "past". Esta forma implica em uma despreocupação com a conveniência do leitor - e afirma a necessidade predominante de expressar sentimentos na relação continente-conteúdo. Tal relação é estudada por Bion de uma forma sem precedentes na psicanálise. Ele chama a atenção para o fato da linguagem conter sempre um sentido oculto, não alcançável pela gramática, e que não podemos captar enquanto ficamos iluminados pela presteza da linguagem gramatical, a nos cegar para o verdadeiro fenômeno que os psicanalistas devem buscar. A este propósito ele cita Pound:

> "*São os poetas ocidentais que estiveram mais próximos de usar a gramática correta. Ezra Pound tem sido freqüentemente olhado como psicótico e seus poemas chamados de lixo*"(*Bion's Brazilian lectures 2,* Imago, Rio de Janeiro, 1975)
> "*Um artista como Picasso é capaz de captar características da pessoa humana, que estão ocultos para os olhos da maioria. Assim também o paciente espera do analista que ele capte traços de sua personalidade que estão presentes e que estiveram presentes na infância e que estarão presentes no futuro.*" (ibid)

Pound, foi sem dúvida, um dos grandes promotores da poesia moderna. Scholar erudito, conhecia muitas línguas, sabia poetizar em várias delas. Incorporou neologismos à língua inglesa, inúmeros metros, e se pode muitas vezes dizer que criou uma nova língua, ou recriou a velha. T.S.Elliot e todos os poetas modernos da Inglaterra e da América devem-lhe sugestões decisivas. Pound abre os olhos de todos os seus contemporâneos; o mundo novo, técnico, precisa de uma linguagem nova, rápida, incisiva – talvez bastasse uma imagem só para fazer um poema, mas uma imagem que tocasse em cheio a sensibilidade.

> *"Cada analista, em particular, deve forjar para si mesmo a linguagem que conhece, que saiba utilizar e o valor daquilo que conhece"* (Evidência, Rev. Bras. Psicanal., vol. XIX, no 1, 1985)

3-A Cesura da Guerra

Quando Bion termina em 1915 sua educação básica, a I Guerra Mundial já estava deflagrada. Como milhares de jovens da época, procura alistar-se, mas inicialmente é recusado por ser muito magro. Foi com a ajuda de sua mãe, que conhecia um oficial graduado do Exército, e usando de influência, conseguiu que Bion fosse servir no Royal Tank Regiment, e daí participa das ações de guerra no front ocidental. Logo toma parte da batalha de Cambrai[72], que foi o primeiro grande combate no qual os tanques foram usados contra os alemães.

Lyth (1979), comenta que foi com excitação que Bion sentiu seu primeiro envio para ação, seguida de *"dismay"* (desalento) quando percebeu que estava sendo enviado para combate pela segunda vez no mesmo

---

[72] Em 20 de Novembro de 1917, o exército britânico lançou uma ofensiva em larga escala destinada exclusivamente ao uso da sua arma secreta, o tanque (assim chamado porque o primeiro carregamento vindo da Inglaterra, por navio, os acomodou em tanques de água para manter o segredo). Uma barragem de artilharia iniciou a ofensiva de 476 tanques, perfilados, movendo-se contra as linhas alemãs. Apoiados pela infantaria, obtiveram ganhos dramáticos, quebrando a quase impenetrável linha Hindenburg em profundidades de 4 a 5 milhas, em alguns lugares. Todavia, esta vitória surpreendeu o alto Comando britânico tanto quanto o alemão e, deste modo, a carga seguinte falhou em manter a vantagem. De qualquer forma, a batalha de Cambrai demonstrou como um ataque bem planejado, combinando tanques em massa, com surpresa, poderia ser usado para quebrar o impasse das trincheiras.

dia. O capítulo sobre esta batalha no livro *The Hystory of the Royal Tank Regiment*, diz o seguinte: "*Alguns dos tanquistas lutaram mesmo apeados. Um exemplo marcante foi o Ten. W.R.Bion, quando teve seu tanque atingido e colocado fora de ação, estabeleceu com sua tripulação um posto avançado numa trincheira alemã. Congregando mais alguns infantes, subiu no topo de seu tanque com um fuzil Lewis para obter um melhor alvo de uma metralhadora inimiga. Quando os alemães contra-atacaram com força, conseguiu mantê-los à distância até que sua munição se esgotou, e mesmo assim continuou a lutar usando uma metralhadora alemã abandonada, até a vinda do reforço de uma Companhia de Seaforths. Mas, como o comandante desta foi logo atingido na cabeça, Bion temporariamente comandou a Companhia. Ele foi indicado para a VC (Victoria Cross) e recebeu o DSO*".[73]

De acordo com Lukacs[74], poder-se-ia dizer, grosso modo, que os hábitos nacionais de linguagem são resultado do raciocínio político, sendo o inverso igualmente verdadeiro. Através dessa teoria, entende-se que certas características nacionais na maneira de raciocinar são, obviamente, tanto expressão como resultado de hábitos retóricos nacionais – que se tornam cada vez mais importantes com a ampliação das comunicações em massa, com esta verborragia diária, de onde advém uma espécie de publicidade nacional que vai penetrando na mentalidade de cada pessoa em particular. O que de melhor aqui se observa, particularmente quando a guerra foi deflagrada, é aquela mistura de orgulho racial e bravura pessoal, que distingue a retórica do patriotismo inglês: "*os ingleses temiam mais a derrota do que a morte*". Churchill soube explorar politicamente esta característica, que em suas Memórias sobre a Guerra, exemplarmente é descrita na frase: "*este foi um tempo que era igualmente bom viver ou morrer*". O "igualmente" diz tudo sobre este tipo de retórica a qual Bion e tantos outros jovens foram expostos na I Guerra Mundial, e sem parar para pensar, embora achando que por usar a retórica estavam pensando, foram rumo as batalhas sangrentas.

---

[73] cit. de *The Days of Our Years*, artigo de Francesca Bion, BPAS,2001,publicado inicialmente em The Melanie Klein & Object Relations Journal, vol 13,No 1, 1995.
[74] Lukacs, J. , A Ultima Guerra Européia, Ed. Nova fronteira, Rio de Janeiro, 1980.

> *"Os pintores tem que ser capazes de pintar o que vêem de um modo literal. Então, depois disto, eles podem querer pintar o que está por detrás. Como Graham Sutherland, por exemplo. Ele pintou Winston Churchill. Fez uma representação muito boa de Churchill, mas a Sra. Churchill detestou-a tanto que a destruiu. O artista comentou que aquilo foi um ato de vandalismo. E, na verdade, o que poderia ter sido um grande retrato de um personagem importante da nossa História, foi destruído. Não sabemos o que é que Graham Sutherland estava vendo, nem o que perturbou tanto Lady Churchill, a ponto de destruir o quadro".* (Entrevista a Márcia Câmara, Jornal do Brasil, 19/08/79)

É interessante assinalar que Churchill era um pintor nas horas vagas e também um rigoroso crítico de arte. Quando por ocasião dos seus 80 anos, foi homenageado pelas duas Casas do Parlamento britânico, sendo presenteado com o quadro de Sutherland. Churchill disse algo assim: *"A pintura retrata qualidades essenciais para se exercer o governo- candura e força de vontade- mas não deixa de ser um bom exemplo de arte moderna"*. Seu comentário na solenidade, que foi filmada, provocou risos na sisuda platéia presente.

Sutherland era um pintor surrealista, e o quadro nitidamente mostrado no filme documentário é bem clássico. Neste sentido, podemos supor que as invariantes que captou e colocou na tela irritaram muito a Churchill.

Disse Bion, na mesma entrevista: *"Então, não é apenas na psicanálise que vemos estas perturbações. Elas ocorrem também na arte. Eu me lembro do tempo das composições de Stravinsky; Petrushka, por exemplo, era olhada como impossível de ser suportada"*.

É uma questão complexa determinar quais foram as invariantes que perturbaram tanto a Churchill, mas um exercício imaginativo pode nos fazer pensar que foram as de condutor bem sucedido da Guerra, inclusive na que se sucedeu e foi denominada de guerra fria- o que exigiria uma dose bem acentuada de crueldade e frieza. Mais difícil ainda é tecer considerações sobre a influência das experiências de guerra no pensamento de Bion.

O lugar destas deveria ser sua análise pessoal, embora o contexto social-histórico possa ser avaliado de um modo geral, deixando em aberto para novas conjecturas.

George Orwell escreveu a respeito das "ondas de patriotismo" que varriam a Inglaterra na vigência da guerra: *"tem-se a impressão de estar forçando um muro impenetrável de estupidez. Porém, algumas vezes essa estupidez proporciona-lhe uma grande vantagem; qualquer outra nação européia com a nossa localização estaria há muito tempo, gritando pela paz."*

Bion, no seu artigo *Sobre Arrogância* (1958), nos chama atenção para a observação que fez de personalidades onde a associação entre arrogância, estupidez e, curiosidade, fornece evidência de um "desastre psíquico" ativo. Nessa perspectiva, a guerra é, em primeira instância, um "desastre psíquico" em grande escala, pondo fim ao pensar. Mas não podemos esquecer o vértice sociológico, mostrando que o período que antecedeu a I Guerra Mundial tinha características políticas absolutamente alheias ao progresso intelectual. Era uma época da arrogância do imperialismo. Despendia-se muito esforço com a curiosidade científica, mas as verbas de destinação militar aumentaram enormemente.

A despeito dos notáveis avanços no campo da ciência, arte e educação, apenas uma minoria é que tinha acesso às mesmas, enquanto superstições cruéis e insensatas continuavam a grassar tal como na Idade Média.

O nacionalismo agressivo e belicoso alastrou-se como peste. Líderes intelectuais como Emile Zola na França, instigavam um ódio apaixonado contra a Alemanha. No Reno, poetas e professores divinizavam o espírito alemão, cultivando um desprezo exacerbado pelos eslavos. Na Inglaterra, ensinava-se que os ingleses eram o povo mais civilizado da Terra, e que seu direito de estabelecer "o domínio sobre palmeiras e pinheiros" provinha de uma autoridade nada menos que a divina. Diante disso, não é estranho que os "Jovens turcos", educados na Europa, tivessem, quando de volta à sua pátria, massacrado o "gado cristão" da Macedônia.

A causa político-econômica que geralmente se aponta para a I Guerra é a rivalidade industrial e comercial entre a Alemanha e a Inglaterra. Embora essa opinião não fosse oficial, nem representasse o pensamento na nação inglesa, refletia a exasperação de certos setores influentes e certas opiniões de jornais. A publicidade parecia mostrar que reinava uma convicção de que a Alemanha movia contra a Inglaterra uma guerra econômica deliberada e implacável, visando tomar-lhe mercados por meio fraudulentos. Também os franceses estavam alarmados com a expansão industrial alemã, temendo que as reservas de ferro fossem arrebatadas. Soma-se a isto o fato de que a França necessitava importar carvão, o que lhe feria o orgulho nacional quase tanto quanto a perda do ferro.

A ambição russa de obter o controle de Constantinopla e de outras porções do território turco entrava em conflito com o plano dos alemães e austríacos que queriam para si o Império Otomano como um paraíso de privilégios comerciais. Rússia e Áustria também rivalizavam entre si na obtenção do monopólio comercial dos reinos balcânicos da Sérvia, Bulgária e Grécia. A Áustria estava tão ansiosa para evitar que estes países caíssem na órbita russa, quanto a Rússia estava para estender seu poder a todos os eslavos da Europa Oriental. Finalmente, havia um antagonismo agudo entre Alemanha e França com relação à exploração dos recursos minerais e às oportunidades comerciais do Marrocos.

Um exame mais detalhado da rivalidade econômica entre Inglaterra e Alemanha, mostraria que esta era exagerada, pois o crescimento econômico da primeira não estava de forma alguma afetado. De outro lado, a Rússia não era ainda uma nação capitalista, com excesso de produção que justificasse a necessidade premente de vender seus produtos no exterior. O que de fato desempenhou um papel predominante foi o nacionalismo. Este assumiu formas particulares e perigosas como o pan-eslavismo e o pan-germanismo. Tais movimentos, progressivamente, assumiram a forma de agitação política e conspirações que culminaram no assassinato do herdeiro do trono austríaco em 28 de julho de 1914.

O nacionalismo teria sido suficiente para mergulhar um número considerável de nações européias na guerra. Mas o conflito dificilmente teria assumido as proporções que assumiu se não fosse o sistema de alianças múltiplas arquitetadas por Bismarck. A contenda local entre Áustria e Sérvia transformou-se então numa guerra geral. A Rússia interviu em favor da Sérvia, e a Alemanha em favor da Áustria. A França estava ligada a Rússia e a Inglaterra foi arrastada ao conflito pelos seus compromissos com a França.

Em 6 de agosto de 1914, o primeiro-ministro Asquith declarou que a Inglaterra entrara na luta para defender *"o princípio de que as nações menores não devem ser esmagadas pela vontade arbitrária de uma potência mais forte e dominadora"*. Paralelamente, em conseqüência da pregação de escritores e oradores eloqüentes como H.G.Wells, Gilbert Murray e Woodrow Wilson, a cruzada da *"Entente"* converteu-se numa guerra *"para acabar com todas as guerras e assegurar a democracia no mundo"*, além de *"redimir a humanidade da maldição do militarismo"*. Tais idéias, como já foi dito, encontravam uma base cultural e educacional sólida para constituírem-se em sedutor apelo aos jovens. A própria educação na Inglaterra pregava a existência de um "paraíso social", também implícito nas novas idéias políticas e no corpo ideológico da ciência.

Bion esteve na guerra durante 3 anos. Da terrível experiência falou muito pouco até escrever o Memoir, que contém varias descrições das experiências de batalha, algumas das quais são claramente autobiográficas.

Pela sua participação na batalha de Cambrai, Bion foi condecorado em Londres com o DSO (*Distinguished Service Order*), pelo Rei Jorge V. Porém, com relação a esta condecoração, Bion frisava o quão terrível era ser considerado herói por bravura, quando sabia que não podia ser heróico ou bravo.

> *"Durante a guerra, como soldado combatente, tive atribuído a mim sentimentos de coragem, e assim por diante. Bem, eu sabia perfeitamente o que eu sentia, e certamente não tinha nada a ver com coragem. Vitor Hugo disse que a emoção compartilhada por dois exércitos em luta é o terror. Cada lado pensa que o outro está cheio de soldados valentes, que fazem todo tipo de coisas, mas se eles se encontrassem, saberiam que a única experiência que partilham é a do terror"*. (Entrevista a Márcia Câmara, Jornal do Brasil, 19/08/79)

> *"Um jovem que estava comigo na I Guerra Mundial, sem dúvida pensou que eu era uma pessoa muito corajosa. O resultado disso foi, que em combate, ele fez algo que resultou em sua morte. Tinha sido uma impressão equivocada a dele"*. (ibid)

> "*Nunca fui capaz de ser um soldado – só uma representação artificial de um homem corajoso. Eu podia ver a torre espiralada da igreja de Sequehart[75] "apontando para o céu", igual aos estandartes não-conformistas apontando para o longo caminho da Congregação para o paraíso – plástico e plausível, e um desvio do Caminho (Tao). Em uma crise, a pessoa não pode, repentinamente, recorrer à Verdade. Representações artificiais da verdade formam um alicerce seguro para a iniciação; iniciação absoluta – avanço ou recuo – requer uma condição necessária mínima: sinceridade*". (Cogitações, 2000)

Em outras oportunidades, Bion recorre a metáfora da guerra para expor algumas de suas idéias:

> "*A suposição básica da Psicanálise é que a função da mente pode ser usada para corrigir soluções enganadoras. Pois, às vezes, o poder cosmético não é suficiente – novamente, baseado na realidade, que parece indicar que a solução usualmente empregada por uma pessoa, de fato não é forte nem duradoura o suficiente para enfrentar posteriores exigências da vida. Por exemplo, se um soldado obtém autoridade através de sua aparência física, talvez aconteça que os episódios de combate imponham uma responsabilidade à beleza que ela não pode levar adiante*". (Making the best of a bad job, em Clinical Seminars and Four papers, Fleetwood Press, Abingdon, 1990)
> "*Na guerra o objetivo do inimigo é aterrorizá-lo para impedi-lo de pensar com clareza, enquanto seu objetivo é continuar pensando claramente apesar de estar numa situação adversa ou amedrontadora, porque isto é uma vantagem. A idéia subjacente é que pensar com clareza é vantajoso e conduz a ficar atento ao que chamo de realidade, a avaliar corretamente o que é real*" (ibid)

---

[75] Torre espiralada de uma Igreja gótica na cidade francesa de Sequehart. Constitui uma dolorosa e duradoura memória das experiências de guerra de Bion. Ele a descreve em várias ocasiões, Memoir of the Future, vol I (1975), The Long Week-End (1982) e War memories (1997)

O teatro principal da guerra foi, sem dúvida, a frente ocidental, que incluía a Bélgica e o leste da França. Aí, por um breve período, os alemães varreram tudo que encontraram pela frente, avançando até 22 km de paris em apenas um mês de guerra. Não conseguiram, porém, tomar a cidade. Os franceses descobriram um ponto fraco nas linhas alemãs e rechaçaram as forças do Kaiser para o vale do Marne. Aqui ocorreram diversos combates, mas sobretudo o fim da guerra aberta. A partir daí, ambos os exércitos construíram um sistema complicado de trincheiras e alojaram-se atrás das redes de arame farpado. Dessa data, setembro de 1914, até a primavera de 1918, a guerra na frente ocidental ficou empatada. Em março de 1918, os alemães lançaram um poderoso ataque que ameaçou, por certo tempo, vencer os exércitos aliados. Seguiu-se uma contra-ofensiva dos franceses, ingleses e americanos que continuou por todo verão, entrou outono adentro e, finalmente, pôs fim a guerra.

Bion foi desmobilizado tardiamente, em 1918, recebendo a Légion d'Honneur (Chevalier) e diversas citações honrosas em despachos militares.

As menções à experiência da guerra que Bion faz em *A Memoir of the future*, seguem um caminho estético, predominando o sentimento de estranheza de um homem perante um mundo em que o passado se mescla com o futuro, e em outros momentos, nos quais cada um se torna o outro e desaparecem na linguagem. Da mesma forma, o espaço também desvanece na homogeneidade.

Matte-Blanco (1980) indaga se *A Memoir* coloca em questão a discussão entre ciência ou arte. Acredita que lendo o texto não seja possível ver nele a nebulosidade do sonho, e isto pode ser chamado de ciência. Mas, ao mesmo tempo, a linguagem da descrição tem um vigor que lembra a arte literária. De qualquer forma, aceita que a abordagem do texto é inédita e que nos fornece muitas possibilidades para o estudo do indivíduo Bion. Mas, considera ainda, que existe a possibilidade de não entendermos de fato o que realmente o Dr. Bion está fazendo nestes textos. Tal alternativa traz muita ansiedade, e é claro que sempre existe uma preferência para que não admitamos nossa ignorância completa. No entanto, a psicanálise é algo de uma ordem única na história da humanidade, e Bion consegue no texto resgatar este fato: nem arte e nem ciência dão conta dela.

Quanto à guerra, muito temos que aprender com Bion na "guerra" que o analista trava junto ao seu analisando. Uma guerra na qual muitas vezes não sabemos qual é o inimigo que está presente, embora esteja ali na comunicação que o analisando nos faz. O próprio Freud recorreu à metáfora do avanço de um exército, para expor suas idéias sobre o avanço da libido nas fases do desenvolvimento da sexualidade. O analista não tem respostas, embora todas as coisas estejam implícitas na comunicação. Assim, dependemos de alcançar uma linguagem eficaz: *Language of Achievement* (1970)

> *"Para ilustrar alguns dos problemas que enfrentamos, tomo como método de descrição uma operação em larga escala – o empenho do 14o Exército Britânico que foi derrotado em Rangoon, em 1942. A fim de apoiar a guarnição, os britânicos em Singapura haviam, previamente, deslocado dois cruzadores. Estes dois cruzadores, que eram as armas mais modernas que a Marinha Real dispunha, foram destruídos por caças-bombardeios de mergulho japoneses. Foi um golpe sério; o 14o Exército ficou abandoando, e encurralado quase sem armas ou mesmo botas para vestir. E foi cercado – os sobreviventes em Imphal. Para comandar as tropas sitiadas, foi escolhido um civil que se engajara no exército dos Cadetes Territoriais – uma medida que lhe custou intensa reprovação da parte de seus concidadãos civis. Entretanto, ele gostou desse alistamento voluntário e tornou-se um servidor regular, um oficial do exército. Servira no deserto e na guerra contra as forças alemãs. Muito a contragosto foi desmobilizado e enviado para a Índia; nova desmobilização, desta vez para comandar os remanescentes do Exército Britânico em Imphal.*
> *Ser colocado no comando de um exército derrotado, desmoralizado e sem espírito, não era um posto nada invejável. Entretanto esse civil transformado em soldado disse a seus soldados que, se eles haviam sido desligados de sua base, se o inimigo os havia cercado em Imphal – como realmente havia –, então esses remanescentes do 14o Exército poderiam, igualmente, dizer que haviam desligado os japoneses do Japão. É claro que era apenas*

> *uma idéia, só uma ficção imaginativa. Entretanto, o caráter, espírito ou alma, infectou de saúde esses sobreviventes decadentes e destruídos de um exército. A idéia, a ficção de que o inexistente 14o Exército Britânico pudesse ter desligado as forças japonesas do Japão começou a se tornar uma realidade. Os ingleses não podiam mais conseguir equipamento da Inglaterra porque a Inglaterra não podia se preocupar com o que ocorria em lugares longínquos como Burma[76]. Então, eles tiveram que marchar: não sei sobre o que eles marcharam – seus pés descalços dificilmente agüentariam. É difícil dizer que eles marcharam sobre seu espírito, que havia sido produzido pela injeção deste amador transformado em profissional, chamado general Slim[77].*

Os japoneses haviam descoberto a chave do código secreto britânico, de tal modo que podiam ler todas as mensagens que o comandante do exército comunicava a seus soldados. O general Slim, que tinha o hábito de pensar, decidiu continuar a usar o mesmo código. Através deste código, que ele sabia que os japoneses podiam entender, continuou a transmitir mensagens ao seu flanco esquerdo. Naturalmente, os japoneses foram concentrando seus soldados contra o flanco esquerdo daquilo que era um exército inexistente – outro invento da imaginação.

> *Quando os japoneses concentraram suas tropas contra este flanco esquerdo inexistente, os remanescentes do 14o Exército, agora com os reforços do espírito do general Slim, irromperam através*

---

[76] Atualmente Myanmar, país que fez fronteira com a Índia e Bangladesh, e com a China, Tailândia e Laos. Imphal, a localidade mencionada por Bion, é capital da província de Majipur,na Índia, que faz fronteira com Myanmar

[77] General William Slim, considerado por Lord Mountbatten, o melhor general da II Guerra Mundial, foi o chefe o Estado-Maior Imperial após a Guerra, entre 1948 e 1952; e governador geral da Austrália de 1952 a 1960. Começou a vida como funcionário de repartição pública, foi professor de grupo escolar, chefe de teste de uma equipe de engenheiros metalúrgicos, dizia-se um soldado "por engano" (by mistake). Antes de Burma servia como oficial no regimento Gurkha.

do flanco esquerdo japonês, então desguarnecido, e derrotaram os japoneses que não tinham nada al'me do ar contra quem guerrear. Entretanto, eles estavam ocupados lutando contra um invento da imaginação do general Slim, os remanescentes reais do 14o Exército encontraram-se em Rangoon, recebendo a rendição do comandante japonês". (Conversando com Bion, pgs.236/237 Imago Editora, Rio de Janeiro, 1992).

General Slim

3-A cesura de Oxford

Em 1919, W.R.Bion vai para o Queen's College, na Universidade de Oxford, após sua saída do Exército. Matricula-se no curso denominado na época de História Moderna. Apesar de já estar entrando numa idade acima da maioria de seus colegas, em virtude do atraso produzido pelos anos de guerra, e desta forma olhado com alguma desconfiança, – pois sempre se esperava dos veteranos alguma reação neurótica causada pelo desgaste dos anos de alistamento – Bion considerou esta uma época feliz em sua vida. Ele era atleta de rúgbi no Oxford Harlequins e capitaneava o time de water-polo.

Oxford é uma instituição histórica e única.Como a mais antiga Universidade de língua inglesa do mundo, guarda 8 séculos de existência contínua. Sua fundação data de 1096 e desenvolveu-se rapidamente a partir de 1167, quando o Rei Henrique II proibiu os estudantes ingleses de estudarem na Universidade de Paris. No século 13, começaram a funcionar os primeiros colleges, que tiveram origem nas medievais casas de residência sob a supervisão de um "Master" - Balliol e Merton são os mais antigos - estabelecidos entre 1249 e 1264.

No século 17, o filósofo John Locke foi proeminente na universidade, abrindo caminho para que no século 18 Oxford se tornasse um centro de excelência, descoberta científica, estudos políticos e revisão da religião. Halley, professor de Geometria, aí previu o retorno do cometa que leva o seu nome.

A Universidade assumiu um papel de liderança absoluta na era vitoriana, especialmente nas controvérsias intelectuais que influenciaram o pensamento inglês. A partir dos anos das guerras mundiais, Oxford incluiu muitas disciplinas ao seu espaço humanístico, reforçando e aprimorando seu papel tradicional que focaliza no aprendizado profundo e como fórum para o debate intelectual.

Em Oxford, Bion tem contato com A.J.Paton, professor de filosofia. Paton estava interessado nos trabalhos de Kant, alguns dos quais traduziu para o inglês. É inegável a influência da obra Kant no pensamento de Bion. Mas era Bion "kantiano"? Penso que a citação abaixo tem de ser levada em consideração antes de qualquer resposta afirmativa.

"Se eu pareço falar algo original, sei que isso não é verdade, pois aquilo que digo, em geral já foi dito por alguém mais, amiúde Freud, mas também, freqüentes vezes, por pessoas de quem não me lembro. Não sei de onde as idéias vieram, nem quais foram as primeiras idéias. Por outro lado, se afirmo "sim, sou freudiano", ou "sou kleiniano", não tenho certeza de não estar difamando os criadores, atribuindo-lhes falsamente minhas idéias a respeito do que disseram". (Conferências Brasileiras, Imago, Rio de Janeiro, 1973)

Por outro lado, Grotstein (1980) comenta que a freqüência com que Bion dizia que o que escrevera não era original, foi interpretado como falsa modéstia. E esclarece que Bion não era modesto, muito menos falsamente modesto: ele era generoso. Daí surge também sua antipatia em ser idealizado ou considerado como um indivíduo singular. Ele indagou muitas vezes: "*acaso sabemos a quem ficar grato pelo nosso saber?*". O que no nosso ponto de vista, não deixa de ser a posição basicamente kantiana registrada na *Crítica da Razão Pura*.

Cabe aqui uma ressalva. Existe uma necessidade ao se praticar uma leitura minuciosa de um texto psicanalítico, de se refletir ao nível da história dos conceitos contidos no texto para poder com isto recuperar a constituição de tais conceitos, e sua re-estruturação com o avanço da teoria. É de certa forma surpreendente que seja assim, uma vez que tantas exposições sistemáticas ou históricas são feitas. Manobras de filosofia, que se pode classificar de ideológicas - empirismo inescrupuloso ou a necessidade de um "retorno a Freud", apenas para "checar" os "desviantes" do presente e desqualificá-los sem debate - tornaram os conceitos psicanalíticos falsas evidências, que tendem a mascarar as reais dificuldades com a pratica psicanalítica. Tais dificuldades sempre são muitas, e se não formos arrogantes temos de admitir que ainda estamos "engatinhando" em nosso conhecimento clínico. Há muito que se descobrir e aprimorar, e é neste ponto que Bion se destaca, ao chamar atenção para a origem das idéias, e da absurda atribuição exclusiva de uma idéia a uma pessoa, ou da criação de uma "linha" de psicanálise como se fosse uma linha familiar.

Freud descobriu a psicanálise inserindo o inconsciente na modernidade. Em sua obra, enfatizou muitas vezes e muitos modos que deixava suas idéias em aberto. Seu legado implica numa constante avaliação cuidadosa do que a psicanálise produziu em relação às outras disciplinas. Uma cesura, obviamente aí existe, e o conceito de cesura não é o mesmo de **corte epistemológico**. A cesura da psicanálise está na metapsicologia, de onde se pode desenvolver a teoria depois de Freud. E é a metapsicologia que estabelece o corte com a filosofia ou com a análise histórica, pois não é a análise histórica ou a filosofia que dirão se a psicanálise vai ser história de uma ciência ou um discurso científico.

O corte epistemológico pelo qual uma ciência se constitui, é operado pelo próprio movimento do proceder científico. É uma reflexão através de um discurso filosófico – que evidentemente pode ser feito ou não pelo operador do discurso científico. Tanto o filósofo quanto o psicanalista podem operar o discurso. Uma primeira observação com relação às condições teóricas do corte, onde se levam em consideração as origens e justificativas do corte, são no operador, com muita freqüência, ideológicas. O corte se formulará seja em linguagem da teoria em relação com a qual existe o corte, seja em linguagem de uma teoria prévia. Deste modo, se observa o aparecimento de uma necessidade teórica, que num segundo tempo, terá como função a transmissão da formulação do corte em função de sua própria novidade. Em certo sentido, o movimento em dois tempos é válido para toda ciência. Todavia, é principalmente a psicanálise que coloca este movimento em cheque.

O vértice epistemológico é uma peculiaridade inevitável do discurso científico que pode ser usado para avaliar a questão da "origem das idéias" em Bion, e desta forma afirmar que existe um movimento epistemológico em sua visão. Mas, daí a considerar que Bion faz uma re-leitura kantiana da psicanálise equivale a afirmar que ela se constitui exatamente como obstáculo epistemológico. Em poucas palavras, é muito fácil ser levado a uma posição em que ali onde se pratica a epistemologia se ignora a psicanálise, ou a psicanálise é utilizada de maneira sumária para purificar a ciência sem tomá-la como objeto de exame.

A psicanálise é uma prática, cuja ordem de procedimento não pode prestar contas à filosofia ou à análise histórica. Se fosse realizado tal prestação de contas, esta seria exatamente o próprio erro filosófico e o próprio erro histórico. A única coisa que a psicanálise pode fazer pela filosofia é devolve-la às suas raízes obscuras, ressaltando aquilo que os filósofos não estão dizendo. A cesura da psicanálise consiste em refutar toda idéia até então apresentada de ser humano, e é nesta refutação que Freud pode descobrir um novo universo.

A comparação entre as idéias de Kant e Bion não deve, portanto, conter a preocupação de demonstrar a evidência de kantismo. O que se justifica pela frase de Bion: "*Tomo emprestado um termo que Kant usou...*". Essa prática pretende encontrar o discurso que julga adequado para expressar suas idéias, dentro da liberdade que deve caracterizar o discurso analítico. E se toma emprestado de Kant, também o faz de Milton, Shakespeare, Platão, Aristóteles, Hume, Nietzsche, Popper, Prichard, Heisenberg, Buber, etc.

> "...acho que cada psicanalista deve se disciplinar – e nenhuma formação analítica que eu conheça pode lhe fornecer isto – em forjar sua própria linguagem e manter as palavras em bom estado de funcionamento. Não penso que deve ser um vocabulário particularmente profundo, ou particularmente amplo – pode ser até algo bem estreito - mas é muito importante que seja aquele que o analista escolhe por si mesmo. Ninguém pode ficar dizendo como é que você deve viver a vida, ou de que jeito tem de pensar, ou que linguagem deve falar. Portanto, é absolutamente essencial que cada analista em particular possa forjar para si mesmo a linguagem que conhece – conhece tão bem que pode detectar, quando dá uma interpretação, e o analisando a repete com uma leve modificação de tom ou ênfase, ainda que soe como repetição, na verdade não é.". (*Evidência*, Rev. Bras. Psicanal., vol.XIX, no1,1985)

Freud transcende com a psicanálise o universo dos fatos e cria.Cria um novo universo: o da descoberta do inconsciente. É na descoberta do sentido no inconsciente que refutamos o que nos é apresentado como conhecido, onde partimos para indagar o que nos é dado como estabelecido. Não se pode fugir ao novo dessa descoberta, e isto nos aponta para que o encontro de Kant em Bion, tenha muito mais a ver com Bion do que com Kant.

A familiaridade de Bion com Kant é outra coisa. Talvez no sentido de que estando familiarizado com os termos de Kant, utilizou-os para conversar com analistas no plano intelectual.

> "*Olhando de uma forma altamente intelectualizada, poderíamos fazer uso da idéia de Kant – intuição sem conceito é cega; conceito sem intuição é vazio. Traduzindo isto para uma linguagem familiar, eu diria que alguns pacientes descrevem um fato intuitivamente quando dizem "estou aterrorizado" ou "estou aborrecido com a gagueira", mas você não escuta nenhuma gagueira, enquanto o paciente, sim. Aquela intuição permanece cega, porque ele não é capaz de associá-la com um conceito.*

> *Sua versão, sua interpretação, será a correta se tornar o que você observa claro para o seu paciente, usar a minha versão seria incorreto.*" (*Bion in New York and São Paulo*, Clunie Press, 1980)

Lansky, (1980) faz uma comparação entre Bion e Kant assinalando que ambos procuram evitar as armadilhas dos extremismos (no sentido filosófico, evitando o racionalismo ou o empirismo), atribuindo a cada vértice a clareza ou o status que é possível. Em outras palavras, os conceitos são claros até onde podem ser, evitando-se as generalizações. Lansky chama atenção para o fato de que Bion é cuidadoso com este "estatuto filosófico", não dizendo muito como as coisas são, isto é, não saturando os conceitos para prosseguir na pesquisa.

Segundo Kant conhecer é primitivamente intuir. Donde se segue que o único texto da ontologia filosófica é a **finitude**: não se pode conhecer senão os **fenômenos**. O fundamento de qualquer conhecimento, representado pelo vínculo K, é pois o que faz com que haja fenômenos para nós.

"*Recorro ao termo fenômenos para designar o que Kant chamou de qualidades secundárias e primárias. E a expressão coisas em si, como Kant, para me referir a objetos que são incognoscíveis pelo homem*". (Elementos da Psicanálise, Zahar ed., Rio de janeiro, 1966)

> "*Usarei o sinal "O" para denotar a realidade ultima representada por termos tais como realidade última, verdade absoluta, o ente supremo, a coisa em si – "O" não cai no domínio do conhecimento ou da aprendizagem, salvo incidentalmente, ele pode vir a ser, mas não será conhecido...*" (*Atenção e Interpretação*, Imago, Rio de janeiro, 1973)

> "*O analista deve focar sua atenção sobre O, o desconhecido e incognoscível*".
> (ibid)

> "*O sucesso da psicanálise depende da manutenção de um ponto de vista analítico, que é justamente* "O ". Com isto o psicana-

> *lista não pode ser identificado: ele precisa ser o vértice; onde é capaz de conhecer os fatos que representem evoluções de "O".*
> (ibid)
> *" Se existe uma coisa em si, coisa que Kant chamou de númeno, tudo o que podemos saber refere-se a fenômenos. Quando os númenos, as coisas em si, avançam para a frente, até o ponto que encontram um objeto, que chamamos de mente humana, aí então começa a existir o domínio dos fenômenos. Podemos imaginar, portanto, que em correspondência a esses fenômenos, que são algo que conhecemos, há a coisa em si, o númeno..."* (*Conferências Brasileiras*, pg.51, Imago, Rio de Janeiro, 1973)

A prática psicanalítica constitui um campo de investigação privilegiado, pois nele se encontram fenômenos que apenas se observam nesta situação e que constituem o processo analítico; nele se encontram igualmente numerosos dados clínicos que não são específicos e que se observam em muitas outras situações. Foi graças a esta situação privilegiada, que os psicanalistas trouxeram importantes contribuição a diferentes domínios da ciência. Todo um conjunto de hipóteses e de modelos teóricos sobre a organização da personalidade, o desenvolvimento da personalidade, o desenvolvimento da sexualidade (e suas origens infantis), a psicopatologia, constituem uma soma coerente, que podemos reunir sob o termo teoria psicanalítica. O vértice kantiano permite esclarecer o elo entre o imaginar e o fazer que compõem este corpo da teoria como expressão de uma prática. Para Kant, conhecer além de ser primitivamente intuir, é basicamente imaginar. Ou seja, imaginar é construir modelos que se inserem na realidade para compreender ou modificar, fazer esboços, que encerram sempre mais o objeto a conhecer. O modelo é o pensamento entre a mente e o mundo, a própria mediação. Pode-se defini-lo como o conjunto de mediações necessárias para fazer corresponder a um conceito a intuição que o determina. Uma interpretação analítica, neste sentido, é um modelo inserido entre arte e técnica. Ele especifica inclusivamente o conhecimento científico ao estabelecer que não existe ciência aplicada, o que não quer dizer de aplicação.

4-a cesura profissional

Ao terminar o curso em Oxford, Bion não obteve um *First Class honours degree*, grau de pontuação escolar que lhe garantiria uma continuidade na vida acadêmica. Disseram-lhe que o motivo provinha do ainda recente desgaste na guerra. Bion, tentou então por dois anos ser professor em sua antiga escola, o Bishop's Stortford, até que decidiu estudar medicina no University College Hospital, em Londres. Nesta ocasião, ele já sabia que estava interessado em seguir a profissão ligada a um novo e estranho assunto chamado "psicanálise". Comenta que, em sua entrevista inicial, sabiamente evitou falar sobre isto; e mencionou apenas seus sucessos atléticos em Oxford garantido logo o lugar. Em Oxford, ele conta: "... *que havia rumores a respeito de um negócio chamado psicanálise e de alguém chamado Freud. Eu nada sabia a esse respeito; tampouco na Universidade se conhecia grande coisa sobre o assunto. Fiz algumas investigações, mas fui persuadido de que não era nada que valesse a pena – havia muitos estrangeiros e judeus misturados com a coisa, e então seria melhor não me envolver*". (*Cogitações*, 2000)

De mesma forma que em Oxford, as memórias deste período, que vai de 1924 até 1930, são vivas e duradouras. Bion ficou especialmente impressionado por Wilfred Trotter, a quem passou a admirar. Trotter era um eminente cirurgião que escreveu o livro *Os Instintos da Horda na Guerra e na Paz*, citado por Freud em *Psicologia das Massas e Análise do Eu*. Este texto de Trotter comprovadamente é uma importante influência no interesse de Bion por grupos. Foi publicado pela primeira vez em 1916. Francesca Bion[78], conta que ele não tinha mais uma cópia do livro. Estava entre aqueles que foram perdidos durante os bombardeios na Segunda Guerra Mundial e não fora mais publicado. Há pouco tempo, ela por acaso encontrou uma cópia num sebo em Oxford, pela qual pagou 20p: "*a happy example of serendipity*[79]".

---

[78] - The Days of Our Years, BPSA, 2001
[79] - A palavra significa a capacidade de fazer acontecer ou fazer descobertas afortunadas quando não se está à procura delas. Foi criada por Horace Walpole (1754) no livro *Os Três Príncipes de Serendip* (Sri Lanka), os heróis que fazem tais descobertas.

Trotter faz observações que lembram muito as de Bion anos mais tarde. Ele discorre sobre a *"resistência do ser humano as novas idéias, sua submissão às tradições e precedentes", "o poder governante tende a passar para as mãos da classe de membros insensíveis a experiência, fechados a entrada de novas idéias e obcecados com a satisfação das coisas estabelecidas"*. Ele também tem um papel peculiar na história da psicanálise, pois graças à sua intervenção pessoal, foi possível liberar rapidamente o visto britânico para a entrada de Freud na Inglaterra, tal como o mestre havia exigido.

Após formar-se em medicina, Bion passou vários anos em treinamento psicoterápico na Clinica Tavistock, uma experiência que retrospectivamente se lembrava como de benefício duvidoso. Em 1938 ele começou a formação analítica com John Rickman, até que foi interrompida pela Segunda Guerra Mundial, quando ambos, analista e analisando. foram convocados para servir no mesmo lugar; o Hospital Militar de Northfield.

> *"No entanto, tive a sorte de cruzar com John Rickman, decidi iniciar uma análise com ele. Descobri que a análise era extremamente esclarecedora. Para minha surpresa, a psicanálise parecia manter uma relação sui generis com aquilo que eu pensava ser senso comum. Então, infelizmente sobreveio a ameaça de guerra, e vi terminar minha experiência analítica"*. (*Cogitações*, 2000)

O experimento de Northfield foi um dos primeiros projetos em grupoterapia que se tem notícia. Entretanto, com muita probabilidade deve ter desagradado à hierarquia militar, já que o projeto colocava pacientes, médicos e funcionários em pé de igualdade para discutirem sobre as tensões intragrupais que existiam. Uma vez desfeito o projeto, Bion foi como Psiquiatra Sênior para o WOSBs (*War Office Selection Boards*), estabelecido para selecionar oficiais para cargos de lideranças. O projeto chamou-se *Leaderless group project* que é a base do que mais tarde foram os grupos terapêuticos na Tavistock.

No início da guerra, Bion foi apresentado por amigos a uma conhecida atriz de teatro, Betty Jardine, com quem veio logo a se casar. Em 1945, ela tragicamente veio a falecer no parto. Deste modo, no final da guerra,

Bion encontrava-se de luto, com uma filha bebê para cuidar, muito pouco dinheiro e nenhum ganho regular com que pudesse contar.

> *"Depois da guerra, Rickman sentiu que não era possível continuar me analisando, porque havíamos tido muitas experiências juntos durante a guerra. No entanto, após certa hesitação, arrisquei-me a fazer uma análise com Melanie Klein. Aquilo que ela dizia, freqüentemente parecia um tanto quanto extraordinário; apesar disso, vi que havia um tipo de senso comum ali – algo que, de maneira nenhuma, eu poderia considerar óbvio ou mesmo claro, mas que, por outro lado, não era apartado do que eu sabia a meu respeito ou a respeito de outras pessoas, ou mesmo a respeito de mina experiência de guerra".* (Cogitações, 2000)

Bion voltou para a Tavistock, onde começou a exercer suas extraordinárias habilidades psicanalíticas, trabalhando com grupos diferentes, tomando parte na reorganização da Clínica, e dirigindo o Comitê de Planejamento e o Comitê Executivo. Foi neste período que entrou para análise com Melanie Klein, e estabeleceu seu consultório particular na Harley Street. É neste período que cria suas famosas teorias sobre grupos, publicadas entre 1948 e 1951 no jornal *Human Relations*.

Bion foi também o presidente da Seção Médica da sociedade Britânica de Psicologia, para quem escreveu o trabalho *Psychiatry at a time of crisis*, em 1948.

Em 1950, apresentou o trabalho promocional para membro da Sociedade Britânica de Psicanálise, *The Imaginary Twin*. Este trabalho, assim como os demais, estão comentados no I volume. No capítulo VIII deste livro, voltamos a mencioná-lo ao tratar das relações entre os conceitos de Transferência e Cesura.

Em março de 1951, Bion conheceu Francesca na Clínica Tavistock e em junho se casaram. Pouco tempo antes ela havia sido solicitada pela Clínica a persuadi-lo a publicar seus trabalhos sobre grupos em forma de livro. Mas, ele mesmo explica na Introdução *"que estava relutante em fazer isto sem as mudanças trazidas pelo amadurecimento da experiência"*. A inclusão do trabalho de 1952, *Group Dynamics: a re-view*, no livro *Temas de Psicanálise Aplicada*, organizado pelo grupo Kleiniano foi, de acordo com Francesca Bion, uma forma de obter este amadurecimento. Todavia, em virtude de sua absorção pela psicanálise individual, juntamente com seu empenho em escrever os sete trabalhos entre 1952 e 1957, somado ao seu desinteresse por trabalhos passados, fizeram com que *Experiences in Group*s só fosse publicado em 1961. Foi seu livro mais vendido em todos os tempos. O sucesso surpreendeu-o, pois estava acostumado a escutar dos editores nos anos 60 que seus livros estavam vendendo *"muito, muito devagar"*.

Melanie Klein, como é do conhecimento de todos, não via com simpatia o trabalho com grupos. Bion, por outro lado, não pensava nos grupos como algo separado do trabalho analítico. Na introdução a *Experiências em Grupos*, ele diz: "*Estou impressionado, como analista, pelo fato de que a abordagem psicanalítica, através do indivíduo, e a abordagem que esses trabalhos descrevem através do grupo, estão lidando com diferentes facetas do mesmo fenômeno. Os dois métodos fornecem ao praticante uma visão binocular rudimentar.*"

Bion nunca buscou cargos, eles eram confiados a ele naturalmente. Entre 1956 e 1962 foi Diretor da *London Clinic of Psychoanalysis*; presidente da Sociedade Britânica de Psicanálise de 1962 a 1965; diretor do Comitê de publicações do *Melanie Klein Trust*; e membro da Comissão de Formação de 1966 a 1968. Em todos estes cargos, como administrador teve uma influência marcante; ele conseguia pegar rapidamente o problema central das discussões. Através de sua visão muito aguda não se deixava enganar pela retórica. A perda de tempo era sentida de uma forma trágica por ele. Quando no final de uma agenda alguém dizia; "Eu gostaria de levantar mais uma questão...", Bion ficava muito incomodado e dizia: "*será que estas pessoas não têm casa e família para voltar*". Em outras palavras, a despeito de sua aversão por reuniões noturnas, muitas vezes duas a três por semana, após um dia cansativo de trabalho no consultório, Bion aceitou estas posições por sentir-se capaz de contribuir como membro experiente da Sociedade. Mas, é claro que suas posições irritaram aos habituais carreiristas da Sociedade, e que fazem de seus cargos pontes para cargos na IPA. Assim, no final da década de 60, Bion era cada vez mais visto como um kleiniano exótico.

Francesca Bion, comenta que era surpreendente como no meio de tanto trabalho e tantos compromissos, Bion encontrava tempo para sua vida particular. Entretanto, os fins de semana eram sagrados para ele, mantendo conversas relaxantes com a família, escutando música (os compositores favoritos eram Bach, Mozart, Haydn, Britten e Stravinsky), lendo, pensando e escrevendo. Certa vez ele disse; *"Eu quero ser psicanalista. Mas eu não desejo que esta experiência torne impossível uma vida que vale a pena ser vivida, e que me impeça de ir ao teatro, a galerias de arte, pintar ou nadar."*

Francesca nos conta também que os filhos, quando pequenos, esperavam que o pai lesse para eles antes de dormir. Como pai ele era amigo, falava com as crianças de igual para igual, era gentil e equilibrado. Ela não se lembra dele ter levantado a voz com raiva, mas certamente ficava com raiva, e o os olhos revelavam isto como uma tempestade, ele obtinha enorme prazer do sucesso das crianças, e nunca as fez se sentirem diminuídas pelos fracassos, os quais entendia filosoficamente como parte normal da vida. Ele continha suas ansiedades naturais para que os filhos pudessem ser eles mesmos, embora sempre pronto para dar um conselho, baseado em sua experiência que sempre era fornecida de uma forma divertida.

Parthenope Bion Talamo, a filha do primeiro casamento, que seguiu a profissão do pai, lembra um episódio em seu trabalho de 1987 *Por que não podemos dizer que somos bionianos* : *"Eu estava para sair, em plena idade de 18 anos, para um longo período de estudos na Itália. Um dia antes da viagem meu pai me chamou em seu escritório, dizendo que queria falar comigo. Eu entrei no recinto – silêncio – ele estava escrevendo e talvez não tivesse notado minha presença. Após algum tempo, não muito alegre com a situação, pois esperava algum tipo de "bom conselho" opressivo, eu disse; "estou aqui". "Ah, sim... Eu gostaria de dizer duas coisas a você antes de partir. Primeiramente, lembre-se de ver as pinturas contemporâneas no Palazzo Pitti também (nunca é demais dizer; não creio que a Itália e a cultura italiana sejam coisas do passado, estão vivas e desenvolvendo-se) e isto aqui é para você quando se perder. "Isto" era um mapa da Europa e Ásia Menor".*

Julian, o filho do casamento com Francesca, quando foi para a faculdade medicina, conta que o pai lembrou-se de sua própria entrevista de admissão e o aconselhou: *"esteja certo de não mencionar interesse em psicanálise"*. Sobre ele, Julian disse durante uma entrevista para um artigo sobre o experimento de Northfield; *"Ficou evidente para mim, desde criança, que meu pai era um homem de enorme coragem e imensa compaixão. Por causa de seu grau de autocontrole nem sempre isto ficava aparente".*

Quando a filha mais nova, Nicola, contou ao pai que tinha conseguido uma vaga na Universidade de Cambridge, ele disse: *"Muito bem"*, então fez uma pausa e, com um sorriso malicioso, acrescentou *"que pena! – universidade errada".*

4-A Cesura da Califórnia

Vista geral de Beverly Hills, Califórnia

Durante os anos 60, a família Bion passava as férias em Norfolk onde possuíam uma cottage na costa Norte. Bion entusiasmava as crianças com o amor pela região, conhecida por ele desde a infância, e que tinha visitado com freqüência nos anos 20 e 30. O clima revigorante e a paisagem austera estavam bem sintonizados com o temperamento de Bion. A família fazia caminhadas e explorava a paisagem, com o pai trazendo um profundo conhecimento e muitas reminiscências. Bion, particularmente apreciava pintar nesta região; a claridade e os céus amplos enchiam-no de satisfação, apesar do vento forte e constante que obrigava a proteger a tela de voar.

Livros e colecionar livros sempre tiveram uma parte importante na vida do casal Bion. As conversas nas horas das refeições geralmente levavam a um crescente numero de referências a livros. Bion declarava sempre que se sentia culpado de haver gasto muito dinheiro em livros, pois, queixava-se que se transformavam em paralepípedos quando tinham que se mudar. E muitos deles acabaram sendo bem viajados: seis mil milhas até Los Angeles e outras seis de volta – e havia, inevitavelmente, muitos mais em cada viagem de volta.

Em 1967, Bion foi convidado para trabalhar durante duas semanas em Los Angeles, onde alguns analistas estavam interessados nas teorias de Melanie Klein e, nutriam esperanças de persuadir um analista com formação kleiniana a se mudar para a Califórnia. A decisão brotou em janeiro de 1968. O casal Bion tinha receios de tal revolução e se preocupava em deixar a família. Mas, por outro lado, oferecia a Bion a possibilidade de trabalhar livremente em sua forma não ortodoxa, uma liberdade que ele não tinha no grupo kleiniano.

A comunidade psicanalítica britânica ficou chocada e desconcertada, assim como manifestou um genuíno pesar em perdê-lo. As reações variavam da surpresa até a presunção de que era uma forma de se aposentar, da incompreensão até a desaprovação, além das advertências sobre choque cultural numa terra propícia a iminentes banhos de sangue por luta racial, desenfreada drogadição e cultos estranhos. Meltzer, conta que ficou por muito tempo intrigado com a frase de Bion para justificar sua mudança: *"ao invés de ficar sufocado por honrarias e afundar sem deixar vestígios"*. Chegou a pensar que a frase poderia estar lançando uma culpa em seus conterrâneos.

Os perigos a serem enfrentados no Novo Mundo eram bem diferentes daqueles profetizados pelos londrinos.Incluíam a possibilidade de ser processado por pacientes paranóicos, de ser impedido de praticar pelas autoridades que argumentariam sobre a falta das qualificações médicas americanas, de vizinhos ativamente hostis e, até mesmo da incerteza sobre um ganho financeiro adequado. Francesca Bion compara esta situação com as serpentes no Jardim do Éden, onde o sol sempre brilhava, as flores brotavam o ano todo e a piscina acenava.

É do conhecimento de todos que Bion não foi procurado por muitos dos analistas que a princípio apoiaram a idéia de sua vinda. Alguns poucos o procuraram para reanálises. Todavia, correu um boato em Los Angeles, de que havia se mudado para Beverly Hills um importante analista inglês rejeitado pela sociedade psicanalítica da Califórnia. Entre os artistas de cinema este foi um aval que podiam confiar em Bion para uma análise. Alguns importantes astros e estrelas de cinema mudaram suas vidas após a análise com Bion.

Francesca Bion conta que o casal formou na Califórnia muitas e duradouras amizades, usufruíram generosa hospitalidade por parte daqueles que lhes queriam bem, foram a maravilhosas exposições de arte, concertos fabulosos, recitais no Music Centre, e na UCLA. A experiência foi tão diversa como o país em si e seus habitantes.

Bion colocou a prova todas suas teorias na experiência californiana. Exercia psicanálise lutando contra a ansiedade relacionada com a mudança em seu status profissional (memória), e com a incerteza relacionada aos ganhos financeiros (desejo). Ele se encontrava no meio de uma sociedade alimentada por distorções da verdade, repleta de fatos inseparáveis de fantasias, e encorajada por falsas expectativas em relação a ele. O "Messias" tinha que declinar de seu papel o tempo todo, não ia salvar ninguém, não ia tornar ninguém mais sábio e nem superior aos demais. E dizia que a psicanálise tem de ser praticada no mundo real, não importa quão adversas forem as circunstancias.

No final de 1971, após 4 anos na Califórnia, Bion escreveu algo que só foi publicado, após sua morte, em *Cogitations*: "*A relação entre mim e meus colegas em Los Angeles pode ser apuradamente descrita como quase inteiramente mal sucedida. Eles estão intrigados comigo, e não conseguem me entender – mas tem algum respeito até mesmo por aquilo que não entendem. Ou seja, se eu não estiver enganado, existe mais temor do que compreensão por meus pensamentos, personalidade ou idéias. Não há duvida quanto à questão da situação emocional – que não é melhor em outros lugares*".

Entretanto, de um modo geral não há dúvida de que a experiência na Califórnia forneceu o ambiente, tanto emocional quanto físico, no qual Bion podia sentir-se livre, desenvolver sua individualidade como analista, pensar os "*pensamentos selvagens*", dar asas a suas conjecturas imaginativas, muitas das quais continuam se realizando através daqueles que não desistiram de tentar entender o legado de suas idéias.

Na metade da década de 70, o crescente interesse na assim chamada análise kleiniana causava divergências agudas na instituição psicanalítica americana tradicional. O *Establishment* reagia contra as novas idéias (na realidade nem tão novas assim, pois muitas delas datam dos anos 30). Em 1976, numa entrevista, Bion disse: "*Os analistas americanos pensam que a psicanálise será solapada ao aprovar psicanalistas que apóiam as teorias de Melanie Klein*". Estava relutante de ser arrastado para este tipo de controvérsia, interpretando-a como uma irrelevante perda de tempo. Bion foi bem sucedido em preservar sua independência ao permanecer como um "outsider", não se transformando num "local" ao entrar para alguma sociedade psicanalítica americana, instituto de formação ou grupo.

Em 1968, o apelo da América do Sul começou a ser ouvido por Bion. Sua primeira viagem foi a Buenos Aires onde permaneceu por duas semanas. O depoimento de sua estadia foi dado por Leon Grimberg, no prefácio do livro *W.R.Bion – between past and future* (1997):

> "*Em Agosto de 1968 havia uma grande excitação com a proximidade da data de chegada de Bion a Buenos Aires...o retrato que eu tinha de Bion dos livros era de um pensador original, que tinha aceitado nosso convite apesar de nossa sociedade não ter o prestigio das européias. No aeroporto, ao recebe-lo, encontrei um homem com o porte de gentleman, alto e sério, mas que para minha surpresa era extremamente afável e algo tímido e que falava de uma forma amistosa e sem nenhuma afetação. Sua primeira conferência despertou enorme expectativa...um analista que estava sofrendo de arteriosclerose surpreendentemente compareceu e fez comentários clínicos disparatados...um silêncio tenso seguiu-se até que alguns colegas ajudaram-no a sair do recinto...Bion, permaneceu em silencio e pensativo por alguns momentos. Então disse que desejava pagar um tributo a alguém que " tendo trabalhado com algo tão terrível como a mente humana tinha se tornado agora uma outra vítima dentro da comunidade psicanalítica". Aplausos demorados*

> *irromperam claramente refletindo a admiração daqueles presentes pela compreensão, generosidade e reação humanitária...logo que chegou a Buenos Aires, ele comentou que estava impressionado com o número de livrarias em comparação com Los Angeles...em outro dia ele veio jantar e quando chegou foi direto à estante para examinar os títulos dos livros. Um dos volumes em inglês capturou sua atenção...era The Maggid of Caro, um ensaio biográfico sobre a vida mística do famoso erudito e cabalista Joseph Caro, que nascera em Toledo e emigrara para Israel na época da Inquisição Espanhola...o interesse de Bion no livro era evidente pela forma como folheava...pensei em lhe dar de presente, mas sentia dificuldade em faze-lo (pelo valor sentimental)...subitamente, ele se virou para mim e disse; "Não se preocupe Grimberg, não vou pedir que você o dê para mim.Ficarei grato se me emprestasse neste fim de semana para ler no hotel". Não é preciso dizer que minha surpresa foi enorme, e ambos caem no riso.Aqui, mais uma vez, a reação de Bion mostrou sua intuição e sua capacidade humana para compreensão e respeito aos outros".*

Sua viagem seguinte de trabalho foi em Agosto de 1969 ao Amherst College em Massachusetts para uma Conferência sobre relações grupais. Suas cartas para Francesca deixaram claro que as costumeiras tensões grupais e as hostilidades foram sem dúvida exacerbadas pela presença do grande Guru Bion. Ele escreveu: "*O continuo Bion- Bion- Bion, no final acabou deixando-me um pouco zangado e impaciente*".

Em 1972, Bion fez três palestras na Sociedade Psicanalítica de Roma.

Em 1973, Frank Philips, que também tinha deixado Londres em 1968, organizou duas semanas em São Paulo, conhecidas como Conferências Brasileiras I. Uma série de reações ocorreu. Por um lado, Bion deve ter sido advertido sobre as condições políticas do país, então sob ditadura militar, o que colocava em questão a possibilidade de ser interpretado como Messias da liberdade de pensamento. Por outro lado, suas conferências atraíram um forte interesse e grandes audiências. Expectativas irreais e simples curiosidade moviam muitas pessoas a estas conferências. A imprensa o anunciava como *"o mais famoso psicanalista no mundo"*. Mas, de acordo com Bion isto não era pior do que fora propagado em Nova Iorque: "o acontecimento mais "quente" da cidade" (*the hottest thing in town*).

Em 1974, Bion foi convidado para ir ao Rio de Janeiro, também por duas semanas, seguindo-se a uma semana em São Paulo. Surgiu desta vinda o texto *Brazilian's Conferences II*. Sua agenda era como sempre bem ocupada; cinco palestras vespertinas por semana e, diariamente, sete a oito horas de supervisões e seminários clínicos . Francesca Bion comenta que ele sabia dosar bem esta carga de trabalho, fazendo-o tranqüilamente sem nenhuma perda de qualidade. Ele era capaz, como Winston Churchill e outros grandes líderes, de dormir por uns poucos minutos e acordar descansado. Bion costumava citar o Eclesiástico, *"a sabedoria vem para o homem estudioso através da capacidade para o lazer"*. Tal citação nos remete à *Poética* de Aristóteles, onde diz que para existir ciência, é preciso de homens com disponibilidade para o lazer. Também é preciso que entre esses homens existam aqueles que se satisfazem na compreensão, na teoria. Além disso, é preciso que esse exercício da teoria, a atividade científica, tenha algum valor para a sociedade onde vivem e que essa sociedade consiga suportar o tumulto emocional provocado pela criatividade, ou pelas modificações trazidas pelas novas idéias. Em todos os sentidos, fica claro que o ser humano não tem uma relação natural com o Saber e o desejo de compreender; em torno deste tema constituem as *Conferências*.

Em 1975, Bion voltou ao Brasil, desta vez à Brasília, atendendo ao convite da Dra. Virginia Leone Bicudo. O esquema de trabalho era o mesmo das vezes anteriores, tendo permanecido por um mês. Muitos analistas da América do Sul, aproveitaram a oportunidade para comparecer aos seminários. Nesta visita, foi a primeira vez que um governo pediu conselho a um psicanalista, para que junto, com outros profissionais, falasse das expectativas, esperanças e receios sobre a criação de uma nova capital. Bion proferiu uma palestra na comemoração do 15o aniversário de Brasília. Ele começa a palestra falando sobre *"o fato admirável de uma idéia que é capaz de se transformar em ação. Eu escutei que outro poeta, Shakespeare, é a pessoa que foi realmente responsável por fornecer ao seu povo a idéia do que ele iria se tornar. Como podem estes poetas formular idéias de uma forma que as fazem tão férteis?* ".

Entre 1976 e 1979, Bion foi a Topeka, Londres (4vezes), Roma (duas vezes), Lyon, Paris, Nova Iorque, e Washington.

A quarta e ultima visita ao Brasil foi em 1978, também por duas semanas.. Novamente, Bion trabalhou da mesma forma concentrada; 50 seminários clínicos, consultas diárias, e dez conferências que aparecem no livro, *Bion em Nova Iorque e São Paulo*. Aos 80 anos demonstrava o mesmo vigor e a mesma generosidade para com a psicanálise.

5-A Cesura final

Em 1978, o casal Bion considerou que estava vendo cada vez menos a família devido à quantidade de trabalho. Após vagarosas discussões durante este ano, no início de 1979 decidiram voltar para a Inglaterra, sem cortar os laços com a Califórnia. Venderam a casa em Beverly Hills, mas compraram um apartamento, na expectativa de dividir o tempo entre os dois mundos. Chegando em Londres em 1 de setembro, Bion foi trabalhar (como sempre), enquanto Francesca procurava uma casa na área de Oxford. Havia poucos analistas na região, incluindo Oliver Lyth, Isabel Menzies Lyth, Donald Meltzer e Martha Harris. A chegada de Bion trouxe estimulo para a esperança de formar um núcleo de psicanálise.

No início de outubro encontraram uma casa para onde se mudaram. Na terceira semana do mês, Bion sentiu-se mal. Em 1 de Novembro, foi diagnosticada uma leucemia mielóide, que teve um desenvolvimento fulminante. Faleceu em 8 de Novembro.

Muita especulação foi feita em torno de sua morte, acreditando-se que tinha voltado para a Inglaterra porque sabia que sua morte era iminente. Francesca Bion comenta que, por mais que um homem de 82 anos saiba que tem os dias contados, o fato de ter planejado manter um pé na Califórnia, e de ter concordado trabalhar com o grupo psicanalítico de Bombaim em janeiro de 1980, não são ações de um homem moribundo. Bion sempre foi, acima de tudo, escrupulosamente honesto para consigo e com os outros.

Todavia, não deixa de ser no mínimo intrigante, que ele planejava visitar Bombaim para trabalhar com o grupo psicanalítico local, e que durante sua doença final ele estava lendo um livro sobre a Índia, mantendo vivo o interesse por este país ao qual sempre se considerou ligado. Se aqui existe algo a ser dito sobre a volta às origens, o retorno à mãe, podemos dizer que foi pela linguagem – pela qual viveu- que Bion retorna às origens e cruza a cesura final. Na poesia do famoso poeta indiano, Rabindranath Tagore, que encontrei as melhores palavras para expressar e homenagear, o que no meu entender, foi uma atitude de Bion para com a vida, até o final:

> "*Ah, poeta, a tarde se aproxima; teus cabelos branqueiam*
> *ouve em teus devaneios o chamado do Além?*
> "*É tarde*" *- respondeu o poeta –* "*e estou em alerta, pois alguém*
>   *pode me chamar da aldeia,*
> *ainda que seja tarde,*
> *Fico alentando se jovens corações desgarrados se encontram,*
> *E dois pares de olhos pedem música que lhes quebre o silêncio*
> *E por eles fale.*
> *Quem lá haverá para tecer os cânticos desse amor, se eu me sento*
>   *na praia da vida,*
> *E apenas contemplo a morte e o Além?*
> *Não tem importância que meu cabelo embranqueça*
> *Sou sempre tão moço ou tão velho como o mais moço ou o mais*
>   *velho desta aldeia*
> *Todos de mim necessitam, não tenho tempo para meditar sobre*
>   *outra vida*
> *Sou da idade de cada um, que me importa que meus cabelos se tornem*
>   *grisalhos?*[80]".

---

[80] - Tagore, R., The Gardener, Penguin Books, NY, 1982.

Krishna

Obras consultadas

1) ABRAHAM, K.(1970) Teoria psicanalítica da Libido, Imago, Rio de Janeiro.
2) BRIERLEY, M. (1950) "Review of Klein's contributions to psycho-analysis", Int. J. Psycho-Anal. 31:209-11.
3) BLOOM, H. (1992) The anxiety of influence, Oxford University Press, New York.
4) BOLLAS, C. (1992), Forças do Destino- psicanálise e idioma humano, Imago, Rio de Janeiro.
5) BRANDÃO, J.S. (1986) Mitologia Grega, vol.I, Vozes, Petrópolis.
6) BRIERLEY, M. Review of Klein's contributions to psychoanalysis. *International Journal Psycho-Analysis*, ano 31, p. 209-211, 1950.
7) CARNEIRO LEÃO, E. (1977) Aprendendo a Pensar, Vozes, Petrópolis.
8) CASSÉ, M. (1995) Du vide et de la création, Odile Jacob, col.Opus, Paris.
9) CASTORIADIS, C.(1987) As Encruzilhadas do labirinto I, Paz e Terra, Rio de Janeiro.
10) _____, C. *As encruzilhadas do labirinto III: o mundo fragmentado*. Rio de Janeiro:Paz e Terra, 1987-1992.
11) CHUSTER, A. (1989) Um Resgate da originalidade- as questões essenciais da psicanálise em W.R.Bion, Degrau Cultural, Rio de Janeiro.
12) _____.(1996) Diálogos Psicanalíticos sobre W.R.Bion, Tipo&Grafia, Rio de Janeiro.
13) _____. (1998) Bion cria de fato uma nova psicanálise? Revista de Psicanálise da SPPA- vol. V- no3.
14) CONTE, J. (1997) Cadernos de Bion I – Escuta & Instituto Bion Editores.
15) _____, J. (1999) Cadernos de Bion II – Escuta & Instituto Bion Editores

16) CORMICAN, L. A. (1982) Milton's religious Verse in: The New Guide to English Literature ed. By Ford, B., Middlesex.
17) CRICK, F. (1994) The astonishing hypothesis, Charles Scribner's sons, New York.
18) DELACAMPAGNE, C. (1997) História da filosofia no século XX, Zahar, Rio de Janeiro.
19) DYSON, F. (1998) Infinite in all directions, Harper and Row, New York.
20) ETCHEGOYEN, R.H., (1987) Fundamentos da Técnica Psicanalítica, Artes Médicas, Porto Alegre
21) FERRO, A.(1995) A Técnica na Psicanálise Infantil- a criança e o analista: da relação ao campo emocional, Artes médicas, Porto Alegre.
22) FEYERABEND, P. (1995) Killing Time, University of Chicago Press, Chicago.
23) FRANÇA, Maria Olympia de A.F (org.) *Meltzer em São Paulo*. São Paulo:Casa do psicólogo, 1997.
24) FREUD, S. (1900), A interpretação dos Sonhos, ESB, vol.2 Imago, Rio de Janeiro.
25) _____, S. (1912), Recomendações aos médicos que exercem a psicanálise, ESB, vol.12, Imago, Rio de Janeiro.
26) _____, S. (1913), Sobre o Início do Tratamento, ESB, vol.12, Imago, Rio de Janeiro.
27) _____, S.. (1914) The History of the psychoanalytic Movement, S.E.vol.XIV
28) _____, S. (1915), Repressão, ESB, vol.14, Imago, Rio de Janeiro.
29) _____, S. (1923) Inhibitions, Symptoms and Anxiety, S.E. vol.XX
30) _____, S. (1923), O Ego e o Id, ESB, vol.19, Imago, Rio de Janeiro.
31) _____, S. (1924), Uma breve descrição da psicanálise, ESB, vol.19, Imago, Rio de Janeiro.
32) _____, S. (1940), Esboço de Psicanálise, ESB, vol.23, Imago, Rio de Janeiro.
33) FULLER, David (org.). *Popper Selections*. Princeton /New Jersey: Princeton University Press, 1995.
34) GADAMER,H.G (1996) Vérité et méthode, Jorge Zahar, Rio de Janeiro.
35) GREEN, A. (1969) Narcisismo de vida, Narcisismo de morte, Escuta, São Paulo.
36) _____, A (1993) El trabajo de lo negativo, Amorrortu, Buenos Aires.

37) GRINBERG, L. (1978), "The razor's edge in depression and mourning", Int. J. Psycho-Anal. 59:245-54.
38) GROSSKURT, P. (1985) Melanie Klein: Her world and her work, Hodger and Stoughton, London.
39) GROTSTEIN, J. (1981) Do I dare Disturb the Universe, Caesura Press, Beverly Hills.
40) _____, J. (1984) An Odyssey into the deep and formless infinite; The work of Wilfred Bion In: Beyond Freud; A study of Moderns Psychoanalytic Theorists. Ed. Joseph Reppen, Hillsdale, NJ: Analytic Press pp.293-30.
41) _____, J. (1990) Nothingness, meaningless, chaos and "the black hole". The importance of nothingness, meaningless, and chaos in Psychoanalysis. Contemporary psychoanalysis, 26(2): 257-290.
42) HAWKING, S. (1988) A Brief history of Time, Doubleday, New York.
43) HEIDEGGER, W. (1989) Ser e Tempo, Vozes, Petrópolis.
44) _____, W. (1958) Physics and Philosophy, Penguin Books, London
45) HOLTON, G. (1993) Science and anti-science, Harvard University Press, Massachusetts.
46) HUME, D.(1748) An enquiry concerning human understanding, The Empiricist, Anchor Books, New York, 1990.
47) JAQUES, E. (1955) the measurement of Responsibility, Tavistock, London.
48) JOSEPH, B. (1978), "Different types of anxiety and their handling in the analytic situation", Int. J. Psycho-Anal., 59:223-8.
49) JUNQUEIRA DE MATTOS, J.A.(1992) A Contratransferência na obra de Bion, Rev. Bras. Psicanal., vol. 26,no3.
50) JURANVILLE, A.(1987) Lacan e a Filosofia, Jorge Zahar, Rio de Janeiro.
51) KANT, E. (1871) Crítica da razão Pura, Abril Cultural, São Paulo, 1980.
52) KLIMOVSKY, G. *Las desventuras del conocimiento científico- una introducción a la epistemología.* Buenos Aires:A.Z., 1995.
53) _____, G. (1995) Las desventuras del conocimiento cientifico- una introducción a la epistemologia,A.Z., Buenos Aires.
54) KUHN, T. (1962) The structure of scientific revolutions, University of Chicago Press, Chicago.
55) LACAN, J. (1966) Écrits, Seuil, Paris.
56) _____, J. (1982) Mais Ainda, Jorge Zahar, Rio de Janeiro.
57) _____, J. (1985) O Seminário XI, Jorge Zahar, Rio de Janeiro.

58)_____, J. (1993) Televisão, Jorge Zahar, Rio de Janeiro.
59)_____, J. (1994)Le seminaire, Livre IV, La relation d'object, Seuil, Paris.
60) LACROIX, J. (1979) Kant e o Kantismo, Rés ed., Porto.
61) LAPLANCHE, J. (1993) La interpretación entre la hermenéutica y el determinismo, reenunciando el problema in Libro Anual de Psicoanálisis, Escuta, São Paulo.
62) LECLAIRE, S. (1979) Desmascar o real, Assírio e Alvim, Lisboa.
63) LEWIN, R. (1992) Complexity, Macmillan, New York.
64) MATTE-BLANCO, I. (1975) The Unconscious as Infinite sets: an essay in Bi-Logic, Duckworth, London.
65) MELTZER, D. (1967) The psychoanalytical process, William Heinemann Medical Books, London.
66)_____, D. (1975) Explorations in Autism, Clunie Press, Perthshire.
67)_____, D. (1978) The Kleinian Development, Clunie Press, Perthshire.
68)_____, D. (1984) Dream Life, Clunie Press, Perthshire.
69)_____, D. (1986) Studies in extended metapsychology- clinical applications of Bion's ideas, Clunie Press, Perthshire.
70)_____, D. (1988) The apprehension of Beauty, Clunie Press, Perthshire.
71)_____, D. (1989) Notas sobre o processo introjetivo, Rev. Bras. Psicanal., vol.23, no4.
72)_____, D. (1992) Além da consciência, Rev.Bras. Psicanal., vol.26,no2
73)_____, D. (1992) The Claustrum, Clunie Press, Perthshire.
74)_____, D. (1993) Implicaciones psicossomaticas en el pensamiento de Bion, Psicoanal. 15: 315-338.
75)_____, D. (1997) Meltzer em São Paulo, org. Maria Olympia de A.F. França, Casa do psicólogo, São Paulo.
76) MENDONÇA, A .S.(1999) Lacan, o moderno e a desconstrução, em A Transmissão, Rev. Centro de Estudos lacanianos, Ano VII, no8, Porto Alegre.
77) MILNER, J-C (1996) A obra clara, Lacan, a ciência, a filosofia, Jorge Zahar editor, Rio de Janeiro.
78) MONEY-KYRLE, R. (1978) The Collected papers of Roger Money-Kyrle, Clunie Press, Perthshire.
79) OGDEN, T. (1989) The Primitive Edge of experience, Jason Aronson Inc., New Jersey.
80)_____, T. (1994) Subjects of Analysis, Jason Aronson Inc., New Jersey.

81) _____, T. (1996), Reconsiderando três aspectos da técnica analítica, Rev. Psicanal. SPPA, 3:421-444.
82) O'SHAUGNESSY, E. (1990) A teoria do pensar de W.R.Bion e novas técnicas de análise de crianças em Melanie Klein, Hoje, vol.2, Imago, Rio de Janeiro.
83) PAZ, O. (1993) A Outra Voz, Siciliano, São Paulo.
84) ___, O.(1994), A dupla chama – amor e erotismo, Siciliano, São Paulo.
85) PENROSE, R. (1994) Shadows of the mind, Oxford University Press, New York
86) PINES, M.(ed.) (1985) Bion and Group Psychotherapy, Routledge and Kegan Paul, London.
87) POINCARÉ, H. (1995) O valor da ciência, Contraponto, Rio de Janeiro.
88) POPPER, K. (1985) Popper selections, David Fuller (org.), Princeton University Press, Princeton, New Jersey
89) POPPER, K. e ECCLES, J.C. (1977), The Self and its brain, Springer-Verlag, Berlim
90) PRIGOGINE, I. (1980) From being to becoming, V.H.Freeman, New York.
91) _____, I. (1996) O fim das certezas, UNESP, São Paulo
92) RAY, C. (1994) Tempo, Espaço e Filosofia, Papirus, Campinas.
93) RICE, A.K.(1965) Learning for Leadership, Tavistock, London
94) RICOUER, P. (1986) Le Mal, Labor et Fides, Paris.
95) _____, P. (1996) O si-mesmo como outro, Papirus, Campinas.
96) REZENSE, A. M. (1993) Bion e o futuro da psicanálise, Papirus, São Paulo.
97) _____, A. M. (1994) A metapsicanálise de Bion, Papirus, São Paulo.
98) ROBSON, W.W. (1982) Paradise Lost: changing interpretations and controversy in: The New Guide to English literature, ed. By Ford, B., Middlesex.
99) ROSENFELD, H (1987) Impasse e Interpretação, Imago, Rio de Janeiro.
100) SANDLER, P.C. (1997) Ensaios Clínicos em Psicanálise, Imago, Rio de Janeiro.
101) _____, P.C. (1997) A apreensão da realidade Psíquica, vol. I, Imago, Rio de Janeiro.
102) SEGAL, H. (1991) Dream, Phantasy and Art, Tavistock/Routledge, London.
103) SERRÉS, M. (1990) O contrato natural, Nova Fronteira, Rio de Janeiro.
104) STEIN, E. (1997) Anamnese, Edipucrs, Porto Alegre.
105) _____, E. (1997) A caminho de uma fundamentação Pós-metafísica, Edipucrs, porto Alegre.
106) STENT, G. (1978) The paradoxes of progress, W.H. Freeman, San Francisco.

107) THORNER, H. (1981) Notes on the desire for knowledge, Int. J. Psychoanal., 62:73-80.
108) TUSTIN, F. (1980) Autistic Objects, Int. Rev. Psychoanal., 7:27-39.
109) VATTIMO, G. (1985) El fin de la modernidad, nihilismo y hermenêutica en la cultura posmoderna, Gedisa, Barcelona,
110) VYGOSTSKY, L.S.,(1991), Pensamento e Linguagem, Artes Médicas, Porto Alegre.
111) WALZ, J.C.(1998) Problemáticas da Vorstellung na Metapsicologia Freudiana, monografia da especialização em teoria psicanalítica, Unisinos, São Leopoldo.
112) WALDROP, M. (1992) Complexity, Simon and Schuster, New York.
113) WEIL, E. (1996) Logique de la philosophie, Vrin, col. Libraire philosophique, Paris.
114) WITTGENSTEIN, L. (1926) Tractatus logico-philosophicus, Edusp, São Paulo, 1993.
115) ZIMERMAN, D.E.,(1995) Bion – da teoria à prática: uma leitura didática, Artes Médicas, Porto Alegre

Índice de títulos da obra de Bion

BION, W.R. (1943). Intra-group tensions in therapy. In *Experiences in Groups and Other Papers*. London: Tavistock, 1970, pp. 11-26.

_____ (1943). Intra-group tensions in therapy Lancet, 2:678-681.

_____ (1943). Intra-group tensions in therapy. *Social Science Paperbacks*, 1968.

_____ (1943). Tensiones intra grupo en la terapia.In *Experiencias en Grupos*. 2 ed. Buenos Aires: Paidós, 1972, pp. 15-27.

_____ (1943). Tensões intragrupais na terapêutica. In *Experiências com Grupos: Os Fundamentos da Psicoterapia de Grupo*. 2 ed. Rio de Janeiro: Imago Editora, 1975, pp. 3-18. (Trad. De Walderedo Ismael de Oliveira).

_____ (1946). Leaderless group project._*Bull. Menninger Clinic*, 10:77-81.

_____ (1948). Psychiatry in a time of crisis. *Brit. J. Med. Psychol.*, 21:81-89.

_____ (1948-51). Experiences in groups, I-VII. *Hum. Relat.*, 1-4.

_____ (1948-51). Experiences in groups, I-VII. *In Experiences in Groups and Others Papers*. London: Tavistock, 1970, pp. 29-137.

_____ (1948-51). Experiências com grupos, I-VII. In *Experiências com Grupos: Os Fundamentos da Psicoterapia de Grupo*. Rio de Janeiro: Imago Editora, 1970, pp. 21-126. (Trad. De Walderedo Ismael de Oliveira).

_____ (1948-51). Experiências com grupos, I-VII. *In Experiências com Grupos: os Fundamentos da Psicoterapia de Grupo.*, 2 ed. Rio de Janeiro: Imago Editora, 1975, pp. 21-126. (Trad. De Walderedo Ismael de Oliveira).

_____ (1948-51). Experiencias en grupos, I-VII. In *Experiencias en Grupos*. 2. Ed. Buenos Aires: Paidós, 1972, pp. 31-111.

_____ (1950). O gêmeo imaginário. In *Estudos Psicanalíticos Revisados*. Rio de Janeiro: Imago Editora, 1988, pp. 9-25. (Trad. De Wellington M. de Melo Dantas).

_____ (1950). The Imaginary twin. In *Second Thoughts*. London: W. Heinemann, 1976, pp. 12-37.

_____ (1950). El Mellizo imaginario. In *Volviendo a Pensar*. Buenos Aires: Hormé, 1972, pp. 12-37.

_____ (1952). Dinâmica de grupo: uma revisão. In *Experiências com Grupos: os Fundamentos da Psicoterapia de Grupo*. Rio de Janeiro: Imago Editora, 1970, pp. 129-178. (Trad. De Walderedo Ismael de Oliveira).

_____(1952). Dinâmica de Grupo: uma revisão. In *Temas de Psicanálise Aplicada*. Rio de Janeiro: Zahar, 1969, pp. 163-206. (Trad. De Álvaro Cabral).

_____ (1952). Group dynamics: a re-view. In *Experiences in Groups and Other Papers*. London: Tavistock, 1970, pp. 141-191.

_____ (1952). Group dynamics: a re-view. In *New Directions in Psycho-Analysis*. London: Tavistock, 1955, pp. 440-477.

_____ (1952). Group dynamics: a re-view. *Int. J. Psychoanal.*, 3:235-247.

_____ (1952). Una revisión de la dinamica de grupo. In *Experiencias en Grupo*. 2. ed. Buenos Aires: Paidós, 1972, pp. 115-155.

_____ (1952). Una revisón de la dinamica de grupo. In *Nuevas Direcciones en Psicoanalisis*. 2. ed. Buenos Aires: Paidós, 1972, pp. 423-457.

_____ (1953). Language and the schizophrenics. In *New Directions in Psycho-Analisis*. London: Tavistock, 1955, pp. 220-239.

_____ (1953). Lenguage y esquizofrenia. In *Nuevas Direcciones en Psicoanálisis*. 2. ed. Buenos Aires: Paidós, 1972, pp. 221-238.

_____ (1953). A linguagem e o esquizofrênico. In *Novas Tendências na Psicanálise*. Rio de Janeiro: Zahar, 1969, pp. 231-252. (Trad. De Álvaro Cabral).

_____ (1953). Notas sobre a teoria da esquizofrenia. In *Estudos Psicanalíticos Revisados*. Rio de Janeiro: Imago Editora, 1988, pp. 27-37. (Trad. De Wellington M. de Melo Dantas).

_____ (1953). Notas sobre la teoria de la esquizofrenia. In *Volviendo a Pensar*. Buenos Aires: Hormé, 1972, pp. 38-54.

_____ (1953). Notes on the theory of schizophrenia. In *Second Thoughts*. London W. Heinemann, 1967, pp. 23-35.

_____ (1953). Notes on the theory of schizophrenia. *Int. J. Psychoanal.*, 35:113-118, 1954.

_____ (1956). Desarrollo del pensamiento esquizofrenico. In *Volviendo a Pensar*. Buenos aires: Hormé, 1972, pp. 55-63.

_____ (1956). Desenvolvimento o pensamento esquizofrênico. In *Estudos Psicanalíticos Revisados*. Rio de janeiro: Imago editora, 1988, pp. 39-44. (Trad. De Wellington M. de Melo Dantas).

_____ (1956). Development of schizophrenic thought. In *Second Thoughts*. London: W. Heinemann, 1967, pp. 36-42.

_____ (1956). Development of schizophrenic thought. In *Int. J. Psychoanal.* 37:344-346.

_____ (1957). Diferenciação entre a personalidade psicótica e a personalidade não-psicótica. In *Estudos Psicanalíticos Revisados*. Rio de Janeiro, Imago, 1988, pp. 45-62. (Trad. De Wellington M. de Melo Dantas).

_____ (1957). Diferenciação entre a personalidade psicótica e a personalidade não-psicótica. In *Melanie Klein Hoje*, Volume 1, ed. E. B. Spillius. Rio de Janeiro: Imago Editora, 1990, pp. 69-86. (Trad. De belinda Haber Mandelbaum).

_____ (1957). Diferenciación de las personalidades psicóticas y no psicóticas. In *Volviendo a Pensar*. Buenos aires: Hormé, 1972, pp. 64-91.

_____ (1957). Diferentiation of the psychotic from the non-psychotic personalities. In *Second Thoughts*. London: W. Heinemann, 1967, pp. 43-64.

_____ (1957). Diferentiation of the psychotic from the non-psychotic personalities. *Int. J. Psychoanal.* 39:145-146,1958.

_____ (1957). On arrogance. In *Second Thoughts*. London: W. Heinemann, 1967, pp. 86-92.

_____ (1957). On arrogance. *Int. J. Psychoanal.* 39:145-146,1958.

_____(1957). Sobre arrogância. In *Estudos Psicanalíticos Revisados*. Rio de Janeiro: Imago Editora, 1988, pp. 81-86. (Trad. De Wellington M. de Melo Dantas).

_____ (1957). Sobre la arrogancia. In *Volviendo a Pensar*. Buenos Aires: Hormé, 1972, pp. 119-127.

_____ (1958). On hallucination. In *Second Thoughts*. London: W. Heinemann, 1967, pp. 65-85.

_____ (1958). On hellucination. *Int. J. Psychoanal.*, 39: 341-349.

_____ (1958). Sobre alucinação. In *Estudos Psicanalíticos Revisados*. Rio de Janeiro: Imago Editora, 1988, pp. 63-79. (Trad. De Wellington M. de Melo Dantas).

_____ (1958). Sobre la alucinación. In *Volviendo a Pensar*. Buenos Aires: Hormé, 1972, pp. 92-118.

_____ (1959). Ataques al vínculo. In *Volviendo a Pensar*. Buenos Aires: Hormé, 1972, pp. 128-150.

_____ (1959). Ataques al vínculo. *Rev. Urug. Psicoanal.*, 7:355-371, 1965.

_____ (1959). Ataques ao elo de ligação. In *Estudos Psicanalíticos Revisados*. Rio de Janeiro: Imago editora, 1988, pp. 87-100. (Trad. De Wellington M. de Melo Dantas).

_____ (1959). Ataques ao elo de ligação. In *Melanie Klein Hoje*, Volume 1, ed. E. B. Spillius. Rio de Janeiro: Imago Editora, 1990, pp. 95-109. (Trad. De Belinda Haber Mandelbaum).

_____ (1959). Attacks on linking. In *Second Thoghts*. London: W. Heinemann, 1967, pp. 93-109.

_____ (1959). Attacks on linking. *Int. J. Psychoanal.* 40:308-315.

_____ (1961). *Experiences in Groups and Other Papers*. London: Tavistock, 1970.

_____ (1961). *Experiências com Grupos: os Fundamentos da Psicoterapia de Grupo*. Rio de Janeiro. Imago Editora, 1970. (Trad. De Wellington M. de Melo Dantas).

_____ (1961). *Experiências com Grupos: os Fundamentos da Psicoterapia de Grupo*. 2. ed.Rio de Janeiro. Imago Editora, 1975. (trad. Walderedo Ismael de Oliveira).

_____ (1961). *Experiencias en Grupos*. 2. ed. Buenos Aires: Paidós, 1972.

_____ (1962). *O Aprender com a Experiência*. Rio de Janeiro: Imago Editora, 1991. (Trad. Paulo Dias Correa).

_____ (1962). *Learning from Experience*. London: W. Heinemann.

_____ (1962). Uma teoria del pensamiento. In *Volviendo a Pensar*. Buenos Aires: Hormé, 1972, pp. 1510164.

_____ (1962). Una teoria del pensamiento. *Rev. Psicoanal.*, 22:1-9, 1965.

_____ (1962). Uma teoria do pensar. In *Melanie Klein, Hoje*, Volume 1, ed. E. B. Spillius. Rio de Janeiro: Imago Editora, 1990, pp. 185-193. (Trad. De Belinda Haber Mandelbaum).

_____ (1962). Uma teoria sobre o processo de pensar. In *Estudos Psicanalíticos Revisados*. Rio de Janeiro: Imago Editora, 1988, pp. 101-109. (Trad. Wellington M. de Melo Dantas).

_____ (1962). Théorie de la pensé. *Rev. Franc. Psychanal.* 28:75-84, 1964.

_____ (1962). A theory of thinking. In *Second Thoughts*. London: W. Heinemann, 1967, pp. 110-119.

_____ (1963). *Os Elementos da Psicanálise. O Aprender com a Experiência*. Rio de Janeiro: Zahar, 1966. (Trad. De Jayme Salomão e Paulo Dias Corrêa).

_____ (1963). *Elementos de Psicoanálisis*. Buenos Aires: Hormé, 1966.

_____ (1963). *Elementos em Psicanálise*. Rio de Janeiro: Imago Editora, 1991. (Trad. De Paulo Dias Corrêa).

_____ (1963). *Elements of Psycho-Analysis*. London: W. Heinemann.

_____ (1963). *The Grid*. Mimeo, SBPRJ.

_____ (1963). *A Grade*. Mimeo, SBPRJ. (Trad. De Ricardo Leme).

_____ (1965). *Transformaciones: del Aprendizaje al Crescimiento*. Buenos Aires: Centro Editor de America Latina, 1972.

_____ (1965). *As Transformações: Mudança do Aprender para o Crescer*. Rio de Janeiro: Imago Editora, 1991. (Trad. De Paulo Dias Correa).

_____ (1965). *Transformações: Mudança do Aprendizado ao Crescimento*. Rio de Janeiro: Imago Editora, 1983. (Trad. De Carlos Heleodoro Pinto Affonso, Maria Regina Affonso Junqueira e Luiz Carlos Uchôa Junqueira Filho).

_____ (1965). *Transformations: Change from Learning to Growth*. London: W. Heinemann.

_____ (1966). Cambio catastrófico. *Rev. Psicoanal.*, 38:777-788, 1981.

_____ (1966). Catastrophic changes. *Sci Bull. Brit. Psychoanal.* Soc., 5.

_____ (1967). Comentário. In *Volviendo a Pensar*. Buenos Aires: Hormé, 1972, pp. 165-225.

_____ (1967). Comentários. In *Estudos Psicanalíticos Revisados*. Rio de Janeiro: Imago Editora, 1988, pp. 111-147. (Trad. De Wellington M. de Melo Dantas).

_____ (1967). Commentary. In *Secon Thoughts*. London: W. Heinemann, pp. 120-166.

_____ (1967). *Estudos Psicanalíticos Revisados*. Rio de Janeiro. Imago Editora, 1988. (Trad. Wellington M. de Melo Dantas).

_____ (1967). Notas sobre la memoria y el deseo. *Rev. Psicoanal.*, 26:679-681, 1969.

_____ (1967). Notas sobre memória e desejo. In *Melanie Klein Hoje*, Volume 2, ed. E. B. Spillius. Rio. De Janeiro: Imago Editora, 1990, pp. 3-34. (Trad. De Belinda Haber Mandelbaum).

_____ (1967). Notes on memory and desire. *Psychoanal. Forum*, 2:271-280.

_____ (1967). *Second Thoughts*. London: W. Heinemann.

_____ (1967). *Volviendo a Pensar*. Buenos Aires: Hormé, 1972.

_____ (1968). *Conferencia n. 2 del Doctor Bion. Sobre los Objetos Internos y Externos: Algunos Modelos Psicoanalíticos*. Buenos Aires.

_____ (1968). *Primera Conferencia del Doctor Bion*. Buenos Aires.

_____ (1968). *Seminário nº 3 - Dr. Bion*. Buenos Aires.

_____ (1968). Supervisão com Bion. Material clínico apresentado por Dr. Horácio Etchegoyen, Buenos Aires, 1968. *Rev. Bras. Psicanal.*, 27:659-670, 1993. (Trad. De Isaias Kirschbaum).

_____ (1970). *Atenção e Interpretação*. Rio de Janeiro: Imago Editora, 1973. (Trad. De Carlos Heleodoro P. Affonso).

_____ (1970). *A Atenção e Interpretação*. Rio de Janeiro: Imago Editora, 1991. (Trad. De Paulo Dias Correa).

_____ (1970). *Attention and Interpretation*. London: Tavistock.

_____ (1971). *A Grade*. Rev. Bras. Psicanal., 7:103-129, 1973. (Trad. de Maria Regina Affonso Junqueira).

_____ (1971). The Grid. In *Two Papers: The Grid and Caesura*. Rio de Janeiro: Imago Editora, 1977, pp. 9-39.

_____ (1971). La Tabla. In *La Tabla Y la Cesura. Bion en Nueva York y San Pablo*. Buenos Aires: Gedisa, 1982, pp. 11-49.

_____ (1971-1980). *La Tabla y la Cesura. Bion en Nueva York y San Pablo*. Buenos Aires: Gedisa, 1982.

_____ (1973). *Bion's Brazilian Lectures*, V.1. São Paulo - 1973. Rio de Janeiro: Imago Editora, 1974.

_____ (1973). *Conferências Brasileiras*: São Paulo, 1973, Volume 1. Rio de Janeiro: Imago Editora, 1975. (Trad. De Paulo Dias Correa)

_____ (1973). Entrevista com Bion. *Rev. Bras. Psicanal.*, 26:443-464, 1992. (Trad. De José Américo Junqueira de Mattos).

_____ (1974). *Bion's Brazilian Lectures*II Rio de Janeiro/São Paulo, 1974. Rio de Janeiro: Imago Editora, 1975.

_____ (1974). Conversando com Bion. *Ide*, 18:12-17, 1989. (Trad. de José Américo Junqueira de Mattos).

_____ (1975). Brasília - 1975. *In Clinical Seminars and Four Papers*. Abingdon: Fleetwood Press, 1987, pp. 1-118.

_____ (1975). Caesura. In *Two Papers: the Grid and Caesura*. Rio de Janeiro: Imago Editora, 1977, pp. 43-60.

_____ (1975). Cesura. In *La Tabla y la Cesura. Bion en Nueva York y San Pablo*. Buenos Aires: Gedisa, 1982, pp. 53-75.

_____ (1975). Cesura. *Rev. Bras. Psicanal.*, 15:123-136, 1981. (Trad. De Maria Tereza Marcondes Godoy).

_____ (1975). *A Memoir of the Future - Book 1: The Dream*. Rio de Janeiro: Imago Editora.

_____ (1975). Memória do Futuro (livro 1) - O Sonho. *Ide*, 3:73-76, 1976. (Trad. de Sérgio V. Cintra Zagatti).

_____ (1975). Memória do Futuro (livro 1) - O Sonho. *Ide*, 4:69-71, 1977. (Trad. de Sérgio V. Cintra Zagatti).

_____ (1975). Memória do Futuro (livro 1) - O Sonho. *Ide*, 6:101-105, 1978. (Trad. de Sérgio V. Cintra Zagatti).

_____ (1975). Memória do Futuro (livro 1) - O Sonho. *Ide*, 8:94-95, 1980. (Trad. Helena Cintia Pinheiro).

_____ (1975). *Uma Memória do Futuro. I. O Sonho*. São Paulo: Martins Fontes, 1989. (Trad. De Paulo Cesar Sandler).

_____ (1975). Seminário clínico com Bion [Supervisão dada em Brasília, em 1975], *Ide*, 18:8-11, 1989. (Trad. De José Américo Junqueira de Mattos).

_____ (1975). Seminário clínico com Bion [Supervisão dada em Brasília, em 1975], *Ide*, 20:8-15, 1989. (Trad. De José Américo Junqueira de Mattos).

_____ (1975). Seminário clínico com Bion [Supervisão dada em Brasília, em 1975], *Ide*, 23:8-15, 1989. (Trad. De José Américo Junqueira de Mattos).

_____ (1976). Emotional turbulence. In *Borderline Personality Disorders*, ed. P. Hartocollis. New York: International Universities Press, 1977, pp. 3-13.

_____ (1976). Emotional turbulence. In *Clinical Seminars and Four Papers*. Abingdon: Fleetwood Press, 1987, pp. 223-233.

_____ (1976). Evidence. In *Clinical Seminars: Brasília and São Paulo and Four Papers*. Abingdon: Fleetwood Press, 1987, pp. 239-246.

_____ (1976). Evidence. *Sci. Bull. Brit. Psychoanal.* Soc., 8.

_____ (1976). Evidência. *Rev. Bras. Psicanal.*, 19:129-141, 1985. (Trad. de Paulo Cesar Sandler).

_____ (1976). *Four Discussions with W. R. Bion*. Perthshire: Clunie Press, 1978.

_____ (1976). On a quotation from Freud. In *Borderline Personality Disorders*, ed. P. Hartocollis. New York: International Universities Press, 1977, pp. 511-517.

_____ (1976). On a quotation from Freud. In *Clinical Seminars: Brasília and São Paulo and Four Papers*. Abingdon: Fleetwood, 1987, pp. 234-238.

_____ (1976). Sobre uma citação de Freud. *Rev. Bras. Psicanal.*, 21:134-141, 1987. (Trad. De Paulo Cesar Sandler).
_____ (1976). Turbulência emocional. *Rev. Bras. Psicanal.*, 21:121-133, 1987. (Trad. De Paulo Cesar Sandler).
_____ (1977). *A Memoir of the Future - Book 2: The Past Presented.* Rio de Janeiro: Imago Editora.
_____ (1977). *Seven Servants.* New York: J. Aronson.
_____ (1977). *Two Papers: The Grid and Caesura.* Rio de Janeiro: Imago Editora.
_____ (1977). *Uma Memória do Futuro* - vol. II: O Passado Apresentado. Rio de Janeiro: Imago Editora, 1996. (Trad. De Paulo Cesar Sandler).
_____ (1977). *Uma Memória do Futuro* - vol. III: A Aurora do esquecimento. Rio de Janeiro: Imago Editora, 1996. (Trad. De Paulo Cesar Sandler).
_____ (1978). *Four discussions with W. R. Bion.* Perthshire: Clunie Press.
_____ (1978). An interview with Wilfred Bion. *Group*, 2, Spring.
_____ (1978). São Paulo - 1978: Clinical Seminars. In *Clinical Seminars: Brasília and São Paulo and Four Papers.* Abingdon: Fleetwood, 1987, pp. 133-220.
_____ (1978) Seminário clínico com Bion [Supervisão dada em São Paulo, em 1978] *Ide*, 19:6-9, 1990. (Trad. De José Américo Junqueira de Mattos).
_____ (1978) Seminário clínico com Bion [Supervisão dada em São Paulo, em 1978] *Ide*, 21:8-15, 1991. (Trad. De José Américo Junqueira de Mattos).
_____ (1978) Seminário clínico com Bion [Supervisão dada em São Paulo, em 1978] *Ide*, 24:8-12, 1994. (Trad. De José Américo Junqueira de Mattos).
_____ (1979). Como tornar proveitoso um mau negócio. *Rev. Bras. Psicanal.*, 13:467-478. (Trad. De Olga D. Knijnik).
_____ (1979). Making the best of a bad job. In Clinical Seminars: Brasília and São Paulo and Four Papers: Abingdon: Fleetwood, 1987, pp. 247-257.

_____ (1979). Making the best of a bad job. Sci. Bull. Brit. Psychoanal. Soc., Feb.

_____ (1979). A Memoir of the Future - Book 3: The Dawn of Oblivion. Perthshire: Clunie Press.

_____ (1980). Bion en Nueva York y San Pablo. In *La Tabla y la Cesura, Bion en Nueva York y San Pablo*. Buenos Aires: Gedisa, 1982, pp. '75-266.

_____ (1980). *Bion in New York and São Paulo*. Perthshire: Clunie Press.

_____ (1981). *A Key to a memoir of the Future*. Perthshire: Clunie Press.

_____ (1982). *All my Sins Remembered Abingdon: Fleetwood Press*.

_____ (1982). *The Long Week-End, 1897-1919: Part of a Life*. Abingdon: Fleetwood.

_____ (1985). *Seminarii Italiani. Roma: Borla*. (Trad. de Parthenope Bion e Laura Rachele Piperno).

_____ (1987). *Clinical Seminars: Brasília and São Paulo and Four Papers*. Abingdon: Fleetwood Press.

_____ (1987). Contributions to panel discussions "Brasília, a new experience". In *Clinical Seminars and Four Papers*. Abingdon: Fleetwood Press, pp. 121-129.

_____ (1989). Seminário clínico com Bion. *Ide*, 17:26-29. (Trad. de Yvonne Giannetti da Fonseca e Maria Olympia de Azevedo Ferreira França).

_____ (1992). *Cogitations*, ed. F. Bion. London: Karnac Books.

_____ (1992). Seminário clínico com Bion. *Ide*, 22:8-13. (Trad. de José Américo Junqueira de Mattos).

_____ (1994). *Clinical Seminars and four papers*. London: Karnac Books.

_____ (1997). *War Memories (1917-1919)*. London: Karnac Books.

_____ (1997). *Taming Wild Thoughts*. London: Karnac Books.

Autor

Arnaldo Chuster

Médico psiquiatra e psicanalista. Membro efetivo e didata da Associação Psicanalítica do Estado do Rio de Janeiro- APERJ (sociedade provisória filiada ao Council da International Psychoanalytical Association - IPA).

Colaboradores

Carmen Silvia Muratore

Psicóloga, especialização em psicoterapia psicanalítica pela PUC/RS, membro efetivo do Centro de Estudos Psicanalíticos de Porto Alegre, membro fundador do Instituto W.R. Bion, candidata do Instituto de Psicanálise da SPPA.

Cristiane Decker

Psicóloga, membro associado do Centro de Estudos Psicanalíticos de Porto Alegre, membro fundador do Instituto W.R. Bion.

Júlio César Conte

Médico psicanalista, dramaturgo, diretor de teatro, membro pleno do Centro de Estudos Psicanalíticos de Porto Alegre, membro fundador do Instituto W.R. Bion.

Julio Cesar Walz

Filósofo, psicólogo, formação em psicoterapia de adolescentes pelo Centro de Recuperação JHV, especialização em teoria psicanalítica pela UNISINOS, membro fundador do Instituto W.R. Bion.

Lorival Rodrigues

Psicólogo, com residência na Clínica Pinel de Porto Alegre, especialização em psicoterapia de crianças e adolescentes pelo Centro de Estudos, Atendimento e Pesquisa para a Infância e Adolescência, diretor do Centro de Atendimento Médico Psicoterápico, membro fundador do Instituto W.R. Bion.

Magda Barbieri Walz

Psicóloga, membro associado do Centro de Estudos Psicanalíticos de Porto Alegre, membro fundador do Instituto W.R. Bion.

Susana Magalhães Beck

Psicóloga, membro associado de Centro de Estudos Psicanalíticos de Porto Alegre, membro fundador do Instituto W. R. Bion.

Jorge Castro

Médico, psicanalista, membro pleno do Centro de Estudos Psicanalíticos de Porto Alegre.

Endereços para contato:

Arnaldo Chuster
achuster@centroin.com.br

Carmen Silvia Muratore
csmuratore@conex.com.br

Cristiane Decker
crisdecker@portoweb.com.br

Susana Magalhães Beck
sbeck@zaz.com.br

Magda Barbieri Walz
juliow@pro.via-rs.com.br

Júlio César Conte
jcconte@pro.via-rs.com.br

Julio Walz
juliow@pro.via-rs.com.br

Jorge Castro
jorge.castro@terra.com.br

Lorival Rodrigues
rodrigues@myway.com.br

OBRAS PUBLICADAS

Psicanálise e Tempo
Erik Porge

Psicanálise e Análise
do Discurso
Nina Leite

Letra a Letra
Jean Allouch

Mal-Estar na Procriação
Marie-Magdeleine Chatel

Marguerite ou
"A Aimée" de Lacan
Jean Allouch

Revista Internacional nº 1
A Clínica Lacaniana

A Criança na Clínica Psicanalítica
Angela Vorcaro

A Feminilidade Velada
Philippe Julien

O Discurso Melancólico
Marie-Claude Lambotte

A Etificação da Psicanálise
Jean Allouch

Roubo de Idéias?
Erik Porge

Os Nomes do Pai
em Jacques Lacan
Erik Porge

Revista Internacional nº 2
A Histeria

Anorexia mental, ascese, mística
Éric Bidaud

Hitler – A Tirania e a Psicanálise
Jean-Gérard Bursztein

Littoral
A Criança e o Psicanalista

O Amor ao Avesso
Gérard Pommier

Paixões do Ser
Sandra Dias

A Ficção do Si Mesmo
Ana Maria Medeiros da Costa

As Construções do Universal
Monique David-Ménard

Littoral
Luto de Criança

Trata-se uma Criança – Tomos I e II
*Congresso Internacional de Psicanálise
e suas Conexões – Vários*

O Adolescente e o Psicanalista
Jean-Jacques Rassial

— Alô, Lacan?
— É claro que não.
Jean Allouch

A Crise de Adolescência
Octave Mannoni e outros

O Adolescente na Psicanálise
Raymond Cahn

A Morte e o Imaginário na Adolescência
Silvia Tubert

Invocações
Alain Didier-Weill

Um Percurso em Psicanálise
com Lacan
Taciana de Melo Mafra

A Fantasia da Eleição Divina
Sergio Becker

Lacan e o Espelho Sofiânico de Boehme
Dany-Robert Dufour

O Adolescente e a Modernidade – Tomos I, II e III
*Congresso Internacional de Psicanálise
e suas Conexões – Vários*

A Hora do Chá na Casa dos Pendlebury
Alain Didier-Weill

W. R. Bion – Novas Leituras
Arnaldo Chuster

Crianças na Psicanálise
Angela Vorcaro

O Sorriso da Gioconda
Catherine Mathelin

As Psicoses
Philippe Julien

O Olhar e a Voz
Paul-Laurent Assoun

Um Jeito de Poeta
Luís Mauro Caetano da Rosa

Estética da Melancolia
Marie-Claude Lambotte

O Desejo do Psicanalista
Diana S. Rabinovich

Os Mistérios da Trindade
Dany-Robert Dufour

A Equação do Sonhos
Gisèle Chaboudez

Abandonarás teu Pai e tua Mãe
Philippe Julien

A Estrutura na Obra Lacaniana
Taciana de Melo Mafra

Elissa Rhaís
Paul Tabet

Ciúmes
Denise Lachaud

Trilhamentos do Feminino
Jerzuí Tomaz

Gostar de Mulheres
Autores diversos

Os Errantes da Carne
Jean-Pierre Winter

As Intervenções do Analista
Isidoro Vegh

Adolescência e Psicose
Edson Saggese

O Sujeito em Estado Limite
Jean-Jacques Rassial

O que Acontece no Ato Analítico?
Roberto Harari

A Clínica da Identificação
Clara Cruglak

A Escritura Psicótica
Marcelo Muniz Freire

Os Discursos e a Cura
Isidoro Vegh

Procuro o Homem da Minha Vida
Daniela Di Segni

A Criança Adotiva
Nazir Hamad

Littoral
O Pai

O Transsexualismo
Henry Frignet

Psicose, Perversão, Neurose
Philippe Julien

Como se chama James Joyce?
Roberto Harari

IMPRESSÃO

GRÁFICA MARQUES SARAIVA
Rua Santos Rodrigues, 240 - Estácio / RJ
Telefax: (21) 2502-9498